# LA DIMENSIÓN ECONÓMICA DEL DESARROLLO SOSTENIBLE

**Dr. Ricardo Fernández García**
**Químico**

La dimensión económica del desarrollo sostenible

© Ricardo Fernández García

ISBN: 978-84-9948-327-6
Depósito legal: A-93-2011

Edita: Editorial Club Universitario Telf.: 96 567 61 33
C/ Decano, n.º 4 – 03690 San Vicente (Alicante)
www.ecu.fm
e-mail: ecu@ecu.fm

Printed in Spain
Imprime: Imprenta Gamma Telf.: 965 67 19 87
C/ Cottolengo, n.º 25 – 03690 San Vicente (Alicante)
www.gamma.fm
gamma@gamma.fm

*Para Inmaculada, la compañera perfecta*

# LA DIMENSIÓN ECONÓMICA DEL DESARROLLO SOSTENIBLE

- Economía, desarrollo social y medioambiente. Su compatibilización.
- La Responsabilidad Social Corporativa. Una nueva cultura empresarial.

# ÍNDICE

# Prólogo

Ricardo Fernández García es Doctor en Ciencias Químicas, Máster en Administración de Empresas, Máster en Derecho de la Unión Europea y Técnico Superior en Prevención de Riesgos Laborales. Un vistazo a su formación da idea de la versatilidad de su perfil y de la visión global, integradora y práctica que caracteriza su labor en el ámbito empresarial. Ha publicado numerosos libros y artículos relacionados con sostenibilidad, responsabilidad social corporativa, productividad, calidad y prevención de riesgos laborales en la empresa. Asimismo, ha participado en diversas ocasiones en publicaciones referentes a interpretación y aplicación de nueva normativa de carácter medioambiental. Leyendo uno de sus artículos a este respecto en la Revista "Residuos" (a la que estamos suscritos desde el Servicio de Protección Ambiental de la Universidad de Córdoba, órgano responsable de la gestión ambiental universitaria) fue como lo conocí. Me llamó la atención la capacidad descriptiva y de síntesis con la que el Dr. Fernández analizaba el anteproyecto de la Ley de Economía Sostenible, manteniendo por otro lado una clara actitud pedagógica y crítica.

Desde nuestro servicio organizamos periódicamente cursos en torno a los problemas ambientales actuales y sus soluciones, tanto a nivel global como local. En ellos detectamos una demanda creciente de aprendizaje sobre las implicaciones e interrelaciones de los aspectos ambientales con otros de índole económica, social, política o cultural. Por todo ello, en aquellos días de finales de 2009 en los que leí el artículo de Ricardo Fernández, andábamos planificando una propuesta para la convocatoria de Cursos de Verano que cada año celebra la Universidad de Córdoba. Nuestro nuevo curso se titulaba "Las tres dimensiones del desarrollo sostenible: ambiental, económica y social", planteado con el propósito de reflexionar en torno al término "desarrollo sostenible" (tan utilizado hoy día pero con interpretaciones tan diversas), mostrando los componentes que definen el concepto, la relación entre ellos así como las principales herramientas puestas en marcha o previstas para poner en práctica modelos sostenibles, en los ámbitos internacional, estatal y local.

Intuí que el Dr. Fernández podría ser el ponente que buscábamos para desarrollar el pilar económico del curso, esperando que pudiera combinar una experiencia contrastada en el ámbito que nos ocupaba con unas capacidades didácticas que casaran con la línea de curso que estábamos diseñando (participativo, crítico, realista y motivador).

A los pocos minutos de hablar con él por teléfono supe que mis sospechas se cumplían de pleno. Y con creces.

Ricardo Fernández ama su trabajo, enmarcado en la industria química. Es consciente de primera mano del impacto ambiental que la actividad humana está causando y puede causar. Por pertenecer al campo empresarial conoce la importancia de rentabilizar económicamente una adecuada gestión ambiental. Y lo que es más importante, tanto para él como para los que tenemos la suerte de colaborar con él, *cree* en lo que hace. Cree que es realmente posible compatibilizar el respeto al medioambiente con el crecimiento económico y la equidad social. Y como cree en ello, se ve por tanto capaz de ponerlo en práctica en su trabajo. Y lo consigue, mediante la aplicación de los conceptos y herramientas que en este libro se reflejan. Y como además es un entusiasta nato, supo transmitirnos ese entusiasmo realista en el curso, enriqueciéndolo de contenidos, experiencias y debate. Un debate sano y crítico, orientado no hacia la doctrina, sino a la adquisición de nuevos puntos de vista y fuentes de información que puedan incorporarse a la toma diaria de decisiones en la vida laboral y personal.

Fruto de su ponencia en nuestro pequeño curso es este gran libro, del cual nos sentimos honrados, tanto el equipo que lo organizó como el propio alumnado.

La obra tiene el claro objetivo de facilitar claves, herramientas y ejemplos reales para incorporar patrones sostenibles a la gestión empresarial, logrando compatibilizar rentabilidad económica, desarrollo social y medioambiente. Los cuatro bloques en los que se estructura nos va guiando en esta senda desde lo general a lo concreto. El primero de ellos está encaminado a familiarizarnos con las ideas fuerza sobre las que se sustenta el texto (sostenibilidad, conciencia de límite, responsabilidad social corporativa, gestión de intangibles, etc.). Asimismo, en estos primeros lances se hace un análisis detallado sobre la propuesta de Ley Estatal de Economía Sostenible: su necesidad en el marco de crisis económica y financiera al que actualmente nos enfrentamos, sus principales objetivos y reformas, su incentivación y posibles problemas en su implantación.

El segundo bloque comienza a fijar el foco en conceptos directamente ligados a la búsqueda y aseguramiento de la productividad empresarial en el marco de los modelos sostenibles: competir innovando, la necesidad de implantar una cultura real de calidad en la empresa o la importancia y características de la denominada "economía ecológica", entre otros.

La responsabilidad social corporativa, como gran idea aglutinadora e inspiradora de una nueva cultura empresarial, ocupa la tercera parte del libro. De una manera clara y sintética, se repasan definiciones, marco legal, partes interesadas e instrumentos de gestión, entre los que destacan las cada vez más valoradas Memorias de Sostenibilidad. Todo ello con el objetivo de responder a una pregunta que sobrevuela actualmente el mundo de la empresa: ¿podemos realmente competir siendo socialmente responsables?

Finalmente, la obra queda rubricada con un interesantísimo bloque de ejemplos reales. Son diez estudios de casos (exitosos o no) a nivel internacional y estatal, que sirven tanto para asentar y relacionar los conceptos expuestos como para mostrar al lector que esta nueva filosofía de empresa es ya una realidad y *puede* ser una realidad en cualquier ámbito empresarial.

De este modo, al finalizar la lectura, uno es consciente de cómo el autor nos ha llevado hábilmente desde lo global a lo local, disponiendo en nuestro tablero un nuevo concepto de empresa pero también herramientas cercanas y prácticas para hacerlo realidad. En definitiva, nos da una llave, una llave que antes no teníamos y que ahora nos abre una nueva hoja de ruta hacia la rentabilidad empresarial: la ruta de la sostenibilidad.

Antonio Gomera Martínez
Universidad de Córdoba
Coordinador Técnico del Servicio de Protección Ambiental (SEPA)
agomera@uco.es

# Parte 1.-

# Conceptos generales.

# Nuestra hoja de ruta

# 1.- Introducción

Aunque el concepto "desarrollo sostenible" tiene un significado distinto para cada país, sector, empresa e individuo, sus dos ideas principales, según la definición de la Comisión Bruntland, son:

- El desarrollo tiene una dimensión económica, social y ambiental y solo será sostenible si se logra el equilibrio entre los distintos factores que influyen en la calidad de vida.

- La generación actual tiene la obligación frente a las generaciones futuras de dejar suficientes recursos para que estas puedan disfrutar, al menos, del mismo grado de bienestar.

Cierto es que el objetivo fundamental de cualquier empresa es ser competitivas y generar beneficios. Nadie reduce su capacidad de producción para mejorar el bienestar de los trabajadores propios y de la población de su entorno o el medioambiente, ya que está abocado al fracaso. Por tanto cualquier mejora que se haga en términos preventivos o de medioambiente ha de mejorar la productividad o la calidad o ambas. Este patrón de crecimiento es el que se ha venido a llamar sostenible.

Su compromiso es conciliar:

- El desarrollo económico, social y ambiental en una economía productiva y competitiva, que favorezca el empleo con unos márgenes de beneficio adecuados.

- La igualdad de oportunidades y la cohesión social.

- El respeto ambiental y el uso racional de los recursos naturales.

En los países desarrollados cada vez un mayor número de consumidores tienen en consideración de forma explícita las implicaciones ecológicas y sociales a la hora de tomar decisiones de compra que nos acercan a la sostenibilidad. Por ejemplo, comprando un coche híbrido o electrodomésticos de bajo consumo estamos ejerciendo nuestro sentido de la responsabilidad en el consumo de energía, aunque posiblemente sea en el campo de la alimentación y la salud donde quizás se ha identificado su mayor potencial.

### 1.1.- Concepto de sostenibilidad o el necesario equilibrio entre medioambiente, productividad y la sociedad en su conjunto

Solo las empresas competitivas y que generan beneficios son capaces de contribuir al desarrollo sostenible creando riqueza y empleo sin poner en peligro las necesidades sociales y medioambientales de la sociedad.

Como se ha indicado la sostenibilidad tiene una triple dimensión: económica, social y medioambiental.

- **La sostenibilidad económica** pretende impulsar nuestro crecimiento. Significa que las generaciones futuras sean más ricas, tengan una mayor renta per cápita y calidad de vida. Un comportamiento sostenible implica desde el punto de vista económico crear valor:
    - o Al accionista o propietario garantizando un uso adecuado de su capital y el cumplimiento de sus intereses.
    - o Al cliente, atendiendo a sus demandas ofreciendo precios competitivos y bienes y servicios de calidad (atención de quejas, consultas, sugerencias…).
    - o A la sociedad en su conjunto preservando y creando empleo, pagando salarios justos, y ayudando a lograr el grado de confianza necesario para el correcto funcionamiento de una economía de mercado.

Cierto es que algunas de las tecnologías fueron mal vistas al principio porque eliminaban puestos de trabajo; quizá algunas sí, pero el ordenador sustituyó a la máquina de escribir e hizo que los trabajadores utilizasen de forma más eficiente su tiempo. Solo las empresas rentables son sostenibles y tienen capacidad de llevar a cabo prácticas socialmente responsables.

- **La sostenibilidad social** pretende que las generaciones futuras tengan las mismas o más oportunidades que las generaciones anteriores. Pretende sentar las bases para una mejora de nuestra economía mediante incentivos para la mejora de la educación, del conocimiento y de la innovación. En esta dimensión social está además implícito el concepto de equidad. Existen tres tipos de equidad:
    - o **La equidad intergeneracional.** Supone considerar en los costes de desarrollo económico presente la demanda de generaciones futuras.
    - o **La equidad intrageneracional.** Implica el incluir a los grupos hasta ahora más desfavorecidos (por ejemplo mujeres o discapacitados) en la toma de decisiones.
    - o **La equidad entre países**, siendo necesario un cambio en las relaciones entre los países desarrollados y los que están en vías de desarrollo.

Así, por ejemplo, los empleados deben disponer de las adecuadas condiciones de trabajo, pagando salarios justos, proporcionando beneficios sociales, formación, estabilidad en el empleo y motivación. Socialmente hay que favorecer el respeto de los derechos humanos, no utilizar mano de obra infantil, favoreciendo una adecuada distribución de la renta, pagando, por ejemplo a los proveedores, precios justos por sus productos o servicios y sin abusar del poder de mercado. Otros factores son la racionalización de horarios, favorecer la conciliación laboral, el apoyo a la comunidad local, a los dependientes...

- **La sostenibilidad medioambiental** pretende garantizar una gestión responsable y sostenible de los recursos naturales. Y lo es por dos motivos:
  - o Mejorar la productividad y competitividad de la empresa. Hemos de reconocer que la contaminación ambiental es provocada por la ineficiencia de los procesos industriales.
  - o Legar a las generaciones futuras un entorno natural igual o mejor que el actual. Implica reducir las emisiones contaminantes, una mayor eficiencia en el uso del agua, el suelo o los recursos naturales. La lucha contra el cambio climático y la protección del medioambiente abren, además, nuevas oportunidades de empleo en la economía española.

Estos tres factores se agrupan aplicando los principios de la **Responsabilidad Social Empresarial o Responsabilidad Social Corporativa (RSE o RSC)**. Ciertamente la RSC tiene un origen ético, un aspecto estético, pero sobre todo, una función práctica, ya que se puede traducir en ventajas competitivas.

Las empresas y los particulares están aprendiendo a producir y a consumir de otra manera, con valores que tienen que ver más con la responsabilidad y la sostenibilidad, las cuales generan ideas, ganas de innovar y de aplicarlas para salir de la crisis. En tiempos de crisis solo sobreviven las empresas que tienen mayor capacidad de adaptación a las exigencias de su entorno, y estas son las empresas que tienen un enfoque de responsabilidad social corporativa.

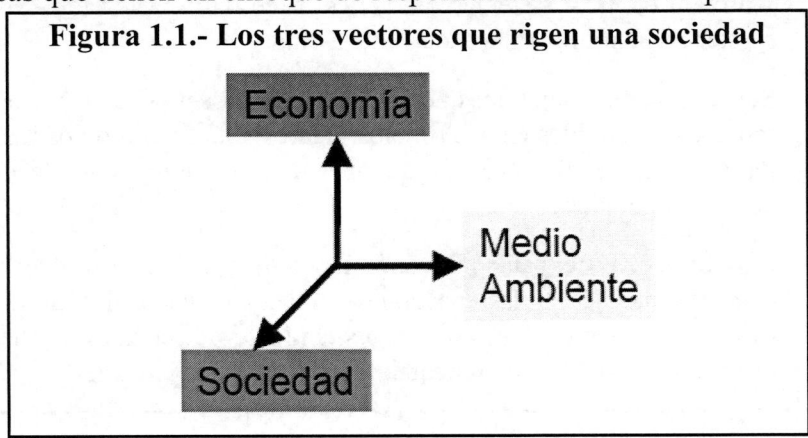

**Figura 1.1.- Los tres vectores que rigen una sociedad**

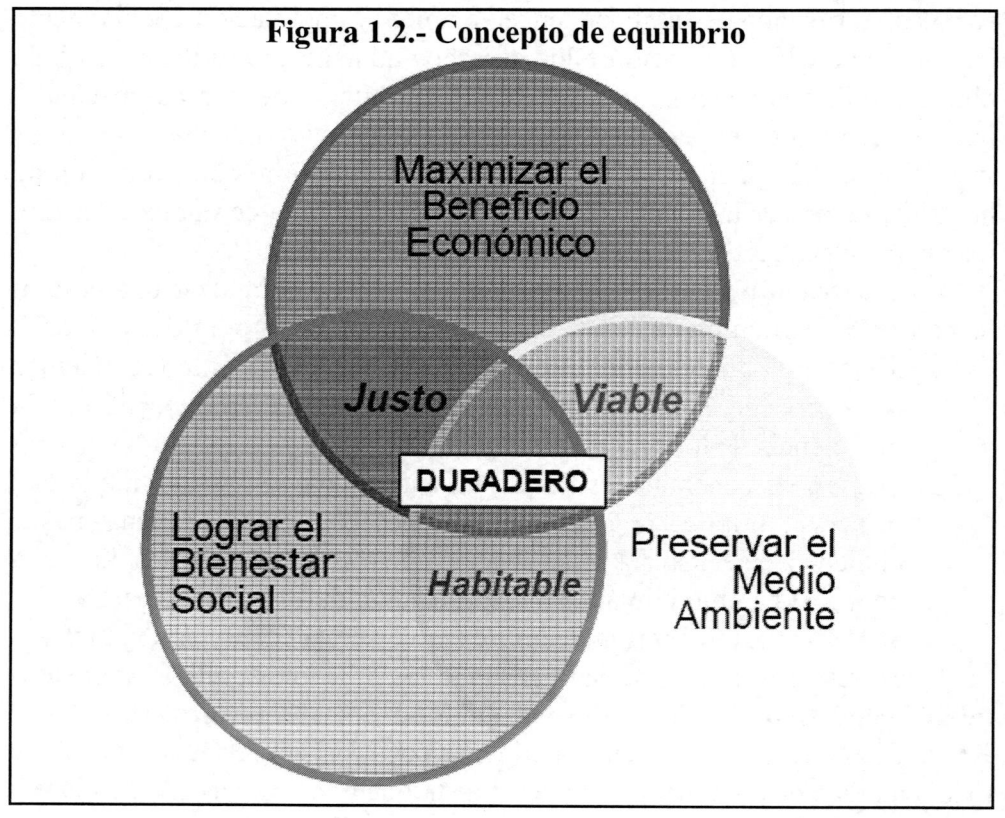

**Figura 1.2.- Concepto de equilibrio**

Maximizar el Beneficio Económico

*Justo*

*Viable*

**DURADERO**

Lograr el Bienestar Social

*Habitable*

Preservar el Medio Ambiente

---

**Figura 1.3.- Los pilares del desarrollo sostenible**

- **Ambiental.** Los sistemas naturales necesitan protección. sin su existencia se rompería la cadena de la vida.

- **Social.** La población tiene que entender y sentirse motivada para buscar modelos sostenibles en sus propios lugares y con sus propios medios. Para ello, se precisa unas condiciones de vida dignas y un adecuado acceso a la cultura.

- **Económico.** La expansión económica genera una riqueza que ha de compatibilizarse con las cuestiones ambientales y sociales. Se han de evitar los daños ecológicos y el agotamiento de recursos. Se han de utilizar tecnologías que fomentan la eficiencia y la innovación.

---

**Figura 1.4.- Cómo acercarse al desarrollo sostenible**

**Se han de dar, al menos, cinco circunstancias:**

- **Alcanzar un nivel de protección elevado.** Dar prioridad a las medidas que atajen la contaminación antes de su emisión al ambiente frente a las que actúan sobre la contaminación ya producida siempre teniendo en cuenta la diversidad de situaciones existentes en las distintas regiones.

- **Utilizar la ciencia responsable aplicando los** principios de precaución, cautela y acción preventiva.

- **Asegurar una sociedad sana, próspera y justa.**

- **Lograr una economía sostenible** basada en el principio de "Quien contamina paga" y que genere oportunidades para todos.

- **Buen gobierno. Corporativo que permita captar** la energía, creatividad y diversidad de las personas.

---

En resumen, ninguna empresa puede ser productiva ni sostenible si:
- Su entorno desea su cierre o no quiere su instalación.
- No tiene una estabilidad regulatoria que le permita prever el futuro.
- Tiene una afección importante al medioambiente. Nadie quiere, por ejemplo, un río sucio o una atmósfera cargada de polvo ni un vertedero o un parque de carbón de una térmica.
- El trabajador esta desmotivado o está, por ejemplo, bajo el efecto del estrés o si tiene a sus trabajadores infrautilizados.

### 1.2.- Situación española
**.- Es imprescindible definir más y mejor sus beneficios de cara al empresario**

Aunque es claro el concepto "natural" de la prevención y del medioambiente, **es imprescindible definir más y mejor sus beneficios de cara al empresario**.

Para que España camine hacia la sostenibilidad en lo económico, lo social y lo medioambiental, hay que poner en marcha una agenda ambiciosa de reformas estructurales que impulsen un conjunto de sectores clave para el futuro. Entre estas renovaciones y reformas tenemos:
- **Renovación empresarial,** que debe aumentar el ratio de creación de empresas, incentivar su consolidación, concentrarlas en la innovación y lograr una mayor internacionalización de nuestro tejido productivo. España empieza a ser un país de mano de obra cara.

- **Recapitalización laboral,** que debe conseguir una reducción de la temporalidad del mercado de trabajo y aumentar la productividad de nuestros trabadores. Para ello, el mercado laboral del futuro debe combinar factores como la estabilidad, movilidad, productividad y calidad.

- **Reforma del sector educativo.** El fin último de la Universidad es mantener y transmitir "el saber". En la actualidad ni la Universidad ni el resto del sistema educativo está respondiendo a las necesidades de la sociedad. La industria tiene múltiples problemas e incógnitas. Es imprescindible:

  o Disponer de personal adecuadamente preparado para cada uno de los puestos de trabajo a cubrir.

  o Fomentar la realización de tesis doctorales, tesinas, trabajos de colaboración sobre problemas reales, industriales, dirigidos de forma conjunta por profesionales de la industria y de la Universidad, una simbiosis imprescindible y sin duda positiva para ambos grupos.

- **Reforma del sector público,** debe facilitar la transición agilizando su funcionamiento interno; haciéndolo mucho más eficiente y cercano. Dos ejemplos:

  o lograr que el uso de las herramientas informáticas y telemáticas acerquen la administración al ciudadano y

  o eliminar los múltiples permisos y trabas burocráticas requeridas por autocertifcaciones comprobables por la Administración.

- **El sector financiero,** debe igualmente facilitar la transición reorientarse hacia la economía innovadora y sostenible que nuestro país necesita.

---

**Figura 1.5.- Situación española en asuntos relacionados con la sostenibilidad**

En España el posicionamiento de las empresas ante los asuntos relacionados con la sostenibilidad es todavía dispar. Según el Índice Entorno Sostenibilidad (IES) de Fundación Entorno-BCSD España de 2009, la "radiografía" del tejido empresarial frente a la sostenibilidad es la siguiente:

- El 4,8% de las empresas son excelentes: el desarrollo económico y social y la protección del medio ambiente constituyen factores estratégicos para la empresa.

- El 12,5% de las empresas son proactivas: el desarrollo económico y social y la protección del medio ambiente se encuentran integrados en la gestión empresarial.

- El 3,5% de las empresas son reactivas: los factores económicos, sociales y ambientales imponen obligaciones que hay que cumplir para evitar problemas.

- El 23,8% de las empresas son pasivas-indiferentes: el desarrollo económico y social y la protección del medio ambiente no cuentan en la gestión empresarial.

- El 5,3% de las empresas son negativas: el desarrollo económico y social y la protección del medio ambiente suponen una amenaza para los resultados económicos de la empresa.

---

En España el posicionamiento de las empresas ante los asuntos relacionados con la sostenibilidad es todavía dispar. Según el Índice Entorno Sostenibilidad (IES) de Fundación Entorno-BCSD España de 2009, la "radiografía" del tejido empresarial frente a la sostenibilidad es la siguiente:

- El 4,8% de las empresas son excelentes: el desarrollo económico y social y la protección del medioambiente constituyen factores estratégicos para la empresa.
- El 12,5% de las empresas son proactivas: el desarrollo económico y social y la protección del medioambiente se encuentran integrados en la gestión empresarial.
- El 3,5% de las empresas son reactivas: los factores económicos, sociales y ambientales imponen obligaciones que hay que cumplir para evitar problemas.
- El 23,8% de las empresas son pasivas-indiferentes: el desarrollo económico y social y la protección del medioambiente no cuentan en la gestión empresarial.
- El 5,3% de las empresas son negativas: el desarrollo económico y social y la protección del medioambiente suponen una amenaza para los resultados económicos de la empresa.

### .- Tenemos, necesariamente, que buscar la excelencia

En un mundo como el actual, si queremos seguir siendo competitivos es imprescindible:

- Mejorar de forma continua nuestra productividad.
- Saber. En otras palabras, gestionar adecuadamente el conocimiento.
- Estar adaptado a un mundo en constante cambio.

O buscamos la excelencia voluntariamente, o nuestra propia clientela y las demás empresas competidoras nos obligarán a hacerlo.

La mejora de la situación competitiva es cosa de todos. Todos los fallos, los errores, las imperfecciones, los accidentes son, sin duda, evitables. No son el resultado de la "mala suerte" o fatalidad, sino que son la consecuencia de una mala gestión.

Para conseguir esta adecuada gestión es necesario:

- El firme compromiso de la dirección.
- El seguimiento por parte de la estructura de mando de este compromiso.
- Una decidida implicación de los trabajadores.

El compromiso de la dirección se adopta o no se adopta. En cambio la implicación de los mandos y de los trabajadores hay que conseguirla. Un medio puede ser una adecuada política de mejora continua, que aporta satisfacciones tanto a la estructura de mando como a los trabajadores.

La mejora de la competitividad es el parámetro clave para la toma de decisiones gerenciales. No debemos caer en el error del cortoplacismo, tenemos que saber medir las consecuencias de los posibles efectos nocivos de la inversión sobre en el futuro de la marca o sobre la propia empresa.

Esta mejora de la competitividad la podemos englobar en cinco ámbitos totalmente interdependientes:

- Mejorando **la reputación, la calidad del producto y la productividad.**
  - Las empresas, y en especial las grandes, son conscientes de que **la reputación** es un activo muy importante y de que hay que cuidarlo. Han de gestionarlo de forma adecuada, y lo están intentando. Pero tener una buena reputación no genera valor para la sociedad.
  - Mejorando **la calidad del producto**, entendiendo la calidad como la satisfacción de las necesidades y expectativas del cliente. Esto implica optimizar la gestión de la producción, una adecuada relación con el cliente para satisfacer sus necesidades así como una adecuada coordinación y comunicación entre los diferentes departamentos involucrados. Sin calidad no hay clientes, y sin clientes no hay empresa.
  - Mejorando **la productividad**, o la capacidad de producir y vender más, a menor costo y con una excelente calidad, lo que permite a la marca que se promociona mantenerse y crecer en los mercados a los que pertenece, sea nacional o extranjero, haciéndose así mucho más competitivos.
- **Incrementando la innovación,** al igual que la calidad **directamente ligada a la productividad**. Su fin es generar repercusiones comerciales mediante el lanzamiento de un producto o servicio nuevo al mercado. La innovación sí que crea rentas de valor para la empresa y para la sociedad. Es el desafío real, hoy en día, totalmente ligada a la calidad, al I+D+i, a la formación del personal… Recordemos las tres formas de innovar:
  - Desarrollando nuevos productos de tecnología avanzada.
  - Desarrollando servicios o ideas novedosas que complementan a un producto ya existente.
  - Desarrollando nuevos mercados.
- Mejorando **la gestión medioambiental del proceso**. La ecología industrial y la ecoeficiencia, en el fondo, no persiguen la mejora ambiental, sino la productiva. Esta distinción es muy importante. No se trata de producir peor para dañar menos, sino de producir mejor. La disminución del daño

ambiental, o incluso su abolición, deja entonces de ser un objetivo para convertirse en un fin, en una feliz consecuencia derivada. Cuando emitimos, por ejemplo, un disolvente, tenemos que haberlo comprado antes.

- Mejorando **la prevención de riesgos laborales**. Los accidentes y las enfermedades profesionales alteran la producción, incrementando así los costes y, en ocasiones, poniendo en entredicho la reputación de la organización. La productividad, sin duda, esta íntimamente ligada con una mejora empresarial y con la calidad, ya que a mayor productividad y calidad mayor será la eficiencia del proceso y este aumento permitirá obtener unos precios más competitivos y, por tanto, nuevos clientes. Sin duda, por ejemplo, cuanto mejor sea el clima laboral, mayor será la productividad.

- Mejorando **nuestra relación con la comunidad que nos rodea,** siendo socialmente y no solo medioambientalmente sostenibles. Estamos pasando de una economía de los accionistas a una economía de las partes interesadas (*shareholder economy versus stakeholder economy*). La empresa no debe rendir cuentas única y exclusivamente a sus accionistas, sino que debe, además, tomar decisiones teniendo en consideración otros actores sociales o *stakeholders:* empleados, Gobiernos, consumidores, organizaciones sociales, clientes… En resumen, los accionistas han pasado de ser la parte interesada a ser una de las partes interesadas a las que las empresas han de prestar atención. En el contexto de la sostenibilidad, en los últimos años ha emergido con fuerza el término ONG, generalmente hoy usado para señalar a organizaciones de la sociedad civil del sector voluntario.

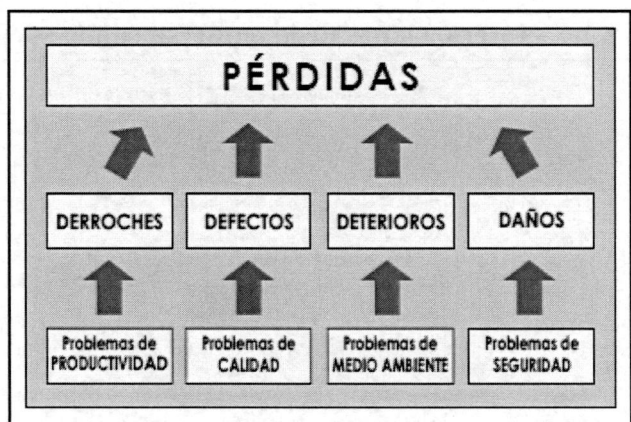

## 1.3.- Tenemos que saber gestionar estas herramientas de forma coordinada

Y estas herramientas hay que gestionarlas coordinadamente. Aún es frecuente encontrarse con empresas en donde la productividad, la calidad, la seguridad y el medioambiente se manejan en forma separada, muchas veces disociadas entre sí y no pocas poniéndolas o permitiendo que entren en conflicto. Estos aspectos no se pueden separar. No los podemos segregar, ya que en caso contrario estaremos multiplicando los esfuerzos de forma innecesaria, aumentando los costes y evitando sinergias.

De ahí la necesidad de la gestión a través de la **Responsabilidad social corporativa (RSC)**. Ciertamente la RSC tiene un origen ético, un aspecto estético, pero sobre todo, una función práctica, ya que se puede traducir en ventajas competitivas. Las empresas y los particulares están aprendiendo a producir y a consumir de otra manera, con valores que tienen que ver más con la responsabilidad y la sostenibilidad.

Tenemos que saber aprovechar esta oportunidad mediante la innovación, teniendo ideas y aplicándolas para salir de la crisis. En tiempos de crisis solo sobreviven las empresas que tienen mayor capacidad de adaptación a las exigencias de su entorno, y estas son las empresas que tienen un enfoque de responsabilidad social corporativa.

Podríamos concluir señalando que la perfección en la gestión de calidad, ambiente o prevención de riesgos laborales no existe ni puede existir entre la humanidad, porque sería inhumana. No se pretende suprimir el error, cosa que es imposible, lo que se pretende es reducirlo a un rango aceptable.

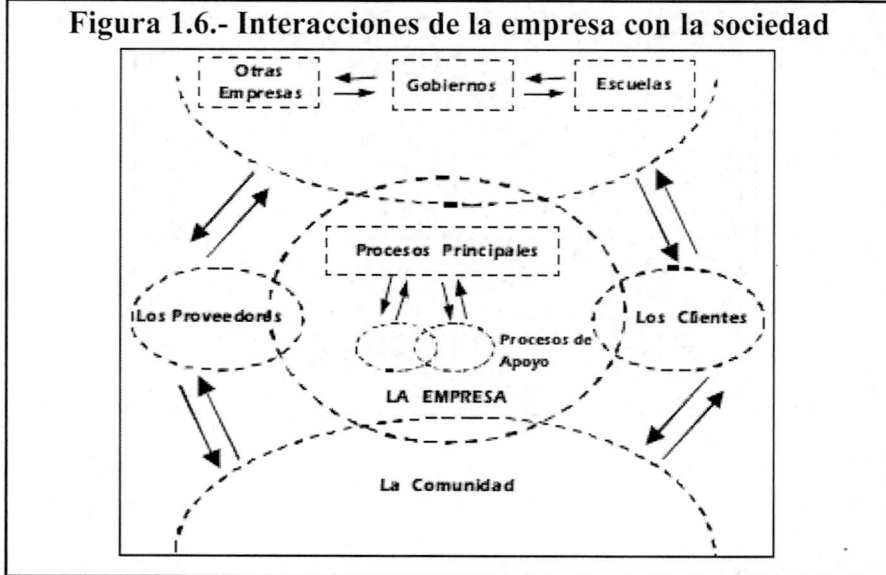

**Figura 1.6.- Interacciones de la empresa con la sociedad**

## 1.4.- Concepto de compra y consumo sostenible

A lo largo de los últimos años, los conceptos de sostenibilidad y responsabilidad social empresarial o corporativa (RSE o RSC) se han ido haciendo muy populares en Europa, impregnando no solo a los agentes y organizaciones sociales, sino también a los entes públicos y empresariales. Como consecuencia de este gran abanico de actores y del amplio alcance que tiene la cuestión, se ha generado una diversidad de conceptos, nomenclaturas y definiciones que no siempre resulta fácil de clasificar.

Ambos conceptos pueden encontrarse en la literatura especializada como 'sostenibles', 'responsables', 'éticos', 'verdes', etc. Veamos estos conceptos:

- **Compra o consumo verde.** Enfatiza en el impacto medioambiental.
- **Compra o consumo ético.** Enfatiza en los aspectos relativos a la producción de los bienes como las condiciones de trabajo, los precios, plazos, etc.
- **Compra o consumo social.** Enfatiza en el impacto que en el entorno social pueda tener la compra en áreas como el desarrollo local, la seguridad, etc.
- **Compra o consumo responsable.** Enfatiza en la actitud desde la cual se realiza la compra, implicando valores éticos que impregnan el proceso de decisión en los ámbitos medioambiental, social y económico.

## .- Diferencia existente entre consumo sostenible y compra sostenible

El primer aspecto a tener en cuenta es la diferencia existente entre consumo sostenible y compra sostenible. Sin embargo, generalmente, se entenderá:

- **el consumo** como la compra por parte del usuario final (habitualmente los consumidores), y
- **la compra** como el proceso de abastecimiento o aprovisionamiento por parte de una organización para generar un producto o servicio posterior (habitualmente, las empresas).

Por ello, cuando nos referimos a Compra Sostenible, estamos tratando de procesos productivos normalmente ligados a la actividad empresarial, y no a la responsabilidad mostrada por los consumidores con sus compras domésticas.

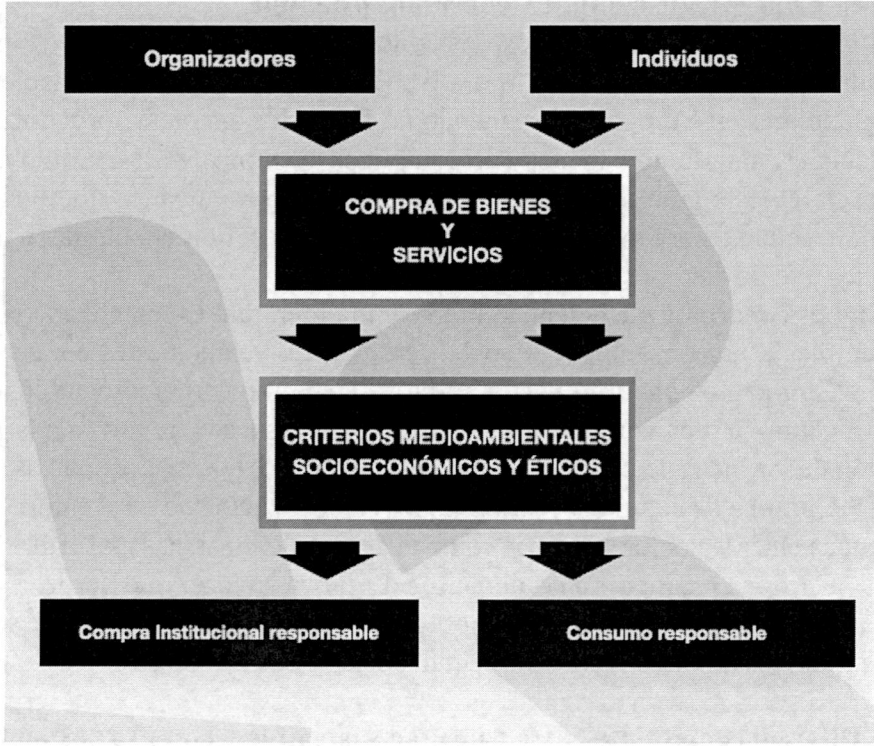

Para percibir en todo su valor el creciente peso que está adquiriendo la compra sostenible, podemos tomar como referencia y guía dos conceptos cada vez más utilizados por las empresas en sus procesos de decisión estratégica, como son el enfoque de ciclo de vida del producto y la gestión de la cadena de suministros.

### .- Concepto de ciclo de vida del producto

Para comprender el concepto de ciclo de vida del producto tenemos que entender que cualquier producto o servicio tiene un precio o coste que va más allá del precio de compra efectivo más el transporte y los costes financieros y administrativos si los hubiera.

La idea que subyace al concepto de ciclo de vida consiste en valorar el producto teniendo en cuenta todos los costes que va a suponer para la empresa desde que 'nace', hasta que 'muere'. En este sentido, el producto o servicio empieza a generar costes desde el mismo momento de su diseño, estudio o búsqueda en el mercado, y seguirá haciéndolo hasta que desaparezca físicamente de la organización.

**Figura 1.7.- Concepto de ciclo de vida de un producto**

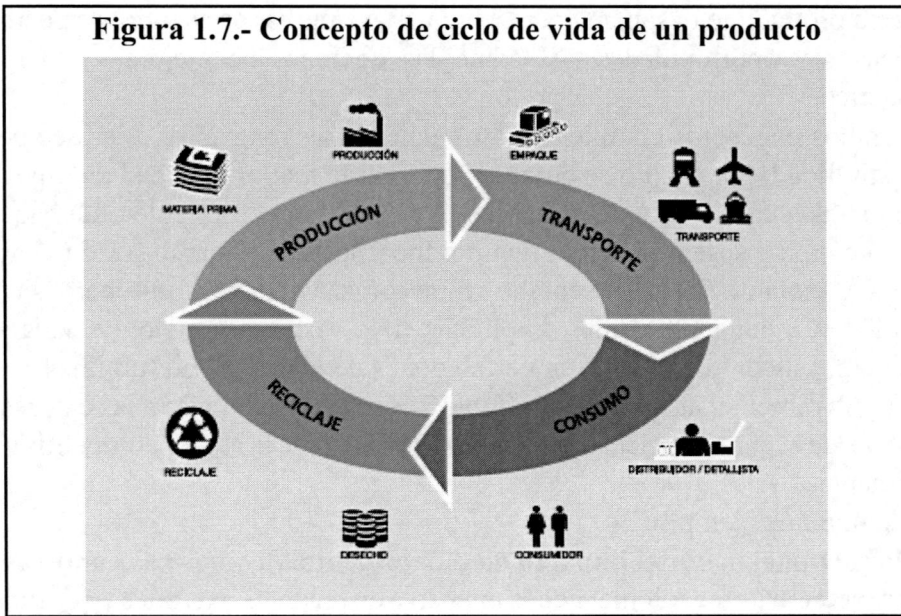

Por lo tanto, en la determinación del coste real del producto en cuestión, tendremos que considerar aspectos como su I + D, las gestiones ligadas a su compra, los costes de manipulación y almacenamiento, los gastos de transporte, las mermas y defectuosos, la esperanza de vida o durabilidad, la obsolescencia media, su gestión como residuo, etc.

Solo tras este concienzudo análisis podremos determinar el coste real que un producto o servicio tiene para la organización, integrando esta información al proceso de negociación y compra.

### .- Concepto de gestión de la cadena de suministros

En cuanto a la gestión de la cadena de suministros, parte de la base de que todo lo que ocurre con las materias primas y productos que adquirimos antes de que lo hagamos influye en aspectos importantes para la organización como la calidad, la seguridad, la estabilidad en el suministro, la fiabilidad, la imagen corporativa, etc.

En el nuevo sistema económico mundial marcado por la globalización y el comercio a gran escala, conocer bien y controlar nuestro propio sistema productivo ya no es garantía de calidad, seguridad o competitividad, si no hemos integrado en nuestro proceso de control la gestión de nuestros proveedores.

Al contrario, conocer las condiciones en que operan nuestros proveedores, sus circunstancias, límites y potencial, nos permite valorar nuestro propio sistema productivo desde una perspectiva más amplia, previendo las posibles amenazas y oportunidades, así como las opciones de mejora y sinergias existentes.

Ambos conceptos complementan y dan mayor relevancia a la idea de la sostenibilidad, por cuanto se basan en integrar la mayor cantidad de aspectos relacionados con la compra al proceso de decisión, con el objeto de hacerlo más eficiente y sostenible en el tiempo. Incorporar la sostenibilidad a ambos enfoques es tan evidente y sencillo como tomar en cuenta las repercusiones sociales y medioambientales implícitas a lo largo del ciclo de vida del producto, así como en los distintos eslabones de la cadena de suministro.

Intuitivamente, la compra sostenible ofrece claras ventajas a las empresas, tanto desde el punto de vista reputacional, como desde la mayor competitividad y eficiencia.

A modo de ejemplo:

**Preocupación por el impacto medioambiental de nuestras compras** → Incorporación de tecnología menos intensiva en recursos naturales y consumos energéticos → Menor consumo de materias primas, combustibles, gastos asociados, transporte, almacenaje, etc. → **Menores costes de producción, producto más competitivo, mejor imagen corporativa**

### 1.5.- Ámbitos de actuación

Veamos desde cada uno de los tres ámbitos expuestos, algunos factores clave.

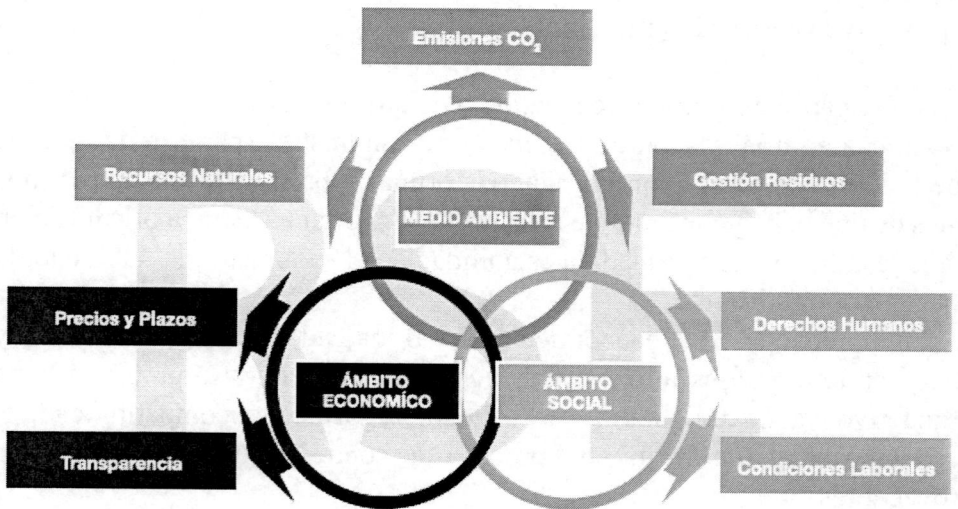

## .- Ámbito económico

| Factor negociable | Impacto Negativo | Impacto Positivo |
|---|---|---|
| **Precio compra** | Un precio demasiado ajustado derivado de un excesivo poder de compra puede generar repercusiones negativas en las condiciones laborales de los empleados o subproveedores de nuestro suministrador en forma de reducción de salarios, aumento de horas o recorte de los beneficios sociales o condiciones de seguridad, pero también puede llevar a cometer infracciones legales, mermas en la calidad, uso de peores materiales, etc. | Un precio razonable que satisfaga las aspiraciones de ambas partes permite al proveedor obtener cierto beneficio que aplicar a la inversión en su empresa, lo que redunda en mayor estabilidad del empleo y condiciones de trabajo, incentivos a incorporar mejores tecnologías, usar mejores materiales, etc. Estas mejoras, además, se transmiten a lo largo de toda la cadena, puesto que el proveedor, a su vez, puede pagar mejores precios. |
| **Plazos entrega** | Los plazos de entrega demasiado ajustados, decididos de forma unilateral por el comprador sin tener en cuenta la situación del vendedor, pueden llevar a mermas en la calidad, horas de trabajo extraordinarias no remuneradas, desajustes de plantilla, mayores consumos de recursos y a peores precios, desatención de otros pedidos necesarios para el proveedor y, en general, trabajo sin posibilidad de planificación. | Los plazos de entrega bien definidos, negociados entre las partes con transparencia y buena fe, permiten al proveedor planificar y organizar tanto sus necesidades de capital humano y financiero, como las calidades y precios de las materias primas, optimizando sus procesos y capacidad productiva. De este modo, sus resultados son mejores, lo que redunda en mejor servicio y calidad, así como mayor incentivo a mantener el cliente. |
| **Pago diferido** | Las frecuentes condiciones de pago diferido a 60, 90 o incluso 120 días, impuestas por los grandes compradores a sus proveedores, generan todo tipo de problemas entre éstos. Por un lado, en muchas ocasiones los proveedores no podrán hacer frente al pago de salarios hasta haber cobrado, lo que deja a las familias de los empleados en situación de desamparo durante ese tiempo. Por otro lado, el proveedor, que debe pagar sus materias primas, ha de endeudarse para hacer frente a sus pedidos, lo que le obliga a asumir costes financieros extra. | Condiciones de pago razonables y estrictas, que tengan en cuenta los gastos asumidos por el proveedor y sus necesidades financieras, permiten que éste planifique sus flujos de tesorería con anticipación, lo que le permite, a su vez, trasladar plazos de cobro prefijados a empleados y subproveedores. En caso de carecer de suficiente liquidez, el hecho de que el plazo de pago sea estricto y firme otorga otras posibilidades al proveedor como la de acudir a entidades financieras a hacer uso de una línea de descuento, un sistema de efectos comerciales, u otros productos financieros diseñados al efecto. |

| Factor negociable | Impacto Negativo | Impacto Positivo |
|---|---|---|
| **Sobornos y Corrupción** | El fomento o la participación en prácticas corruptas como el pago en 'B', el pago de comisiones ilegales, de sobornos, etc., lleva a una escalada de corrupción que se va compensando derivándola a cada eslabón de la cadena de suministro hasta el último peldaño que, no pudiendo repercutir el coste 'extra', debe asumirlo. En muchos casos, este último peldaño sufrirá ese coste añadido perdiendo bienestar, capacidad financiera y competitividad, pero, en última instancia, lo añadirá al coste del producto, por lo que, finalmente, se ha encarecido ficticiamente la venta, enrareciendo y haciendo menos competitivo el mercado correspondiente. | Una política de transparencia y anticorrupción en la que se limitan y regulan las posibilidades de dar y recibir regalos, y se prohíben las prácticas irregulares en este campo, permite acceder al mercado de un modo mucho más realista en cuanto a la competitividad de nuestros productos, y a su coste efectivo basado únicamente en los recursos empleados. Así mismo, si no admitimos proveedores con este tipo de prácticas, garantizamos que sus precios de venta se ajustan al mercado real, y que toda su cadena se fundamenta en procesos productivos ciertos. Por otro lado, evitamos incurrir en riesgos evidentes de sanciones económicas, barreras comerciales, y caída de la imagen reputacional de la empresa. |

## .- Ámbito social

| Factor negociable | Impacto Negativo | Impacto Positivo |
|---|---|---|
| **Condiciones laborales** | Si no tomamos en consideración las condiciones laborales en las empresas que nos suministran, podemos estar favoreciendo con nuestras compras la existencia de trabajo infantil, trabajo forzoso o salarios y horarios ilegales, etc. Trabajar con proveedores que no respetan la legalidad o los valores éticos que defendemos en nuestra propia compañía puede llevarnos a sanciones económicas, barreras comerciales en países con legislaciones estrictas en esta materia, y escándalos públicos. | Apostar por proveedores que promueven condiciones laborales dignas y éticas es apostar por relaciones laborales más estables y duraderas, por la reducción de riesgos económicos y reputacionales, y por la coherencia con los valores propios de nuestra organización y nuestros clientes. Por otro lado, la legislación es cada vez más estricta y de mayor alcance en esta materia, por lo que integrar estas cuestiones en nuestra estrategia de compra nos permite anticiparnos y ser más competitivos. |

| Factor negociable | Impacto Negativo | Impacto Positivo |
|---|---|---|
| **Seguridad y salud laboral** | Ahondando en el punto anterior, ignorar los aspectos relacionados con la seguridad y salubridad de las instalaciones, de los procesos productivos y del entorno de nuestros proveedores implica tener nuevamente un punto crítico en cuanto a la seguridad del suministro, la calidad del producto, la estabilidad en la relación comercial, riesgos reputacionales, sociales y legales, menores oportunidades de desarrollo tecnológico, etc. | En una época en la que la prevención de riesgos laborales se ha convertido en cuestión de primer orden, analizar las condiciones existentes en nuestra cadena de suministro es indispensable para conocer los riesgos a los que estamos sujetos. Como en el punto anterior, una buena política en este sentido nos permite ahorrar costes en forma de menores sanciones, mayores ventas y acceso a mercados, mejor imagen de marca y mayor competitividad en general. |
| **Desarrollo local** | En el pasado, ha sido frecuente encontrar empresas, plantas productivas y fábricas que operaban de espaldas a las comunidades próximas. Desde el momento en que la comunidad y el entorno de la empresa se ve afectado por la actividad de ésta, no tomar en cuenta e integrar las circunstancias, necesidades y aspiraciones de este entorno local en la estrategia empresarial puede convertirse en causa de escándalos, protestas y bloqueos locales, mayor dificultad para encontrar recursos y trabajadores, y rechazo social. Un proveedor bloqueado implica un problema en toda la cadena | El fomento del desarrollo local a través de los distintos mecanismos posibles (compras locales, patrocinio, participación en proyectos, etc.), redunda en una mayor vinculación económica y social de la comunidad con la empresa. Estos lazos favorecen el tratamiento que tanto desde administraciones públicas como desde empresas y organizaciones sociales se da la empresa, sea en la legislación como en aspectos de contratación de empleados y compra de materias primas. Una comunidad contenta con las empresas de su entorno, hará lo posible por que éstas perduren, crezcan y sigan generando riqueza. |
| **Derechos humanos** | No disponer de políticas o principios corporativos en relación con los derechos humanos puede acarrear conflictos entre muchos de los grupos de interés de la empresa. Empezando por los trabajadores, en riesgo de malas prácticas en discriminación, acoso laboral o *mobbing*, por citar algunos ejemplos, hasta posibles abusos en el entorno, sea a nivel medioambiental, con destrucción de patrimonio natural, o a nivel social, con la imposición de condiciones abusivas en áreas como las compras o la consulta pública. | Una política de derechos humanos que defina y defienda públicamente los valores de la organización afianza los vínculos y sensación de seguridad de los trabajadores y la comunidad con la empresa. Por otro lado, más allá de la mejora en imagen corporativa, la suscripción de los principales estándares en derechos humanos permite a la empresa ser más competitiva, acceder a más mercados, y mejorar la competitividad del producto. Si nuestros proveedores fallan en este aspecto, toda la cadena se ve afectada, estando sujeta a las mismas repercusiones negativas. |

## .- Ámbito medioambiental

| Factor negociable | Impacto Negativo | Impacto Positivo |
|---|---|---|
| **Consumo recursos** | Los impactos negativos de un consumo de recursos elevado y desvinculado de su efecto sobre el medioambiente son abundantes. Además de los mayores costes que implica el mayor consumo (tendencia cada vez más notoria a través de las nuevas legislaciones y la creciente escasez de materias primas), otros costes se derivan de este consumo en fases como el manipulado, el transporte y almacenaje, o la gestión final de los residuos. Mayor dependencia de recursos implica menor competitividad y más riesgos. | Una política basada en reducir consumos, más allá de generar evidentes ahorros a medio y largo plazo, propicia cambios en la tecnología y la gestión de procesos que, a su vez, redunda en productos más competitivos, modernos y duraderos. El enfoque de ciclo de vida se hace especialmente importante en este punto, por cuanto el coste de reducir consumos debe contemplarse en toda su amplitud, valorándose todas las mejoras y ahorros existentes en cada fase. |
| **Cambio climático** | A nivel medioambiental, el daño producido por las emisiones de gases de efecto invernadero es evidente y bien conocido a todos los niveles. Por esa misma razón, las legislaciones locales, nacionales e internacionales son cada vez más estrictas en esta cuestión castigando con cánones, tasas y sanciones la emisión de GEI. Desde un punto de vista comercial, además, la creciente concienciación ciudadana está castigando con su menor consumo aquellas actitudes productivas o empresariales no alineadas con el cambio climático y la reducción de emisiones. | Como problema global, el impacto positivo de implantar políticas de lucha contra el cambio climático es, así mismo, global. En cualquier caso, los ahorros y beneficios directos e indirectos provenientes de iniciativas en este sentido son innegables tanto desde el punto de vista de impuestos y sanciones como desde el prisma de una mejor imagen comercial. La tendencia global es a una mayor responsabilidad en este campo, por lo que los productos deberán, pronto, declarar las emisiones asociadas a su fabricación, erigiéndose en un dato más en la decisión de compra del consumidor. |

| Factor negociable | Impacto negativo | Impacto positivo |
|---|---|---|
| Gestión de residuos | La ausencia de gestión de residuos o su mala implantación provoca todo tipo de problemas en el medioambiente, empezando por la contaminación del agua y terrenos, la creación de focos de enfermedad, la destrucción de biodiversidad, el cambio en los equilibrios naturales, lo que, a su vez, lleva a la desertificación, riesgo de inundaciones, etc. Por otro lado, no gestionar racionalmente los residuos implica un mayor consumo de materias primas, un desaprovechamiento de recursos, y, cada vez más, un riesgo de infracción legal con las correspondientes sanciones, así como una peor imagen pública. | La gestión racional y adecuada de los residuos generados tiene efectos positivos inmediatos en el medioambiente por cuanto se reduce la cantidad de desechos, éstos son tratados y eliminados adecuadamente, e integrados en un sistema controlado y supervisado por las administraciones públicas. Desde el punto de vista económico, implantar una política de gestión de residuos se asocia con el reciclado, reutilización y reparación de muchos residuos, lo que implica ahorro tanto en la compra de nuevas materias primas como en la gestión de desechos. Así mismo, se reduce el impacto ambiental, optimizando el consumo de materias naturales. |

| Factor negociable | Impacto Negativo | Impacto Positivo |
|---|---|---|
| **Biodiversidad** | La biodiversidad, ya sea a nivel global o local, se caracteriza por su delicado equilibrio, sujeto a graves acontecimientos de carácter irreversible cuando se actúa de forma irresponsable. Por ello, los costes de una mala gestión en este sentido pueden cifrarse en pérdida definitiva de especies animales y vegetales, la destrucción de espacios naturales esenciales para equilibrar los cambios estacionales, las lluvias o las sequías, o, más claramente, la destrucción del pulmón del que todos vivimos en el planeta. A nivel empresarial, los daños son semejantes a los puntos previos, en aspectos reputacionales, fiscales y de seguridad. | Si bien es cierto que la mejor política en pos de la defensa de la biodiversidad sería la no injerencia en el medio, puesto que esto no resulta posible, se trata de incorporar esta cuestión a nuestras decisiones estratégicas. En este sentido, los beneficios del respeto, fomento y salvaguarda del entorno natural y la biodiversidad, son universales, con influencia directa en la calidad del aire, del agua y de la tierra, de los ecosistemas en que opera la empresa, de la calidad de vida de las comunidades, etc. Recuperar una zona tras un desastre ecológico es infinitamente más costoso que implantar medidas preventivas que eviten el desastre, por lo que, en definitiva, se trata de un ahorro a largo plazo. |

### 1.6.- Marco legislativo

La legislación relativa a la compra sostenible es francamente escasa tanto a nivel nacional como internacional, y está fundamentalmente vinculada a las compras del sector público.

Debido al carácter netamente voluntario de muchas de las iniciativas asociadas a la compra sostenible, los gobiernos no han desarrollado normativas o leyes que obliguen a las empresas a desarrollar prácticas sostenibles en su gestión de compras, más allá del cumplimiento de la Ley.

En cualquier caso, la incidencia que estas nuevas formas de legislación puede tener a medio y largo plazo en las empresas privadas es evidente, especialmente para aquellas cuya actividad esté muy ligada al sector público.

Si el sector público a través de sus pliegos de compra y contratación exige y discrimina positivamente aquellos comportamientos respetuosos con el medioambiente y la sociedad en su conjunto, muchas empresas asumirán el desafío, trasladando a sus propios proveedores la necesidad de adaptarse, generando un fuerte efecto multiplicador en el mercado de bienes y servicios internacional.

**.- Directivas de la Unión Europea**

A nivel europeo, las primeras iniciativas que hacen referencia a la contratación responsable o sostenible desde el sector público se remontan a los años 80, aunque hasta los años 90 no se pone de manifiesto la importancia y el potencial de la compra pública con criterios ambientales.

• En el Tratado de Ámsterdam del año 1997, se estipula que la integración del factor medioambiental en todas las políticas sectoriales es condición indispensable para lograr un desarrollo sostenible. A partir de entonces surgen las primeras redes de compra sostenible, y se ponen en marcha proyectos de contratación pública verde a nivel regional, nacional e internacional.

• En el año 2003, la Comisión Europea, en su comunicación sobre "Política Integrada de Productos", presenta una estrategia para reforzar y reorientar la política medioambiental relativa a los productos, con objeto de promover el desarrollo de un mercado de productos más ecológicos y crear las condiciones generales para que los productos sean más respetuosos con el medio a lo largo de todo su ciclo de vida.

• En el año 2004, ante el vacío legal existente sobre la posibilidad e importancia de incorporar criterios ambientales y sociales en los contratos públicos de forma correcta, se desarrollaron y aprobaron dos Directivas que en la actualidad regulan el marco jurídico de la contratación pública a nivel de la Unión Europea. Estas son:

o **Directiva 2004/17/EC** del Parlamento Europeo y el Consejo de 31 de marzo de 2004, que coordina los procedimientos de contratación de entidades que operan en el sector del agua, la energía, el transporte y los servicios postales.

o **Directiva 2004/18/EC** del Parlamento Europeo y el Consejo de 31 de marzo de 2004, sobre la coordinación de los procedimientos de adjudicación de contratos públicos de obra, suministro y servicio.

En el considerando 1 de la Directiva 2004/18 se hace referencia explícita a la contratación pública con criterios sociales y ambientales: "La presente Directiva está basada en la jurisprudencia del Tribunal de Justicia, en particular la relativa a los criterios de adjudicación, que clarifica las posibilidades con que cuentan los poderes adjudicadores para atender las necesidades de los ciudadanos afectados, sin excluir el ámbito medioambiental o social, siempre y cuando dichos criterios estén vinculados al objeto del contrato, no otorguen al poder adjudicador una libertad de elección ilimitada, estén expresamente mencionados y se atengan a los principios fundamentales enumerados en el considerando 2. Estos principios son los principios del Tratado, en particular los principios de libre circulación de mercancías, la libertad de establecimiento y la libre prestación de servicios, así como los principios que se derivan de estas libertades, como son el principio de igualdad de trato, el principio de no discriminación, el principio de reconocimiento mutuo, el principio de proporcionalidad y el principio de transparencia".

Por tanto, se exhorta a la inserción de aspectos sociales y ambientales en la contratación pública, siempre que se respeten las libertades básicas del Tratado, y los principios derivados de las mismas.

### .- Su transposición a la legislación española

La transposición de estas directivas a la legislación nacional española ha quedado plasmada en la publicación de la Ley 30/2007 de 30 de octubre de Contratos del Sector Público y de la Ley 31/2007 de 30 de octubre, sobre procedimientos de contratación en los sectores del agua, la energía, los transportes y los servicios postales, y cuyo artículo 134 indica lo siguiente:

"Para la valoración de las proposiciones y la determinación de la oferta económicamente más ventajosa deberá atenderse a criterios directamente vinculados al objeto del contrato, tales como la calidad, el precio, [...], el coste de utilización, **las características medioambientales o vinculadas con la satisfacción de exigencias sociales** que respondan a necesidades, definidas en las especificaciones del contrato, propias de las categorías de población especialmente desfavorecidas a las que pertenezcan los usuarios o beneficiarios de las prestaciones a contratar, [...]".

Así mismo, en la exposición de motivos de la Ley, en el punto IV, se exponen las siguientes consideraciones:

"Incorporando en sus propios términos y sin reservas las directrices de la Directiva 2004/18/CE, la Ley de Contratos del Sector Público incluye sustanciales innovaciones en lo que se refiere a la preparación y adjudicación de los negocios sujetos a la misma.

»Sintéticamente expuestas, las principales novedades afectan a la previsión de mecanismos que permiten introducir en la contratación pública **consideraciones de tipo social y medioambiental**, configurándolas como condiciones especiales de ejecución del contrato o como criterios para valorar las ofertas, prefigurando una estructura que permita acoger pautas de adecuación de los contratos a **nuevos requerimientos éticos y sociale**s, como son los de acomodación de las prestaciones a las exigencias de un **comercio justo** con los países subdesarrollados o en vías de desarrollo como prevé la Resolución del Parlamento Europeo en Comercio Justo y Desarrollo 2005/2245 (INI), y que permitan ajustar la demanda pública de bienes y servicios a la **disponibilidad real de los recursos naturales**, a la articulación de un nuevo procedimiento de adjudicación, **el diálogo competitivo**, pensado para contratos de gran complejidad en los que la definición final de su objeto solo puede obtenerse a través de la interacción entre el órgano de contratación y los licitadores; a la nueva regulación de diversas técnicas para racionalizar las adquisiciones de bienes y servicios (acuerdos marco, sistemas dinámicos de adquisición y centrales de compras); o, en fin, asumiendo las nuevas tendencias a favor de la desmaterialización de los procedimientos, optando por la plena inserción de los medios electrónicos, informáticos y telemáticos en el ámbito de la contratación pública, a fin de hacer **más fluidas y transparentes las relaciones** entre los órganos de contratación y los operadores económicos".

La forma en que las distintas administraciones han de aplicar esta Ley no ha sido recogida institucionalmente hasta el momento, dejando cierto margen de maniobra a los organismos públicos para la interpretación efectiva de la misma, lo que, en la práctica, se traduce en muchas dificultades y retrasos en la aplicación real de la mencionada ley, y cierta oposición y recelo por parte de los funcionarios públicos encargados de llevarla a la práctica.

### .- El modelo francés

En Francia, los últimos avances en este campo se concretan en la Ley 2009-967 de 3 de agosto de 2009 de programación relativa a la puesta en ejecución del "Grenelle del Medioambiente" publicada en el Diario Oficial del 5 de agosto de 2009.

El artículo 48 de esta ley establece que el Estado debe, como toda entidad colectiva pública, tener en cuenta en su toma de decisiones las consecuencias sobre el medioambiente, fijando los siguientes objetivos para las compras públicas:

- Desde 2009, los vehículos comprados por el Estado emitirán menos de 130 g de $CO_2$ por kilómetro, salvo necesidades de servicio.

- Desde 2009, se desarrollará la utilización de las tecnologías de la información y de la comunicación y las instalaciones de videoconferencia.

- A partir de 2010, la madera comprada será certificada o extraída de bosques gestionados de manera sostenible.

- En 2012, será efectivo el reciclaje del papel empleado y se usará exclusivamente papel reciclado o papel procedente de bosques gestionados de manera sostenible.

- El 15% de los productos de *catering* en 2010 y el 20% en 2012 deberán proceder de la agricultura biológica y, para unos porcentajes idénticos, deberán ser productos de temporada y productos con "débil impacto medioambiental".

### 1.7.- Ética, Ética empresarial y Responsabilidad social. Su definición

Si hay tres términos que generan diferencias de interpretación son los que corresponden a la Ética, la Ética Empresarial y a la Responsabilidad Social Empresarial.

Ciertamente estos tres conceptos están vinculados. La responsabilidad social muestra una conducta ética implícita y esta está gestionada por directivos éticos.

Pero ciertamente lo están para una misma área cultural. Lo que es ético para una cultura puede no serlo para otra. Así, por ejemplo, en Estados Unidos es normal compararse entre marcas y mostrar la diferencia entre una y otra; lo cual es considerado inadecuado y poco ético en otras culturas donde se considera que no se deben destacar las debilidades de la competencia sino las fortalezas del producto o servicio.

### .- Concepto de ética

La ética podría ser entendida como una serie de códigos generales cuya interpretación y ejecución dependerá de la manera en que se perciban y se comprendan de manera individual.

No tiene nada que ver con el bien ni con el mal, con lo correcto o incorrecto, pues esas dualidades son relativas y dependen más de las circunstancias y el escenario donde se presentan, pues según ello se inclinarán de uno u otro lado.

En opinión de algunos autores, la ética no debe ser definida, solo debe ser percibida y asimilada de acuerdo a los valores que se construyan, ya sea de manera personal o colectiva.

### .- Concepto de ética empresarial

Las organizaciones no surgen como consecuencia de la generación espontánea, son creadas con una finalidad y un propósito y, al instituirse, las empresas son responsables de establecer sus códigos y valores y, con base en ellas, seleccionar al personal que más se ajuste a ellas. No al revés.

Se cree que las personas pueden alterar la ética existente en las empresas y por ende la percepción de la misma, pero, en realidad, son las personas quienes deben ajustarse a los códigos de ética predominante de la organización que los contrata, la cual no les ha de ser ajena porque, obviamente, se han de sentir identificadas con ella si desean seguir en esa organización. Es la empresa quien debe establecer la línea a seguir y procurar que se siga.

Corresponde, por tanto, a la empresa comprobar la coincidencia de valores y expectativas de sus candidatos antes de la contratación y será responsabilidad de los aspirantes determinar si los mismos se ajustan a los propios y por lo tanto pueden ser respetados y modelados sin que ello genere conflictos de ninguna índole.

### .- Concepto de Responsabilidad Social

Ciertamente las empresas no se crean para beneficiar a la sociedad, o por lo menos no las mercantiles, por lo tanto la "responsabilidad social" tampoco ha de ser vista como una obligación ni como parte del código de ética de las empresas.

Debe insistirse en que ni solo, ni principalmente, son motivaciones éticas las que subyacen a estos compromisos. Las razones dominantes en la gestión empresarial son nítidamente económicas. La empresa debe atender adecuada y equilibradamente a sus diferentes grupos de interés porque de todos ellos obtiene un recurso básico, tangible o intangible, para el óptimo desarrollo de su actividad: capital de los accionistas; ingresos de los clientes; suministros de los proveedores; fuerza de trabajo, talento, motivación e integración de los empleados; licencia para operar de las autoridades; buena valoración de los creadores de opinión; y aceptación y reputación de la sociedad. Y desea obtener estos recursos en las mejores condiciones (en mayor cantidad, con mayor facilidad y al menor coste). Por tanto, sabe que depende poderosamente de la buena relación que consiga mantener con cada uno.

Surge de la evolución del pensamiento humano y con él la aceptación de que todos estamos interconectados y relacionados y que, por lo tanto, no hay nada que se realice, ninguna acción independiente, que no afecte al colectivo.

Una vez que se llega a ese nivel de conciencia las actividades que se realizan en una empresa están orientadas a generar utilidad económica y de impacto social a través del bienestar de sus trabajadores y los aportes que, de manera voluntaria, ofrezca a la comunidad.

Pero la verdadera "responsabilidad social" no se decreta ni se impone.

Obligar a través de una norma a realizar actividades de apoyo a las comunidades, al deporte, expresiones culturales y/o educativas, la generación de becas o ayudas, no puede considerarse como una genuina expresión de responsabilidad social, es simplemente el cumplimiento de la exigencia legislativa, de la acción impositiva de la ley cuyo irrespeto generará sanciones.

La empresa mostrará una verdadera madurez organizacional cuando, independientemente de la norma, procure expresiones que faciliten el desarrollo, esparcimiento, crecimiento y bienestar de quienes hacen vida laboral en ella y de aquellos que están presentes en su entorno inmediato y más allá.

No es lo mismo mantener un parque porque con ello se cumple con la norma y las obligaciones que ello conlleve puedan ser deducidas de los impuestos. Si se quiere sembrar un árbol, cuidar un espacio, otorgar una beca, ha de hacerse porque el impacto que ello generará contribuirá a poseer una sociedad más justa, evolucionada, equilibrada y plena. Porque con ello se construirá el futuro. No porque la ley obligue a ello.

### 1.8.- Ejemplos de certificaciones, normas, estándares y otras iniciativas afines

Entre otras que luego comentaremos, tenemos:

- **ISO 9001 y 14000:** Certificaciones de calidad y medioambiental, respectivamente, cuya obtención implica la puesta en práctica de un sistema de gestión con protocolos y procedimientos estandarizados, que son, a su vez, auditables por parte de la organización certificadora.
- **SA8000:** Norma internacional para evaluar la responsabilidad social de proveedores y vendedores, que proporciona los requisitos y la metodología para evaluar las condiciones en los lugares de trabajo incluyendo el trabajo infantil, la fuerza de trabajo, la seguridad y salud ocupacional, la libertad de asociación, la discriminación, las prácticas disciplinarias, el horario de trabajo, las remuneraciones y la responsabilidad de la gerencia de mantener y mejorar las condiciones de trabajo.
- **European Ecolabel:** Sello de carácter medioambiental promovido desde la UE, y que se concede a los productos que optimizan los impactos y efectos medioambientales que tienen a lo largo de su ciclo de vida.
- **Forest Stewardship Council (FSC):** Etiqueta que garantiza que el producto forestal proviene de bosques gestionados según principios sostenibles, tanto desde el punto de vista medioambiental como social.
- **Öko-Tex 100:** Estándar que garantiza la ausencia de sustancias nocivas en los productos textiles a lo largo de su proceso de transformación.
- **Made in Green:** Sello creado por la AITEX, que acredita a aquellos productos textiles que son ecológicos y socialmente responsables a lo largo de toda su cadena de trazabilidad, para lo cual es necesario disponer de sellos como el Öko-Tex 100, la ISO 140001, la SA8000 o similares.
- **Fair Trade Labelling (FLO):** Distingue a aquellos productos comercializados con estándares sociales y laborales basados en salarios y precios dignos, mejores condiciones laborales y de vida, y elevados niveles de calidad en las materias primas.
- **OHSAS 18000:** Las normas OHSAS 18000 son una serie de estándares voluntarios internacionales aplicados a la gestión de seguridad y salud ocupacional.
- **Global Reporting Initiave (GRI):** Directrices estandarizadas en relación con la comunicación de la información económica, social y medioam-

biental de la empresa, con el ánimo de garantizar materialidad, veracidad y alcance.

### 1.9.- El miedo al fracaso en la gestión del cambio

A pesar de que entendemos la necesidad del cambio, que sabemos que tenemos que cambiar, no es fácil iniciar ni este ni ningún cambio.

El miedo al cambio, al fracaso, a la frustración es algo que está siempre presente en la toma de decisiones.

Pero la globalización, las nuevas economías, la nueva oleada de competencia, los precios cada vez más bajos y un cliente cada más vez más informado hacen que tengamos que cambiar para triunfar.

Todo aquello que conocemos y nos es familiar nos proporciona cierta seguridad y comodidad a pesar de que a momentos esto no sea lo que realmente nos haga eficientes. Recordemos el refrán "más vale lo malo conocido que lo bueno por conocer". Nos implica un esfuerzo mínimo al hacer las cosas pues ya lo conocemos, incluso el manejo de cualquier situación tensa es cómoda pues ya sabemos las reacciones y consecuencias.

Pero incluso la vida de cualquier ser humano está inmersa en un proceso de cambios y de continua toma de decisiones. Esas decisiones se adoptan dentro de un marco único para cada persona: su propia interpretación de la realidad, en función de la cual decide su vida según una actitud y una manera pensar.

Ante un resultado de fracaso o de frustración, podemos actuar de dos maneras:

- culpando a alguien o lamentándonos de nuestra mala suerte, o
- modificando nuestro bagaje de ideas y esquemas mentales para enfrentar los problemas con éxito y hacer realidad nuestros sueños.

Normalmente, no construimos nuestras posibilidades hasta que una crisis no se transforma en algo tan brutal que no nos queda otra elección. Einstein lo sintetizó cuando dijo: "El mundo tiene problemas que no pueden ser resueltos pensando en la forma en que pensábamos cuando los creamos".

## 2.- El cambio en los paradigmas directivos que genera la RSC

### 2.1.- Qué es un paradigma directivo

Todos tendemos a pensar que vemos las cosas como son, que somos objetivos. Pero no es así. Vemos el mundo, no como es, sino tal y como somos nosotros o como se nos ha condicionado para que lo veamos.

Paradigma es el modo en que "vemos" el mundo, no en términos de nuestro sentido de la vista, sino como percepción, comprensión e interpretación. Los paradigmas son la fuente de nuestras actitudes y conductas. Al margen de ellos no podemos actuar con objetividad

Los podemos considerar como los mapas. Un mapa no es el "territorio". Un mapa es simplemente una explicación de ciertos aspectos de un territorio. Un paradigma es exactamente eso. Es una teoría, una explicación o un modelo de alguna otra cosa.

Normalmente no cuestionamos la exactitud de los mapas; por lo general ni siquiera tenemos conciencia de que existen, simplemente damos por sentado que el modo en que vemos las cosas corresponde a lo que realmente son o a lo que deberían ser. Estos supuestos dan origen a nuestras actitudes y a nuestra conducta.

Casi todos los descubrimientos significativos en el campo científico aparecen primero como rupturas con la tradición, con los viejos modos de pensar, con los antiguos paradigmas, con la forma que tenemos de ver el mundo.

Muchas veces la falta de adecuación de los paradigmas a las nuevas realidades va quitando capacidad de supervivencia a los individuos, volviéndolos más frágiles y carentes de competitividad.

En la década de los setenta los industriales de Detroit no pudieron ver la amenaza japonesa pues tenían como paradigmas ideas tales como la de ser los mejores del mundo en materia automotriz, ser los que mejor interpretaban las necesidades de los consumidores americanos, disponer de ventajas competitivas irrebatibles y la creencia de ver en los productos japoneses artículos baratos de mala calidad.

Pero la realidad era otra totalmente diferente, y los directivos de las automotrices tardaron en darse cuenta del error. Y este error ha llevado a muchas empresas a una difícil situación, incluso a la ruina.

Algo parecido se está viviendo en la actualidad, en pleno siglo XXI, en la gestión de los recursos humanos. Mantenemos los paradigmas propios de una época pasada en la que:

- los niveles culturales, conocimientos y entrenamientos del personal estaban muy por debajo de los actuales,
- no existía la cantidad de información existente actualmente,
- los consumidores se adaptaban a la oferta y no como es actualmente, en la cual la empresa debe constantemente adaptarse a las nuevas y mayores exigencias de los consumidores,
- marcada por las barreras comerciales, al contrario de la actual existencia de mercados globales.

### 2.2.- Su evolución

Durante los últimos trescientos años, el método científico usado durante siglos ha sido el análisis reduccionista basado en la creencia de que la mejor forma de aprender más acerca de algo consiste en separarlo en sus partes, conocer cómo funcionan las partes por separado y luego juntarlas de nuevo, reconstruyendo el original, para intentar comprender cómo funciona el todo.

Se creyó que todas las interacciones se podían explicar mediante relaciones sencillas de causa y efecto y que todo lo que sucedía se debería considerar como el efecto de una causa identificable. Esta forma de pensar se conoce como determinismo, una doctrina en la que nada ocurre por casualidad.

Desde fines del siglo XIX las formas institucionales de la relación salarial obedecían al modelo taylorista y a la llamada administración científica del trabajo.

Este modelo carecía de medios distributivos de los frutos del crecimiento, lo que llevó a que, por un lado, se generara una sociedad de masas asalariadas y, por otro, a que los excedentes de la producción se orientaran a la acumulación de capital y no a la satisfacción de las necesidades poblacionales, al no reflejarse en el salario los crecimientos en la productividad.

Pero, aún antes de la década de los años 30, otro paradigma de relaciones productivas y laborales se impuso progresivamente en aquellas empresas productoras de grandes series de bienes homogéneos y de consumo duradero: **el fordismo**. Este nuevo orden laboral requirió la modificación de las pautas de consumo y de normas de vida de los trabajadores. Las empresas les otorgaron mayores remuneraciones al considerarlos como consumidores potenciales.

El sistema fordista presidió el período de mayor crecimiento de los países altamente desarrollados. Tras el fin de la Segunda Guerra Mundial, se sucedieron tres décadas de crecimiento económico ininterrumpido. Este período se caracterizó por una demanda sin demasiada variedad ni calidad; un relativo pleno empleo; un crecimiento de los salarios superior al de la productividad (en virtud, sobre todo, de la intensificación del trabajo y de la mecanización); la demanda creciente de mano de obra emigrante y poco cualificada; el dinamismo tecnológico que se tradujo en un descenso de precios que produjeron una notable expansión del acceso de bienes antes inalcanzables a amplios sectores sociales.

La gran crisis de los países industrializados a mediados de los años 70 cuestionó ese régimen de acumulación y, por consiguiente, su patrón de relación salarial. El proceso de transnacionalización de las economías y los desequilibrios a escala mundial, sobre todo la crisis del petróleo y los cambios en los precios de las materias primas, generaron en la mayoría de los países con mayor desarrollo una muy elevada tasa de inflación y una situación de recesión. Los acontecimientos ocurridos en los últimos 20 años demuestran la crisis del paradigma fordista.

Como consecuencia de esta crisis, se debilitó en gran medida el modelo económico existente, según el cual el estado era un actor principal, las tendencias neoliberales, defensoras del mercado como agente económico clave en el que sustenta la inversión y el aumento del empleo. Esto trajo consigo enormes cambios a nivel de toda la sociedad, los cuales pueden resumirse en:

- Disminución de las funciones del estado como agente económico, regulador, productor y empleador.
- Globalización de la economía, entendida como una nueva fase de la internacionalización de los mercados, que establece una dependencia recíproca entre las organizaciones y las naciones.
- Revolución científico-tecnológica e innovación en general, con nuevos materiales, productos y procesos. Desde la aparición de la microelectrónica y la informática, han cambiado los modos de producir, de comunicarse y de trabajar.
- Innovación organizacional, que modifica los modelos tradicionales de organización de las instituciones y sus relaciones con el exterior, y que transforma globalmente los sistemas económicos.

La superación de las crisis propició precisamente la introducción de nuevas formas de organizar la producción y el trabajo tendientes a:

- el logro de mayor eficiencia productiva,
- un incremento de la productividad,

- la reducción de los costos,
- a una mayor calidad y
- a una flexibilización de la producción.

En el mundo industrial, se ha procedido a introducir innovaciones tecnológicas y organizativas, dirigidas a la reducción del tamaño de las unidades productivas, a la disminución del verticalismo en la gestión y a la búsqueda de la participación de los trabajadores en la toma de determinadas decisiones, a la desconcentración y descentralización de la producción y a la subcontratación de partes en el proceso productivo. Se pone mayor énfasis en la necesidad de adaptación a los cambios y a la incertidumbre de los mercados, mediante una mayor flexibilidad productiva. Ésta es posible como resultado del uso de la microelectrónica, de nuevas formas de organizar la producción y de la generación de series más pequeñas de productos. La competencia se ha hecho más severa y exige calidad, plazos de entrega, precios y diseño.

En este contexto, el modelo de organización de las empresas japonesas ha logrado imponer determinados estilos y formas de organización (*just in time, kan-ban, kaizen* o calidad total). En palabras de algunos autores, se busca ahora la excelencia (léase mayor competitividad en función de ventajas comparativas) tratando de alcanzar los cinco ceros: cero *stock*, cero defectos, cero tiempo muerto en la producción, cero tiempo de demora para responder a la demanda y cero burocracia.

Es el **tiempo de la calidad** en sentido amplio como objetivo esencial, de un paradigma de gestión diferente para los recursos humanos basado en la participación de los trabajadores, en su inclusión como actores y miembros de la cultura de la organización.

### 2.3.- El marco socioeconómico en que se desarrolla el debate

Situemos ahora el marco socioeconómico en que se desarrolla el debate.

### .- La Globalización financiera

Se puede definir la globalización como la comprensión e intensificación del mundo como un todo (aunque el desarrollo y crecimiento de las economías nacionales sea desigual), entendido en términos de la economía capitalista y que está representada:

- de un lado por las naciones como unidades económicas y
- por el otro por las corporaciones transnacionales.

Este concepto fue acuñado en los acuerdos de Bretton Woods, donde se dibuja, en 1944, un nuevo marco económico mundial, liderado por Estados Unidos, cuyo objetivo era restablecer las relaciones económicas internacionales y reconstruir las economías de posguerra impulsando una progresiva, pero controlada, liberalización del comercio internacional. Su objetivo era facilitar a los gobiernos europeos, destrozados tras la Segunda Guerra Mundial, la implantación de programas sociales y democráticos, por lo que se impulsó una regulación del capital en beneficio del afianzamiento democrático.

Estos acuerdos modularon hasta principios de los años 70 del pasado siglo un período de crecimiento económico considerable que se ha dado en llamar Edad de Oro del capitalismo. Así, entre 1950 y 1973 el producto interior bruto (PIB) de los principales países industriales se incrementó a una tasa anual tres veces y medio superior a la experimentada en los 130 años precedentes. Al mismo tiempo, el sistema estuvo en condiciones de ofrecer salarios que crecían al mismo ritmo que la productividad, altos índices de empleo y una gama de prestaciones sociales a cargo del Estado del Bienestar.

Sin embargo, en la década de los años 70 y hasta finales de los años 90 del pasado siglo triunfan las tesis neoliberales con el inicio de un proceso globalizador de los mercados de capitales y del comercio internacional. Su característica principal es la tendencia del capital a expandirse fuera de las fronteras nacionales y a buscar la máxima rentabilidad. Esta deslocalización generó una desregulación en los mercados que generó una dinámica general de liberalización competitiva de capitales. Su consigna era "más mercado y menos Estado", dada la creencia en la tendencia natural al equilibrio en un mercado libre de intervenciones estatales

Se suponía que los movimientos libres de capital impulsarían el crecimiento económico de los países subdesarrollados, puesto que a ellos se dirigirían fuertes inversiones rentables. Pero estas expectativas no solo no se han cumplido sino que son el marco perfecto para provocar la aparición de burbujas especulativas y huidas de capital al menor atisbo de devaluación o apreciación de la moneda local, contribuyendo a la desestabilización de estas economías.

Así el fin de la burbuja especulativa de la Bolsa de Nueva York arrastró las pensiones de muchos ciudadanos y reveló, a partir del caso Enron en diciembre de 2001, una sucesión de escándalos en algunas grandes empresas (Enron, WorldCom, Xerox...), las cuales venían falseando las cuentas de resultados para garantizar su valor en bolsa, entre otras razones porque sus ejecutivos y sus accionistas principales deseaban asegurarse unos ingresos excepcionales ligados al valor de las acciones, con la consiguiente crisis de credibilidad de cara a la opinión pública.

Incluso algunas empresas auditoras (Andersen, en el caso de Enron) estaban encubriendo la manipulación contable y los departamentos de consultoría de algunos bancos de inversión como Merrill Lynch recomendaban a sus pequeños clientes invertir en empresas sobre cuyo valor real eran más que escépticos, pero en las que los bancos tenían intereses. El propio Banco Mundial identificaba en 2002 la corrupción como "el mayor obstáculo al desarrollo económico y social".

Ante este escenario se genera un divorcio entre los objetivos sociales y los corporativos, lo que propició la percepción, cada vez más extendida, según la cual las grandes empresas aparecían frecuentemente enfrentadas a la sociedad.

### .- El incremento del poder de compra y de la competitividad debida a la globalización

Porque la globalización nos ha traído también, muy de la mano, otros fenómenos como:

- **Un incremento de la competitividad**; desencadenándose con ello un cambio estructural, de fondo, que ha configurado un nuevo orden económico y comercial. Los pronósticos no son para nada tranquilizadores. Quizás llegue el momento en que "todo el mundo intentará arrebatarle el negocio a todo el mundo". Utilizaré una fábula como ejemplo: "Cada mañana, en África, la gacela se levanta sabiendo que tiene que correr más rápido que el león, para poder sobrevivir. Y cada mañana, en África, el león se levanta sabiendo que tiene que correr más rápido que la gacela, para poder sobrevivir".

- **Un incremento del poder de compra del cliente**. Nuestros clientes son cada vez más exigentes y sofisticados. Están más conscientes de sus derechos. Saben que ellos tienen, y ejercen, el fantástico y colosal derecho de elegir. Y ya no solo están comenzando a interpretar de forma literal eso de que "el Cliente es el Rey", sino que más exactamente se han transformado en un Juez, con facultad para condenar de manera inapelable a desaparecer del mercado a algunas empresas y a dejar en libertad a otras.

Por ello las empresas deben:

- Prestar suficiente atención a la **competencia.** Y cuando hablamos de competencia nos referimos tanto a la competencia externa a la empresa como a observar y superar las **incompetencias** que reinan en el interior de ellas mismas.

- Mantener una mentalidad, actitud y comportamiento **proactivo** antes que **reactivo**. Los problemas no deben resolverse con parches o temporalmente sino de forma definitiva en la raíz o fuente donde se generan.

- No conformarse con lo **bueno**, pensando que "lo mejor es enemigo de lo bueno", mientras que la competencia hace esfuerzos precisamente para lograr y ofrecer al mercado lo **mejor**.

- No vivir atrapado en "la trampa de la actividad", privilegiando lo **urgente** y desatendiendo lo que es verdaderamente **importante.**

### .- Cambio en el paradigma medioambiental. Desarrollo sostenible

Teniendo en cuenta que los recursos son limitados surge el término de Desarrollo Sostenible, que se emplea por primera vez en 1987, en la Cumbre de Río, cuando se crea la Comisión Mundial sobre el Medioambiente y el Desarrollo de Naciones Unidas para realizar un examen general sobre la problemática ambiental del planeta. Las conclusiones de este estudio dieron lugar al informe Nuestro futuro común, conocido como Informe Brundtland, que define el desarrollo sostenible como "el desarrollo que asegura las necesidades del presente sin comprometer la capacidad de las futuras generaciones para enfrentarse a sus propias necesidades".

Como se ha indicado, las dos ideas principales que presiden el desarrollo sostenible son:

- El desarrollo tiene una dimensión económica, social y ambiental y solo será sostenible si se logra el equilibrio entre los distintos factores que influyen en la calidad de vida.
- La generación actual tiene la obligación frente a las generaciones futuras de dejar suficientes recursos para que puedan disfrutar, al menos, del mismo grado de bienestar.

Sostenibilidad, por tanto, implica combinar, de forma equilibrada, el crecimiento económico con el progreso, la cohesión social y el respeto al medioambiente.

En la Conferencia de las Naciones Unidas sobre Medioambiente y Desarrollo llevada a cabo en Río de Janeiro en 1992 se suscribió la "Declaración de Río sobre Medioambiente y Desarrollo", que contiene los principios aprobados por los estados para lograr acuerdos internacionales que respeten los intereses de todos y protejan la integridad global del ambiente. Específicamente el punto 16 dice: "Las autoridades nacionales deben tratar de promover la internacionalización de los costos medioambientales y la utilización de instrumentos económicos teniendo en cuenta el enfoque que, en principio, los que contaminan deben asumir el costo de la contaminación sin menoscabo del interés público y sin distorsionar el comercio ni la inversión internacional".

Hasta no hace muchos años, se marginaban las exigencias medioambientales en función de supuestas razones económicas. Se estaba de acuerdo en que las cosas se podían hacer mejor, pero entonces salían demasiado caras. El argumento, aunque quizás coyunturalmente era cierto, era en el fondo falso. Y lo era por dos razones:

- No salían caras debido a la tolerancia de la sociedad, en otras palabras, no se gravaban los daños producidos por una mala gestión ambiental. Esto pudo haber sido válido durante un tiempo en el cual un sistema productivo ineficiente se hacía pasar por eficaz. Pero hoy en día un proceso ineficiente tiene un bajo rendimiento económico y por tanto conlleva una merma competitiva.

- Esta situación solo se puede mantener mientras subsista esta tolerancia. Esta se está reduciendo a causa de la presión social, el progreso es incompatible con la suciedad y el deterioro, de modo que los ciudadanos se vuelven más exigentes, y también a causa de los agravios con la buena gestión global del planeta.

Bajo este enfoque, en el que toda actividad de cualquier empresa se debe dirigir a satisfacer las necesidades de sus clientes, aparece la sociedad en general como uno de estos clientes, para el que una de sus necesidades prioritarias es proteger el entorno.

El desarrollo económico ha traído como consecuencia un agotamiento de los recursos naturales. Estos antes eran abundantes y tenían poco valor, su conservación no era prioritaria. Actualmente los gobiernos y la población han tomado conciencia de que los recursos naturales en varias partes del planeta se están agotando. Consumir ahora un recurso no renovable significa no poder consumirlo después. Se debe tomar en consideración el costo de oportunidad o de privación futura del recurso, cuando se estima su costo actual. El aumento de las protestas de la población y de los grupos de ecologistas y la aprobación de una legislación ambiental cada vez más exigente por parte de las autoridades es el resultado del aumento de valor que se asignan a los recursos naturales a medida que aumenta su escasez.

Las empresas tradicionalmente se han servido de forma gratuita de los recursos naturales y como resultado aumentaba la contaminación del agua y del aire y paralelamente disminuía la disponibilidad del agua limpia para beber y para disfrutar y del aire puro para respirar.

Tenemos que reconocer que la contaminación ambiental es provocada por la ineficiencia de los procesos industriales. Dado que el objetivo de un proceso industrial es el de convertir materias primas en la mayor cantidad de productos se ha de tender a producir mejor, a aprovechar mejor las materias primas, generando así una menor cantidad de residuos. Solo así obtendremos un producto con un precio aceptable para los consumidores.

En caso contrario, la contaminación solo se podrá reducir, seguramente con un costo importante para la empresa, provocando un aumento en el precio de sus productos, que no serán aceptados por los consumidores. Si la contaminación no se reduce, serán los vecinos y la sociedad en su conjunto quienes estarán soportando este costo y subsidiando el precio de los productos.

La Unión Europea ya ha introducido el objetivo de la sostenibilidad en el Tratado de la Unión Europea o tratado de Maastricht, concretamente en su título 1, artículo 2, como inspirador de sus políticas económicas y sociales.

Para combatir las múltiples amenazas al desarrollo sostenible, la Comisión Europea, en su comunicación "Desarrollo sostenible en Europa para un mundo mejor: Estrategia de la Unión Europea para un desarrollo sostenible" (COM [2001] 264 final, de 15 de mayo de 2001) identificaba los principales desafíos y objetivos, así como las medidas a adoptar a escala europea:

- Luchar contra la pobreza y la exclusión social.
- Tratar las implicaciones económicas y sociales del envejecimiento de la población garantizando la adecuación de los regímenes de pensiones, de atención sanitaria y de atención a las personas mayores.
- Limitar el cambio climático e incrementar el uso de energías limpias.
- Responder a las amenazas a la salud pública.
- Una gestión más responsable de los recursos naturales.
- Mejorar el sistema de transportes y la ordenación territorial.

Entre las condiciones o factores externos a la política ambiental (de tipo técnico, económico o político) que la Unión ha de tener en cuenta en su actuación tenemos los **principios de cautela y acción preventiva.**

- **El principio de acción preventiva** significa que la Unión Europea ha de tomar medidas de protección ambiental aún antes de que se haya producido un daño o lesión al mismo, por el mero riesgo de que esta tenga lugar. Este principio genera un conjunto de medidas de protección ambiental muy eficaces como han demostrado la necesidad de autorizaciones para actividades industriales contaminantes, la evaluación de los impactos ambientales o la realización de estudios de impacto ambiental.

- **El principio de cautela**, introducido por el tratado de Maastricht para reforzar la acción preventiva, excluye la necesidad de que exista la plena certeza científica sobre la efectividad de las medidas adoptadas para la reducción de los riesgos ambientales. Este principio favorece medidas de protección para la prevención de daños ambientales, por ejemplo derivados del cambio climático o de los organismos modificados genéticamente. Este principio de cautela afecta sobre todo a la gestión del riesgo y proporciona una base para la acción cuando la ciencia no está en condiciones de dar una respuesta clara, proporcionando un marco razonado y estructurado para la acción.

### .- El cambio de paradigmas en la gestión de los recursos humanos

Entre los nuevos conceptos y metodologías a poner en práctica para volver más competitivas a las empresas tenemos:

- Todo el personal debe participar activamente de la calidad, los servicios y las ventas, contribuyendo desde diversas perspectivas y actividades a los objetivos fundamentales de la organización, como así también de la plena satisfacción de los clientes internos y externos.

- Como se dijo anteriormente la calidad es cosa de todos y no de un sector especialmente dedicado al control de calidad. El personal debe mediante el autocontrol, la prevención y la comunicación contribuir a mejorar constantemente los niveles de calidad y productividad de la empresa.

- El personal deja de especializarse solo en una tarea para pasar a desarrollarse íntegramente en las diversas actividades que hacen a la totalidad de los procesos, pasando a tener importancia primordial la polivalencia de todo el personal, inclusive a nivel directivo.

- Hacer factible la mejora continua en los niveles de productividad, con el apoyo y la participación plena y activa de todo el personal, exige de parte de los directivos asegurar los puestos de trabajo.

- Gestionar la motivación conjuntamente con los conocimientos técnicos y la capacidad de creatividad de modo tal de incrementar la creatividad e innovación aplicada en la empresa.

- Hacer partícipe al personal de los éxitos como premio al trabajo en equipo.

- Hacer prevalecer el trabajo en equipo de la organización como un todo, en contra de las actitudes individualistas.

- Hacer partícipe al personal en lo atinente a la planificación, coordinación y organizaciones de sus labores.

- Dejar de ver la capacitación como un gasto para pasar a considerar la misma como una inversión.

- Informar en tiempo y forma de la marcha de la empresa a todo el personal, sin esconder nada y confiando plenamente en el mismo.

Poner en práctica estos cambios requiere no solo de una importante concienciación a nivel directivo, sino también de generar tanto estrategias como tácticas destinadas a su puesta en marcha.

### .- El factor humano como elemento clave en la productividad

Si la organización desea que una organización tenga unos altos estándares de calidad y productividad, es imprescindible involucrar al personal, es imprescindible que este mejore sus conocimientos.

La Alta Dirección tiene la responsabilidad de aprender a administrar mentes, no solo gente, es decir, gestionar exitosamente la inteligencia emocional; ya que de esta variable tan difícil e importante depende la productividad.

Hay que comprender y saber manejar las herramientas necesarias para un cambio planificado hacia la orientación del comportamiento del factor humano en la organización de acuerdo con las exigencias de hoy en un entorno cambiante y cada vez más exigente. Esto conlleva:

• Diseñar e implantar estrategias de cambio dentro de sus contextos organizacionales y de esta manera mejorar la productividad y la excelencia del individuo en el proceso de desarrollo gerencial, contribuyendo, así, con excelencia al desarrollo del país.

• Comprender y valorar la importancia de las habilidades gerenciales para el éxito de la organización.

• Entender la integración de los individuos en el ámbito organizacional como una relación sistémica y sinérgica en la búsqueda de los objetivos de la organización a través de la excelencia.

Sin duda realidades como la gestión del personal inmigrante de áreas no latinas (que no hablan nuestro idioma) o con un bajo nivel formativo dificultan este proceso.

### .- La cada vez mayor influencia de las partes interesadas

El origen del concepto de parte interesada se encuentra en las teorías de gestión que analizan el comportamiento corporativo en términos de los intereses que afecta, o que son afectados por, las actividades de la corporación. Esta teoría es relativa al concepto de corporación como un tipo específico de organización, y especialmente al sistema de gobierno corporativo. El término parte interesada (*stakeholder*) pretendía estar en contraste con el término accionista (*shareholder*).

El término "parte interesada" es especialmente útil en el contexto de la responsabilidad social cuando se refiere a una parte que puede hacer una demanda a la organización ya:

• que tiene una relación identificable y específica con los asuntos de la organización concerniente,
• que puede también estar relacionada con los intereses de la sociedad en su conjunto.

Es verdad que en muchas ocasiones, el uso del término "partes interesadas" confunde más que aclarara, especialmente cuando el término reemplaza a términos más específicos. Pero en cierta medida esta confusión es justificable, ya que los individuos impactados por una corporación no estarán organizados. De ahí la imprecisa distinción entre ONG por un lado, y la sociedad civil por el otro.

**Figura 2.1.- Qué es una parte interesada o *stakeholder*. Sus retos y oportunidades**

Sin duda las partes interesadas (*stakeholders*) y los accionistas (*shareholders*) desean el éxito de las corporaciones, aunque parezca lo contrario tienen intereses coincidentes y por ello, de una forma u otra, tienen un riesgo propio similar al que tienen los accionistas.

Ciertamente el término "partes interesadas" ha evolucionado con el cambio de los paradigmas empresariales. En la actualidad ONG están siendo especialmente influyentes en el desarrollo de la responsabilidad social de las organizaciones. A través de su trabajo en temas de preocupación social, como la lucha contra la pobreza o la mejora del medioambiente están influyendo crecientemente tanto en el sector público como en la misión de las compañías privadas.

Según esta perspectiva, cada organización tiene diferentes partes interesadas:

- Para las compañías privadas incluirán, entre otras, a consumidores, proveedores, accionistas, su propio personal, o la comunidad que le rodea.

- Para los gobiernos, incluirán, entre otras, a las organizaciones de empresariales, sindicatos y ONG.

Como identificar e involucrar a cada individuo afectado por una empresa es imposible, la práctica desarrollada para las organizaciones de negocios fue consultar a organizaciones no gubernamentales (ONG), quienes a menudo servían de representantes de las partes interesadas reales.

Es importante señalar que aunque el término ONG ha sido utilizado en distintas formas, hoy se usa normalmente para señalar a organizaciones de la sociedad civil del sector voluntario.

### 2.4.- Los vencedores de la crisis

La crisis ha puesto patas arriba políticas fiscales, previsiones económicas y proyectos empresariales. Pero el que probablemente sea el mayor de los desafíos es observar cómo las viejas potencias, como Europa o Estados Unidos, están midiendo sus fuerzas con los denominados países emergentes: China, Brasil, India o Corea del Sur, entre otros. Y, aparentemente, nos están ganando. La recesión solo ha precipitado ese cambio de rumbo.

Durante la tormenta financiera las "nuevas potencias" se han hecho más fuertes y son ya casi tan ricos como las naciones industrializadas. Todas las previsiones hablan de que, en cuestión de una o dos décadas, el conjunto de las economías avanzadas será desplazado como motor de la economía mundial por ese bloque de los ahora llamados países emergentes. Veamos unos detalles:

- De las 500 empresas más grandes del mundo, según la última lista de la revista *Fortune*, más de 80 pertenecen a economías emergentes.
- Más del 40% de los investigadores del mundo están ya en Asia.

Si comparamos estos dos mundos, hay que señalar dos evoluciones bien dispares:

- Aparentemente, los países emergentes solo han sufrido un año la crisis. China está creciendo al 9,5%, Corea del Sur al 5%, Tailandia al 4%, India al 7,5%, Indonesia al 6%, Turquía al 6,3%, Brasil al 6,4%, Nigeria al 6% y Egipto al 5%. Se espera que en el año 2011, las naciones emergentes gocen de crecimientos medios cercanos al 8% del PIB en el caso de las de Asia Oriental, del 5% en África y del 4% en Sudamérica.
- Mientras, Europa intenta solucionar el embrollo de sus cuentas públicas y evitar el desplome del joven euro; EE. UU. intenta tonificar su atrofiada musculatura y Japón no caer en la deflación.

La diferencia es que los países emergentes han sabido crecer sin deuda.

### .- Crecer sin deuda. La política económica de los países emergentes

Hay que reconocer que los países emergentes han hecho un buen trabajo de política económica y un esfuerzo de políticas monetarias y fiscales muy ortodoxas.

Hasta ahora, los Estados recién industrializados tenían que gastar más en favorecer su incipiente desarrollo, vaciando sus arcas públicas, con lo que eran cada vez más pobres. Al final caían en una trampa de déficit público y de impago de la deuda, de falta de confianza de los inversores y de poca entrada de inversión. En otras palabras, entraban en quiebra.

Veamos sus principales progresos.

- Entre 2003 y 2008 apostaron por el ahorro, por el equilibrio fiscal. El resultado: ya registran superávits importantes y, en líneas generales, están liquidando, a muy buen ritmo, su deuda externa. De hecho,
  - o China, Japón, Taiwan, Hong Kong y Brasil tienen en sus manos más de 2.000 billones de dólares de deuda norteamericana. Los antiguos deudores son ahora los acreedores netos.
  - o China está comprando minas en Brasil, materias primas en África, pozos de petróleo en el Cáucaso y empresas norteamericanas; si China crece, otros países crecen con China.
- El buen comportamiento de su comercio exterior. Aumentaron notablemente las exportaciones y las diversificaron geográficamente. Ahora venden más bienes en más países.

Los frutos no se hicieron esperar:

- En los últimos quince años, la renta per cápita se duplicó en el caso de Asia (de 4.500 a 10.000 dólares por habitante) y se incrementó un 60% en Sudamérica (de 7.250 a 11.400 dólares), según datos de finales del 2008 del Real Instituto Elcano.
- Esa riqueza permitió incrementar el consumo privado y la inversión en el interior de esos países. Por si fuese poco, sus bancos y Bolsas son ahora más grandes e importantes, más solventes y están mejor regulados.

El hecho de que unas economías crezcan es siempre beneficioso para el conjunto del mundo. Eso sí, hay que aprovechar la oportunidad y "saber subirse al tren más veloz"; venga de donde venga.

### .- Relación entre déficit público y falta de crédito.

Tanto ciudadanos como empresarios, sobre todo, las pymes y los autónomos, se quejan de que aún no hay crédito. No consiguen financiación para volver a la normalidad del consumo, los primeros, y para volver a poner en funcionamiento la maquinaria de la economía, los segundos.

Si preguntásemos a los banqueros estos dicen que sí que prestan.

Y ambos tienen razón, prestan dinero pero solo al sector público. Y seguirá así mientras mantengamos un importante déficit público que no se reduzca drásticamente.

Podríamos calificar en cinco las razones por las que el crédito no fluye:

- La elevada morosidad ha hecho que los créditos se refinancien y no se den nuevos.
- Los problemas de liquidez de la banca debido a las de morosidad.
- El hecho de que las Administraciones Públicas hayan tentado acceder a financiación externa ha absorbido una parte importante del crédito que tenían.
- La falta de confianza de España en los mercados internacionales ha dificultado y encarecido la financiación externa de la banca española.
- El aumento del paro, que ha reducido las cuentas del pasivo.

### .- Un nuevo orden económico

Esta capacidad de ahorro de los países emergentes les permitió crecer sin deuda. Y han entrado en esta crisis con capacidad de endeudamiento y sin grandes dificultades de competitividad. Quizá por eso se perfilan ya como el próximo motor mundial.

Quizás ya lo estén siendo, tal y como apunta el último informe "Riqueza cambiante" de la OCDE.

El club de los países más ricos del mundo ya reconoce que está a punto de dejar de representar más de la mitad del PIB mundial por la pujanza de esos Estados emergentes. Si en el año 2000 los 30 países que integran la OCDE representaban el 60% del PIB, en 2009 bajó al 51% y en 2030 se quedará en un 43%.

Cierto es que estos cambios nunca son rápidos. Según los expertos el dólar seguirá siendo la moneda de referencia dado que el yuan chino todavía no puedo serlo porque no tiene la convertibilidad que debería tener.

### .- Alemania ha sabido ganar la partida, incluso a EE. UU.

La principal economía europea crecerá en 2010 más del 3% este año, casi un punto más que lo estimado para EE.UU. o punto y medio más que Francia. Parece que las políticas conservadoras de la canciller Angela Merkel parecen haber ganado la partida al intervencionismo de Barack Obama.

De hecho, los inversores aplauden el ajuste y el saneamiento de las cuentas públicas y prueba de ello es que la deuda alemana se ha convertido en valor refugio proporcionando importantes ventajas al Ejecutivo alemán. La rentabilidad de los bonos cae día tras día situándose ligeramente por encima del 2%, lo que ha abaratado considerablemente la financiación de la deuda germana.

Aunque Alemania, como prácticamente todos los países del euro, ha sobrepasado el límite de déficit que permite Maastricht, el 3% del PIB, pero su "agujero" es muy inferior al de la mayoría de sus vecinos europeos y de Estados Unidos, con lo que los ajustes exigidos para volver a la senda de la estabilidad serán mucho menos duros.

Según las estimaciones de Citi, el déficit alemán en 2010 será del 4% del PIB, muy inferior al que se espera en EE. UU., el 9,5%, en Francia, más del 7%, o en España, donde superará el 9%.

Igualmente el mercado de trabajo alemán se encuentra en mejor situación que la mayoría de los europeos y el estadounidense. Pese a la crisis, la tasa de paro se situará este año en el 7% de la población activa. Para Estados Unidos, la estimación es de una tasa de desempleo cercano al 10%.

El mayor peligro para Alemania está en el freno de las exportaciones precisamente por la ralentización de otras grandes economías.

### .- El camino hacia la salida de la crisis

El comisario de Competencia Sr. Almunia ha señalado en agosto de 2010 que la ruta para la salida de la crisis es:

• Una inaplazable subida de impuestos o de reducción de gastos para que cada país de Europa financie sus necesidades y evitar de esta forma déficits públicos excesivos.

• Reformar el sistema financiero. La crisis ha marcado el final de un ciclo de desregularización y de creencia ciega en la eficiencia de los mercados. Hay que tomar las medidas adecuadas. Somos los ciudadanos a través de sus políticos quienes tenemos ahora la "sartén por el mango" y no los mercados, aunque estos, en ocasiones, traten de resistirse.

• Lo que hay que hacer es explicar mejor cómo van a pagar las consecuencias los que realmente provocaron la crisis. Muchos inversores han perdido mucho dinero, muchos bancos han desaparecido, ha habido un gran flujo de capitales a las entidades financieras. Hay que extremar el cuidado para que el reparto de factura de la crisis sea "justo".

### 2.5.- La posición de partida de España

Es evidente que en Europa tenemos un problema fiscal muy serio. Se ha llegado a límites a los que no teníamos que haber llegado. Pero España tiene además un problema de deuda privada, una combinación no muy saludable.

Quizás uno de los problemas de España es que no se reconoció a tiempo el problema, lo que impidió una mayor disciplina en el gasto público evitando, por ejemplo, el solapamiento de funciones entre los diferentes niveles de la administración pública, la multiplicación de funciones y mantener funcionarios a todos los niveles sin tener claros sus niveles de responsabilidad. Esto ha hecho que estemos sufriendo los necesarios recortes, siempre difíciles de aceptar política y socialmente, todos de golpe.

Tenemos que:

- Eliminar la rigidez estructural de nuestro mercado laboral, tenemos que ser más dinámicos, eliminar muchas de las trabas en la contratación o en el despido.
- Mejorar nuestra productividad. Invertir más en innovación y tecnología. Los años de alto crecimiento y mucha estabilidad no se aprovecharon para diversificar la economía.

Tenemos que empezar a recuperarnos para reducir nuestro altísimo índice de desempleo, mucho más alto que en otros países europeos, y que revela de nuevo problemas estructurales de rigidez y de productividad.

### .- Debemos aumentar el esfuerzo por la innovación

La innovación, motor del desarrollo sostenido y de la competitividad, está despegando en España. Tenemos, en el año 2010, más de doce mil empresas, algunas de renombre mundial, algunos millares de centros de investigación y ya más de doscientas mil personas dedicadas al I+D.

Esta crisis no debe frenar este esfuerzo y echar por tierra esta cultura de la innovación, ya que pone en peligro nuestra competitividad y una salida positiva de la crisis.

Veamos algunas cifras:

- Según el INE de 2007, el gasto en I+D superó el 1,2% del PIB, muy lejos aún del propósito del Programa Ingenio 2010 de llegar al 2%, en el que ahora deberían redoblar el esfuerzo las administraciones.
- El gasto en I+D de las empresas creció en el 2007 un 12%, y el público, el 14 hasta alcanzar en conjunto los 13.342 millones de euros, de ellos 7.474,9 son de las empresas que llegan al 56% del total.
- En la misma línea de aumento sostenido figuran otros parámetros: patentes, publicaciones científicas, personas dedicadas a la investigación, que superan ya la cifra de doscientos mil.

Sin embargo, estas cifras aún están lejos de la media de la OCDE y muy lejos de países punteros.

Tenemos que ser capaces de evitar que este esfuerzo se frene y se deseche esta cultura de la innovación.

Veamos algunos factores que debemos mejorar:

- no siempre se atiende a las prioridades de las empresas,
- el escaso interés del mundo financiero o
- la desconexión universidad-empresa,
- ayudas de financiación para las pymes por la sequía del crédito.

## 3.- La gestión de intangibles como factor que asegura la satisfacción de nuestros clientes

### 3.1.- La gestión de intangibles

El objetivo último de la gestión para lo que se podría denominar "empresa tradicional" era conseguir satisfacer a los accionistas. Éstos eran la parte interesada de la empresa por antonomasia. Por ello, la gestión se centraba en los activos tangibles, ya que de éstos dependía en buena medida el valor de la compañía y, por lo tanto, el valor de sus acciones y la satisfacción de sus accionistas.

Estamos pasando de una economía de los accionistas a una economía de las partes interesadas (*shareholder economy versus stakeholder economy*). La empresa no debe rendir cuentas única y exclusivamente a sus accionistas, sino que debe, además, tomar decisiones teniendo en consideración otros actores sociales o *stakeholders*: empleados, Gobiernos, consumidores, organizaciones sociales, clientes… En resumen, los accionistas han pasado de ser la parte interesada a ser una de las partes interesadas a las que las empresas han de prestar atención.

En este sentido, cabe señalar que, según un estudio reciente del profesor de la escuela de negocios de Harvard Robert Kaplan, en 1929 el 85% del valor de una empresa correspondía a sus activos tangibles, mientras que solo el 15% dependía de sus activos intangibles. Por ello, dicho 15% podía en la práctica contabilizarse bajo el epígrafe de fondo de comercio. Hoy en día la situación se ha invertido y los intangibles han pasado a suponer por término medio cuatro quintas partes del valor de las empresas.

Por tanto los directivos han de dedicar el grueso de su tiempo y esfuerzos a la gestión de los activos intangibles y al establecimiento de relaciones fecundas con las diversas partes interesadas.

Los activos intangibles más importantes son **la reputación y la capacidad de innovar.**

Ambos están interrelacionados:

* Una buena capacidad de innovar, siempre y cuando sus resultados estén alineados con los deseos de la sociedad, incidirá de forma importante en la reputación de una empresa.

• Asimismo, una buena reputación facilitará el mantenimiento de un diálogo fluido y enriquecedor de la empresa con la sociedad, lo que redundará en la mejora de su capacidad de innovar en la dirección socialmente deseada y valorada.

## .- El valor de la marca

La Internacional de Contabilidad (NIC) 38, donde se recogen los criterios de valoración de los activos intangibles, en su artículo 8, define un activo intangible como un activo "identificable no monetario sin sustancia física"; también exige que se trate de un "recurso controlado por la empresa como consecuencia de hechos pasados del que es probable que resulten beneficios económicos en el futuro".

No estamos ante un asunto fácil.

• El primer problema que se plantea para la marca es que sea identificable, es decir, que sea separable de otros recursos.

• El segundo problema deriva de la dificultad de estimar el valor razonable cuando el activo no procede de una adquisición, bien sea ésta separada e independiente, o bien como un activo incluido en la compraventa de una combinación de negocio, sino que ha sido generado internamente ya que, en tal caso, no es fácil encontrar un valor objetivo ni contar con un mercado real en el que existan transacciones de activos comparables.

---

### Figura 3.1.- Métodos de valoración de marcas

Existen varios métodos de valoración de marcas, utilizados por parte de los responsables de la información financiera de grandes y medianas empresas, describimos alguno a continuación:

• **Método del valor de coste:** el 60% de estos expertos prefieren para la valoración de las marcas, los métodos basados en los costes, especialmente en el coste histórico, aunque se reconoce que "por regla general, el coste no representa el valor, ni para el comprador ni para el vendedor" ya que "el enfoque basado en el coste no es aplicable a los activos intangibles".

• **Método del valor de mercado**: El modelo trata de extrapolar el valor de las marcas a partir del cálculo de la diferencia entre el valor de mercado de la empresa y el coste de reposición de sus activos tangibles; en esa diferencia incluye el valor de tres componentes: valor de marca; valor de otros activos intangibles (capital intelectual, patentes, secretos comerciales, etcétera); y factores específicos del mercado que permiten situaciones de competencia imperfecta y, por tanto, rentas monopolísticas (por ejemplo, regulaciones, concentración, concesiones, etcétera).

• **Método de ingresos futuros:** La dificultad de los métodos que tratan de separar los beneficios en función de su origen, es la de distinguir la parte del beneficio debido a la marca de los beneficios derivados de los activos tangibles y de otros intangibles dado que marca y negocio pueden formar un todo difícilmente indisoluble.

---

## .- El valor de la reputación

Un elemento importante para la imagen corporativa es el concepto de reputación, que surge de la comparación en la mente del individuo de la imagen de una empresa, es decir, de las características que atribuye a dicha empresa basándose en su experiencia y conocimiento, con lo que él considera que deben ser los valores y comportamientos ideales para ese tipo de empresa.

**La reputación** no es, pues, la imagen de una organización, sino **un juicio o valoración que se efectúa sobre dicha imagen.** Representa la percepción que de ella tienen las partes interesadas.

La reputación, por tanto, es un activo valioso para la organización y como tal hay que gestionarlo, igual que se gestionan otros activos de la empresa. La reputación no es fruto de una campaña que se ejecuta en un momento dado, sino que es un valor que se construye mediante una planificación y una gestión eficaz a lo largo del tiempo.

La reputación corporativa se puede desglosar en cinco componentes: reputación comercial, reputación económico-financiera, reputación interna, reputación sectorial y reputación social.

• **La reputación comercial** es la estimación que los clientes tienen de la organización a partir de su experiencia con los productos o servicios comercializados. Si la reputación comercial es buena, eso permitirá a la organización poner precios más altos a sus productos o servicios. El concepto de cliente es lo suficientemente amplio como para alcanzar también a los intermediarios que hacen llegar los productos al consumidor final y a los proveedores de materiales o productos necesarios para el funcionamiento de una empresa.

• **La reputación económico-financiera** está determinada por el juicio que la compañía merezca a grandes inversores, pequeños accionistas, intermediarios financieros, entidades financieras, analistas financieros y prensa económica.

• **La reputación interna** dependerá del juicio que los empleados de la organización hagan sobre sus atributos de imagen.

• **La reputación sectorial** depende de la valoración que una organización merece a juicio de sus empresas competidoras.

• **La reputación social** de una organización está conformada por los atributos de imagen que los distintos grupos sociales proyectan sobre ella y por la valoración que dichos grupos hacen de estos atributos de imagen.

**Resumiendo:**

• Los conceptos de identidad e imagen corporativa son interdependientes; no hay imagen sin identidad, pues lo que se comunica no puede ser puro diseño, sino que ha de estar anclado necesariamente en la realidad; y al mismo tiempo, no hay representación posible de la identidad si no es a través de la imagen, que constituye su mejor expresión.

• La reputación es el resultado del comportamiento corporativo y la imagen lo es más de las diferentes acciones de comunicación que proyecta la personalidad corporativa y tiene un carácter coyuntural, generando expectativas asociadas a la oferta con unos efectos efímeros y se construye fuera de la organización; mientras que la reputación se genera en el interior de ésta, teniendo un carácter estructural, generando valor consecuencia de la respuesta y efectos duraderos.

- No debemos confundir tampoco responsabilidad y reputación corporativas: una empresa para ser reputada debe ser responsable, pero además debe ser rentable, ofrecer productos de calidad, un entorno laboral motivante, ser innovadora… La responsabilidad es una condición necesaria de la reputación pero no suficiente.

### .- Valor ético

Este concepto va mucho más allá del solo hecho de respetar las leyes empresariales, el buen manejo de información o el cumplimiento de leyes impuestas por los Gobiernos, ya que la ética está directamente imbricada con las relaciones existentes dentro de la empresa, y entre empleados y clientes, basadas en la transparencia, la lealtad y la responsabilidad mutua en los acuerdos.

En cada decisión que se tome en las actividades empresariales debe estar presente la ética, trátese de negociaciones con proveedores o con el sindicato, de contrataciones o despidos de empleados, de asignación de responsabilidades o de lanzar una promoción; en general la ética siempre está presente.

Pero sin duda, hay quienes ponen por encima de la ética y los valores, los resultados financieros, olvidándose de que la ética corporativa puede ser una fuente de ventajas competitivas, ya que por medio de ella se pueden atraer clientes y personal de primer nivel.

Además, la ética empresarial por sí sola puede acabar con prácticas corruptas que destruyen y dañan la economía y la sociedad. Si por el contrario, ponderamos más la cultura organizacional, con valores comunes, más que códigos o reglas, se podrán conformar organizaciones con mayores componentes éticos.

Si nos basamos en que el capital humano es uno de los mayores activos empresariales, si no el mayor, y tomamos conciencia de que a estas personas se les debe respetar y que no se les puede tratar como un medio sino como un fin, habremos dado el primer paso para fundamentar éticamente las instituciones.

### .- Monitores de Reputación Corporativa

Los monitores de reputación son herramientas o instrumentos de evaluación de los valores intangibles o del valor reputacional de las empresas; el peso y la influencia de los monitores de reputación es cada vez mayor tanto en Europa como en Estados Unidos. El primero de estos monitores fue el publicado por la revista *Fortune* "Global Most Admired Companies" elaborado por Hay Group, que se viene publicando desde 1983 sin interrupción. En los últimos años han proliferado este tipo de monitores, coincidiendo con la aparición del concepto de reputación corporativa y el reconocimiento del valor a ella asociado. El Monitor Español de Reputación Corporativa (Merco) surge a finales de los noventa como un proyecto de investigación universitaria en la Universidad Complutense, y se concreta en febrero de 2001, siendo el instituto Análisis e Investigación responsable de la realización del estudio.

### 3.2.- Cómo satisfacer a todos nuestros interlocutores
### .- El papel de la sostenibilidad

Alcanzar la sostenibilidad supone encontrar el equilibrio entre las necesidades económicas, ambientales y sociales actuales, sin comprometer los objetivos y proyectos futuros.

En términos prácticos, todos los esfuerzos que emprendemos contribuyen a la sostenibilidad de la empresa:

- Contribuir, en nuestra medida, al desarrollo socioeconómico de la comunidad.
- Ofrecer productos y servicios de calidad a los clientes.
- Mantener satisfechos a los empleados.
- Gestionar adecuadamente el medioambiente.
- Tener un balance saneado.

No tenemos que quedarnos en los clásicos resultados asociados a la producción y de aquellos que podríamos catalogar como meramente económicos.

Tenemos que pensar en los **Resultados Globales.** Hemos de considerar no solo lo que se produce, en cuanto a cantidad, sino también los costes, la seguridad, la calidad, el clima laboral, la imagen corporativa, etc. Es decir, **todo** lo que resulta de la gestión, en la idea de poder satisfacer a sus distintos interlocutores.

Igual que se trabaja para lo que denominamos la "Satisfacción del Cliente", también se debe ir asimilando la idea de "Satisfacción de los Trabajadores", de "Satisfacción de los accionistas o propietarios", de "Satisfacción de los Proveedores" y de "Satisfacción de la Comunidad".

## Figura 3.2.- Matriz DAFO para el desarrollo de productos o servicios disponibles

**Debilidades**

- **Si el producto no tiene atributos de sostenibilidad.** Esta carencia puede desacreditar a la empresa y hacer que el consumidor o cliente se sienta defraudado.
- **Desconexión entre los departamentos de innovación, sostenibilidad y marketing.** Alinéate con los objetivos de sostenibilidad de tu empresa y apóyate en otros departamentos para conocer el valor de tu producto o servicio. En caso contrario, además de no estar en sintonía con la empresa, se podría omitir elementos interesantes que dan valor al producto o servicio.
- **Búsqueda de beneficios a corto plazo.** No se debe pensar sólo en el camino más rápido y seguro para obtener beneficios, sino también cómo quieres posicionarte en el futuro. Debemos entender la creación de valor no sólo como un resultado que beneficie a los accionistas de la compañía, sino como algo capaz de satisfacer y fidelizar a los clientes, empleados y proveedores.

**Fortalezas**

- **Compromiso de la alta dirección con la sostenibilidad.** La credibilidad del producto o servicio mejorará si existe una coherencia entre el mensaje transmitido en las campañas de comunicación y el discurso de los directivos de la empresa.
- **Alineamiento con las políticas y trayectoria de sostenibilidad de la empresa.** Tenga en cuenta que, según Sanserif Creatius, el consumo de artículos de diseño elaborados con materiales sostenibles aumentará un 15% a partir del 2010.
- **Capacidad de innovación.** Según la encuesta llevada a cabo por National Green Buying survey de Green Seal y Enviro Media Social Marketing en el año 2009, el 21% de los consumidores afirma que la reputación del producto es el factor que más influye en su decisión de compra, seguido por el boca a boca (19%) y la fidelidad a la marca (15%).
- **Transparencia y diálogo con los grupos de interés.** Establezca una relación abierta y transparente con sus grupos de interés. Reforzará la confianza en su producto o servicio y a hacerlo más creíble.

**Amenazas**

- **Futuro marco legal más restrictivo.** Tanto a nivel europeo como nacional la legislación se está volviendo más restrictiva con el objetivo de fomentar una producción y un consumo más responsable.
- **Saturación de mensajes y falta de credibilidad.** Los consumidores reciben demasiada información. Por ello este debe de ser más directo, sencillo, realista y con evidencias que avalen las bondades del producto o servicio.
- **Consumidor no preparado.** Se deben de aportar datos comprensibles que faciliten no sólo la toma de decisiones para la compra sino, también, para su posterior utilización y desecho.
- **Percepción de que los productos y servicios sostenibles son más caros.** Si verdaderamente existe un sobreprecio de su producto o servicio, se deben aportar argumentos sólidos sobre los que fundamentarlo.
- **Boicot a la campaña.** Cada vez más, la opinión pública es más sensible y premia o castiga a las empresas por su comportamiento ambiental y social.

**Oportunidades**

- **Búsqueda de diferenciación.** Busque entre las características de su producto o servicio aquellos aspectos únicos en sostenibilidad que permitan diferenciarle de su competencia.
- **Refuerzo de la reputación de la empresa.** Identifique las inquietudes ambientales y sociales de tus grupos de interés y procura, en la medida de lo posible, dar respuesta a través de tus productos y/o servicios porque te ayudará a estar mejor considerado.
- **Acceso a nuevos nichos de mercado.** Según el estudio Earthtrends de PNUD (2008) En 30 años, el 90% de la población mundial vivirá en países en vías de desarrollo.
- **Fidelización del consumidor.** Haga participe al consumidor de su producto o servicio en alguno de los proyectos ambientales y sociales de su empresa. Se sentirá más identificado con el producto o servicio y con tu empresa.

# Figura 3.3.- Parámetros para analizar una organización

**Buen gobierno**
El conjunto de normas, códigos de ética y elementos de la cultura empresarial que permitan la existencia de relaciones armónicas, ecuánimes y transparentes entre los diferentes públicos interesados en una empresa (accionistas grandes y pequeños, directores y administradores, empleados, clientes, proveedores, autoridades y comunidad).

**Prácticas laborales.** El cumplimiento de las normas laborales universalmente reconocidas así como políticas propias de la empresa para la mejora de las condiciones laborales de los trabajadores.
- Empleo.
- Relación empresa/trabajadores.
- Seguridad y salud en el trabajo.
- Formación y educación.
- Diversidad e igualdad de oportunidades.

**Derechos humanos.** En qué medida se tienen en consideración los impactos en los derechos humanos a la hora de realizar inversiones y seleccionar proveedores/contratistas.
- Prácticas de inversión y aprovisionamientos.
- No discriminación.
- Libertad de asociación y convenios colectivos.
- Abolición de la explotación infantil.
- Prevención del trabajo forzoso y obligatorio.
- Quejas y procedimientos conciliatorios.
- Prácticas de seguridad.
- Derechos de los indígenas.

**Medio ambiente.** El uso que hace la empresa de los recursos naturales y sus impactos en el medio ambiente.
- Materiales.
- Energía.
- Agua.
- Biodiversidad.
- Emisiones, vertidos y residuos.
- Cumplimiento normativo.
- Transporte.

**Sociedad.** Los impactos que la empresa tiene en las comunidades en las que opera y cómo se gestionan los riesgos que pueden aparecer a partir de sus interacciones con otras instituciones sociales. (Ej. riesgos de soborno y corrupción, influencia indebida en la toma de decisiones de política pública y prácticas de monopolio).
- Comunidad-acción social.
- Corrupción.
- Política pública.
- Comportamiento de competencia desleal.
- Cumplimiento normativo.

**Responsabilidad sobre los productos o servicios.** Aquellos aspectos de los productos y servicios de la empresa que afectan directamente a los consumidores, como la salud y la seguridad, la información y el etiquetado, o el marketing y la protección de datos.

**¿Dónde puede encontrar oportunidades de mejora?**

### 3.3.- La sostenibilidad es un sinónimo de calidad

Seguro que más de una vez hemos pensado por qué el consumidor no premia como debiera a las empresas sostenibles como nos gustaría. Y la respuesta que nos damos es la variable precio.

Aunque sabemos que no es verdad, pensamos que los productos o servicios responsables son de un precio más elevado y, por ello, el consumidor es reacio a pagar este sobreprecio.

La respuesta es simple, como consumidores todavía no hemos asociado la sostenibilidad a calidad y esta es la clave. Todo consumidor, sea cual sea su actitud frente a la compra (precio o diferenciación), siempre incorpora la variable calidad, representa la balanza en la que compara el precio, la marca o reputación o el simple deseo... y finalmente toma una decisión.

Cuando hablamos de calidad, desde un punto de vista industrial, debe significar ser respetuoso con el cliente, con el medioambiente y con la sociedad.

Pero el consumidor, en la actualidad, no tiene bien interiorizada la sostenibilidad. Pero llegará, y no tardando mucho, el día en que de forma inconsciente entendamos que un producto sostenible es un producto de mayor calidad. Veamos algunos ejemplos:

- Gran parte de los coches asiáticos tienen que entrar en Europa con diferentes motores debido a que deben cumplir la directiva de emisiones.
- Estamos empezando a comprar, con el sobrecoste inicial que supone coches híbrido o electrodomésticos de bajo consumo. Con esta decisión estamos ejerciendo nuestro sentido de la responsabilidad en el consumo de energía, con el convencimiento de que los ahorros de energía futuros superarán con creces el mayor coste de compra.

## 4.- Nuestra hoja de ruta. Comentario a nuestra Ley de economía sostenible

En una sociedad libre, con un sistema de economía de mercado, el crecimiento económico no es una cuestión del estado.

El papel del Estado consiste en establecer las condiciones adecuadas para que la población activa pueda realizar sus aspiraciones. Y es con base en estas políticas sobre las que las empresas toman las decisiones de invertir y de crear puestos de trabajo.

El crecimiento surge, entre otros factores, de:

• Las preferencias de los ciudadanos para trabajar como empresarios, asalariados o autónomos.

• Las preferencias de los ciudadanos para adquirir cualificaciones profesionales.

• De su propensión al ahorro y el ocio.

• De su productividad.

• De su capacidad de innovación, de generación de innovaciones y de la utilidad con la que la sociedad las admite.

• De su preocupación por la sostenibilidad medioambiental.

• De su compromiso con acciones de solidaridad con los necesitados.

Nuestro proyecto de Ley de economía sostenible no es más que una "hoja de ruta" de cómo nuestro gobierno quiere gestionar este periodo de transición de una economía de bajo coste a una economía de país intermedio e impulsar nuestro desarrollo futuro.

Pretende agrupar un conjunto de medidas que deben impulsar un nuevo modelo productivo sostenible desde sus tres vertientes, la mejora del entorno económico, el impulso de la competitividad y la apuesta por la sostenibilidad medioambiental con el fin de que los agentes económicos disfruten de una posición más competitiva en el momento en que se inicie la recuperación económica.

Creo que es un documento imprescindible donde el gobierno dibuja a medio y largo plazo:

• Su entorno regulatorio para facilitar la visibilidad y previsibilidad de las inversiones públicas y privadas. Si hay algo que no quieren los inversores son las sorpresas. Y mediante esta Ley se pretenden evitar.

- Cómo va a facilitar la implantación de estas empresas sostenibles.
- Cómo va a dotar de personal debidamente preparado a estas actividades

Se podrá estar o no de acuerdo, pero al menos no se puede negar valentía al Gobierno.

Aunque el Gobierno y la administración se vuelquen, si el resto de la sociedad no dirige sus esfuerzos, si no hay una "hoja de ruta clara", no hay nada que hacer. España está muy dividida, no está cohesionada y no tiene proyectos, no se le ve un futuro claro.

### 4.1.- Su necesidad
**.-Sobre España se están abatiendo cuatro crisis de forma simultánea**

Desde el último decenio del siglo XX, los expertos señalaban que el empleo no era sostenible con el modelo de crecimiento español. Y ahora la crisis lo ha demostrado de forma indiscutible, porque aunque ésta se ha manifestado en todas las economías, sus efectos en nuestro país se han dejado sentir con mucha más intensidad.

Y ha sido así porque, como todos sabemos, nuestra economía estaba basada en mucha mayor medida que la de los otros países en sectores de bajo valor añadido, que utilizan mano de obra poco cualificada.

Sobre España, en la segunda mitad del primer decenio del siglo XXI, se están abatiendo cuatro crisis de forma simultánea y con una fuerza inusitada:

- **Una fuerte crisis financiera internacional.** Esta ha generado una pérdida de confianza en el sistema financiero, la destrucción de masa monetaria (dinero bancario) y el posible contagio a entidades de crédito solventes a través de los sistemas de pagos, donde todas las entidades están interrelacionadas.

Permítaseme señalar que el riesgo en las actividades económicas siempre ha existido, la bolsa es ejemplo de ello, y que cuanto mayor es el riesgo mayor es la ganancia o la pérdida.

Por tanto, debemos entender como "activo tóxico" todo activo en el que se pierde dinero y el tenedor no sabe por qué, sin ser consciente de que era una probabilidad muy alta.

Ante la generalización de estos activos tóxicos, el mundo financiero se resiente, se vuelve superconservador. En efecto:

- o Aumenta el coste del crédito y su reducción en volumen afecta tanto a los consumidores y propietarios de viviendas como a los industriales que se ven sin el necesario flujo de capital para financiar su capital circulante y afecta igualmente a la inversión.
- o Al tener los bancos que mantener sus beneficios para responder a las expectativas de dividendo de sus accionistas (en muchas ocasiones

nosotros a través de nuestros fondos de inversión y de pensiones) tienen que vender activos, ya que sus precios caen y tienen que vender más creando un círculo vicioso.

- **El final de una coyuntura alcista inmobiliaria española**, muy semejante a las derivadas de las múltiples burbujas especulativas, producida por la acumulación de préstamos incobrables que extendieron para financiar el sector inmobiliario. La enorme rentabilidad del negocio inmobiliario atrajo a todos los bancos y cajas de ahorro que se lanzaron a otorgar líneas de crédito a empresas vinculadas con los préstamos hipotecarios porque rendían un mayor interés. Esto ha generado una más que importante morosidad bancaria que hace que los bancos no puedan cumplir con sus obligaciones con la banca internacional, y que se vería fuertemente agravada si el valor de las propiedades hipotecadas cae por debajo del valor reflejado en sus créditos hipotecarios, lo cual podría precipitar un hundimiento financiero generalizado con quiebras bancarias, solo salvadas gracias a las ayudas estatales.

- **Una crisis de competitividad,** probablemente la más fuerte de nuestra historia económica, en una economía con una apertura enorme hacia el exterior, como muestra que el déficit comercial alcanzara en el año 2006 un saldo negativo de un 10% del PIB. Hemos de reconocer que, de un lado, nuestra economía está basada, en mucha mayor medida que la de los otros países, en sectores de bajo valor añadido, que utilizan mano de obra poco cualificada, y de otro no se dispone de una seria política de progreso en I+D+i. Incluso la Universidad no saca los titulados que requiere la sociedad. El resultado son nuestros paupérrimos porcentajes de exportaciones de productos de alta tecnología, que nos sitúan en el paquete de cola de la Europa de los 27. Incluso Portugal nos supera en ese porcentaje.

- Una más que muy brusca aparición de **un colosal déficit del sector público**, de un 11,4% del PIB en 2010, porcentaje jamás alcanzado en nuestra historia financiera. El déficit público tiene múltiples efectos positivos para la economía. Es un instrumento empleado con éxito para combatir etapas depresivas del ciclo económico. Sin embargo, si es excesivo exige un más que elevado tipo de interés para atraer dinero del exterior, cosa que no se permite en la zona euro, y que genera una desconfianza en los mercados. Este tipo de interés con el que nos prestan dinero será tanto mayor cuanto más sufra el equilibrio financiero global de la economía. Y en ocasiones, como le ocurrió a Grecia, este es superior a lo que un país puede devolver.

En opinión del Sr. Sánchez Asiaín, en España tenemos dos enfermedades: la crisis, que es como la gripe porque pasará, y un cáncer, el de la falta de competitividad. Y sin embargo todas las medidas se están tomando contra esa gripe, no contra ese cáncer.

Si la crisis ha surgido como consecuencia de la conjunción de esas cuatro colosales conmociones nada se logra si se actúa sólo sobre una.

### .- Cómo nos ven en el exterior. Nuestra reputación

Nuestro país, además de la crisis económica, tiene, desafortunada y quizás injustamente, una imagen bastante deteriorada debido a su indefinición del modelo de estado, su grave problema institucional y un más que importante problema de valores.

Y esta imagen deteriorada ha hecho reaccionar en contra nuestra a los mercados.

Lo que verdaderamente se teme en el exterior no es nuestro problema de competitividad, sino nuestra crisis financiera. Si no competimos, allá nuestro problema. Siempre la clientela posible de España la puede ocupar alguna China o alguna Corea del Sur.

Pero si tenemos un déficit grande, ponemos en peligro al euro, o si disponemos de un sistema crediticio débil, complicamos de inmediato a nuestros vecinos.

Tenemos que saber crear condiciones para que nuestras empresas sean competitivas. Y estas condiciones no se crean solo con una nueva reforma laboral que varíe el marco de flexibilidad en el despido o la contratación, sino que tenemos que mejorar en el ámbito educativo, acabando con el tremendo fracaso escolar que tenemos, que aunque genera una mano de obra muy barata, tiene para el país un coste económico y social insostenible.

Dentro de nuestro país percibo una tremenda división, una tremenda falta de cohesión, no se observan proyectos de futuro, no se le ve futuro. Precisamos un revulsivo que nos genere confianza. Y esta Ley de Economía sostenible debe servirnos para ello.

Un ejemplo respecto de la crisis de valores. No es sostenible que un trabajador de la construcción gane más que un químico o que se pague lo que se paga por un futbolista o que un joven de 18 años quiera como primer coche un BMW o un Golf en lugar de un utilitario.

Sin duda hay una parte de nuestra sociedad que está acostumbrada a hacer esfuerzos y otra a la que, quizás, se le da mucho sin pedir nada a cambio. Y esto hay que corregirlo desde la escuela.

**.- Tenemos el mayor número de parados de larga duración de la Unión Europea**

En España tenemos un problema, tenemos el mayor número de parados de larga duración de la Unión Europea, si exceptuamos a Eslovaquia y Estonia.

Según la Encuesta de Población Activa (EPA) del primer trimestre de 2010 nada menos que un 40% de los 4,6 millones de parados en España llevan un año o más sin trabajar.

Múltiples son las razones que podrían justificar este hecho. Entre ellas tenemos que sectores intensivos de mano de obra como la construcción, el turismo o la automoción, los mayores generadores de paro, siguen sin levantar cabeza, teniendo como resultado miles de desempleados sin conocimientos ni experiencia para recolocarse en otros sectores. Y muchos de estos empleos no van a recuperarse.

### 4.2.- El cambio de modelo en España

Aunque en España hay compañías tremendamente competitivas, que se han adaptado muy bien a la nueva situación del euro como Inditex, Repsol, Santander, Mango… con unos modelos de gestión estupendos y muy eficaces, sin duda tenemos que mejorar en la competitividad, eficiencia y la eficacia de nuestro modelo.

Hasta ahora nos hemos basado en un modelo de producción a bajo coste que, ante una situación de crisis, se solucionaba devaluando la peseta, con el consiguiente aumento en la inflación y empobrecimiento del país y de sus habitantes. Pero ahora, afortunadamente, estamos en la zona Euro y sus "reglas del juego" no nos permiten esta devaluación.

Estar en la zona Euro significa que estamos o hemos dejado de ser un país de mano de obra barata y poco cualificada y que estamos pasando a ser un país intermedio y no tan barato y, por tanto, los procesos productivos, obviamente, no son los mismos.

Nuestra solución para mejorar la competitividad no está en el precio, es un problema de innovación, diseño, I+D+i, imagen…

España necesita desarrollar su nivel tecnológico. El modelo de futuro pasa inexorablemente por ahí. Dentro de veinte años no podremos basar nuestra economía en seguir siendo fabricantes de coches, de electrodomésticos o de muebles y pretender competir por precio. Y el modelo tradicional, basado solo en construcción y turismo, no bastará para ser competitivos. Hay que construir un modelo de desarrollo tecnológico y de exportación de *know how*.

Precisamos un modelo a largo plazo, fundamentado en una base industrial amplia, dotado de instituciones dedicadas a investigar e innovar, apoyadas por el Estado y una adecuada coordinación y conexión entre las grandes empresas, pymes, institutos tecnológicos y Universidades.

Es imprescindible que haya inversión, que se creen puestos de trabajo. Y para ello hay que generar atractivos, especialmente en un momento en que los inversores tienen recelo sobre el futuro de España. Y una de las mejores formas de atraer la inversión es con incentivos fiscales. Este tipo de políticas son importantísimas.

Por otra parte, es insostenible mantener tasas de inflación mucho mayores que nuestros homónimos en la Unión Europea. Diferenciales de un 1 ó 2%, estructurales en el tiempo, no son sostenibles ya que lastran tremendamente nuestra competitividad.

Centrándonos en España, en mi opinión, se ha hecho en los últimos años una política industrial basada en apoyar grandes proyectos de futuro. Hablamos, por ejemplo, de:

- La sostenibilidad y las energías limpias, campos en los que ahora mismo estamos en una posición de liderazgo.
- El AVE, que constituye un modelo en el mundo. Los estadounidenses vienen hasta aquí para aprender en estos campos.
- Liderando políticas de innovación en campos específicos como el coche eléctrico y las redes eléctricas inteligentes.

Tenemos, además, grandes empresas muy bien posicionadas en los mercados internacionales, como constructoras o eléctricas, presentes en estos sectores de futuro. El tejido existe, pero hay que mantenerlo e impulsarlo con políticas a largo plazo.

Tenemos que mejorar nuestro nivel de productividad. Ser productivo significa hacer lo mismo con menos gente o más con la misma. Por tanto si queremos que descienda el paro tenemos que generar un crecimiento que además de absorber el factor productividad genere empleo. De ahí esa regla económica que dice que solo se crea empleo cuando el PIB sube por encima de un 2%. Y esto implica una inversión educativa y tecnológica creciente.

### .- Necesitamos ilusión

España no está ilusionada, se echa de menos un gran acuerdo nacional que, increíblemente, no se ha producido, que nos permita estar a la altura de las circunstancias precisamente porque el mundo ha cambiado mucho.

Precisamos tener un consenso, una autoridad moral para llevar a cabo los proyectos recogidos en este anteproyecto, que estos sean creíbles y que beneficien a quien se lo merezca.

No es sostenible que un trabajador de la construcción gane más que un químico o que se pague lo que se paga por ciertos futbolistas o los contratos que se ofrecen a nuestros recién titulados.

Precisamos incentivar la formación que evite la exclusión laboral de muchas personas, en muchos casos jóvenes como son los antiguos trabajadores de la construcción o los planes de empleo rural o prejubilados con muchos conocimientos pero que no han podido, en muchos casos, adaptarse a las nuevas tecnologías.

Precisamos generar confianza en el futuro, que se vea un proyecto de país, de nación, que se sepa que lo que se dice se va a hacer.

España es un país que ha demostrado que puede aspirar a continuar aceleradamente su estupendo y admirable proceso de modernización y en la participación de una Unión Europea fuerte.

Tengamos claro que esta crisis acabará bien; acabará introduciendo, para eso están las crisis, aquellos cambios y ajustes que van a permitir un funcionamiento más racional del sistema económico.

Hemos de recuperar, por tanto, la calma, el buen sentido y la grandeza de ánimo. Evitemos añadir más confusión y dificultad. Ya tenemos bastante.

## .- Se debe construir un marco de desarrollo favorable a la creación de un tejido productivo competitivo

La globalización no es un fenómeno intrínsecamente negativo. Debería ser positivo porque tendría que ayudar a nivelar el estado de bienestar en los diferentes países y ofrecer nuevas oportunidades empresariales que mejoraran de forma sostenible el nivel socioeconómico de sus ciudadanos.

Como resultado de la globalización, los países han pasado a competir para poder desarrollarse. Compiten para poder crecer y elevar sus niveles de vida. En esta lucha competitiva, los países se enfrentan entre sí para conseguir cuotas de mercado de la economía mundial, a través de sus empresas.

Pero la finalidad de esta actividad competitiva no es otra que reducir la pobreza, aumentar el nivel de vida, crear puestos de trabajo y fortalecer el sistema de bienestar.

Si bien es cierto que los puestos de trabajo solo los crean las empresas, los gobiernos son los responsables de construir un marco de desarrollo favorable a la creación de un tejido productivo competitivo. En otras palabras, la política no crea la riqueza, pero puede ayudar o entorpecer.

Los gobiernos deben asegurar, al menos, aspectos como la seguridad, la protección de los derechos sobre la propiedad, un sistema judicial solvente, una política fiscal y monetaria creíble, una burocracia no obstaculizadora y un modelo de relaciones laborales seguro y flexible, entre otros.

### 4.3.- Sus objetivos
### .- Mejora del entorno económico

Con el fin de generar un entorno favorable para la actividad económica propone:

**a. El establecimiento de principios de buena regulación económica** mediante la creación de un marco normativo transparente, estable y predecible, con un menor nivel de cargas administrativas.

**b. La introducción del principio de sostenibilidad en la actuación del sector público,** orientado hacia una mejora en la eficiencia y la eficacia en el uso de recursos y en su organización. Prevé una "rendición de cuentas" del sector público.

**c. Reformas de los organismos reguladores**, reforzando su autonomía orgánica y funcional, mejorando su gobernanza y perfeccionando su mecanismo de "rendición de cuentas" mediante nuevos procedimientos de consulta pública y potenciando su cooperación entre ellos y con la Comisión Nacional de Competencia.

**d. Mejoras en la contratación pública** mediante la flexibilización en el uso de contratos de investigación y desarrollo, agilizando los plazos y los trámites y aumentando la transparencia y la información. Igualmente pretende impulsar la colaboración público-privada haciendo más transparente el régimen de financiación y de modificación de contratos. Señalar el aumento del porcentaje de subcontratación que se puede exigir a los contratistas, que pasa del 30% al 50%, con el objetivo de fomentar la participación de pymes en la contratación pública.

**e. Facilitar las relaciones telemáticas de la Administración con los ciudadanos y las empresas.** Para ello se facilita el acceso telemático de éstos a la información generada por la Administración para difundir esta información de manera más ágil y rápida.

### .- Mejora de la Competitividad

### 1.- Simplificación administrativa

• **Reducción de los plazos para la creación de empresas:** Se reforma la Ley de Sociedades de Responsabilidad Limitada estableciendo un plazo máximo de cinco días cuando el capital social se sitúe entre 30.000 y 3.100 euros, con un máximo de 250 euros de costes; y de un día, cuando el capital se sitúe entre los 3.100 y los 3.000 euros, con un coste máximo de 100 euros. Para todas ellas se suprime el Impuesto de Transmisiones Patrimoniales y Actos Jurídicos Documentados, y todos los trámites serán telemáticos.

- **Reducción de la morosidad pública y privada:** Reforma la Ley de Contratos del sector público, de forma que obliga a las administraciones a abonar el pago en los 30 días siguientes a la expedición de las certificaciones de obras, a partir de 2013. También se regula un plazo máximo de 60 días para el pago a pequeñas empresas y autónomos por parte de cualquier contratador.

- **Reforma de la Ley del Catastro Inmobiliario:** Los notarios y registradores de la propiedad remitirán telemáticamente al Catastro, dentro de los 20 primeros días de cada mes, información relativa a los documentos por ellos autorizados. Se podrá acceder de forma telemática a las bases gráficas del Catastro.

### 2.- Sociedad de la Información

- **Utilización de las nuevas tecnologías en la banda de frecuencias de 900 MHz:** Se permitirá el uso de estas bandas para la prestación de servicios de tercera generación (UMTS), lo que abaratará su coste y aumentará su calidad.

- **Dividendo digital:** La banda de frecuencias 790-862 MHz que se liberará al llevar a cabo el apagón analógico podrá utilizarse para la prestación de servicios avanzados de comunicaciones electrónicas.

- **Reducción de la tasa general de operadores de telecomunicaciones.** En 2010 será del 0,1% de la cifra de ingresos brutos de explotación.

- **Banda ancha universal:** Inclusión a partir de 2011 de la banda ancha a una velocidad mínima de 1 Mbit por segundo (multiplica casi por veinte los 56 Kbits actuales) como parte integrante del servicio universal.

### 3.- Ciencia e Innovación

- **Fomento de la transferencia de resultados en la actividad investigadora:**

**a)** Se establece la titularidad y carácter patrimonial de los resultados de la actividad pública investigadora, que pertenecerán a las entidades cuyos investigadores los hayan obtenido en el ejercicio de sus funciones, para facilitar la explotación comercial de las patentes.

**b)** Se facilita la cooperación de los agentes públicos con el sector privado.

- **Promoción de los derechos de propiedad industrial:** Con el objetivo de agilizar la concesión, difusión y uso de los títulos de propiedad industrial, se establecen plazos máximos en los trámites de concesión de patentes. Además, se reduce un 18% en tres años la cuantía de las tasas de las distintas modalidades de propiedad industrial.

- **Universidad e Investigación:** Se fomenta la creación de empresas innovadoras de base tecnológica, promovidas por las universidades y los Organismos Públicos de Investigación, al objeto de realizar la explotación económica de resultados de I+D obtenidos por los investigadores.

**4.- Internacionalización.** Se amplía el concepto de internacionalización, considerando que un proyecto será de interés para la internacionalización y, por tanto, prioritario para la política comercial española, siempre que tenga un impacto positivo en la cadena de valor de las empresas españolas.

La novedad más destacada es la adaptación del sistema español de apoyo financiero a la internacionalización, mediante la reforma de la ley que regula el régimen del seguro de crédito a la exportación, para que las coberturas otorgadas puedan instrumentarse mediante garantías o seguros de crédito.

**5.- Formación Profesional.** Con esta reforma del sistema de FP se pretende facilitar la adecuación de la oferta formativa a las demandas del sistema productivo, mejorar el aprovechamiento de los recursos e integrar las distintas enseñanzas de formación profesional. Las principales novedades son las siguientes:

- **Se promueve la oferta integrada de formación profesional y formación para el empleo.** Con la promoción de una red estable de centros de Formación Profesional constituida por los centros integrados de FP, los centros públicos y privados concertados del sistema educativo y los Centros de Referencia Nacional. Se crea una plataforma de formación profesional a distancia en todo el Estado.

- **Reconocimiento de las competencias profesionales.** Acción común del gobierno y las CC. AA. para dar prioridad a la evaluación y acreditación de las competencias profesionales relacionadas con los sectores emergentes. Se promoverá la participación en cursos específicos que permitan conseguir un título de Formación Profesional o un certificado de profesionalidad a personas que ya tengan experiencia profesional y quieran completar su formación.

- **Se flexibiliza la organización de los programas formativos**. La FP se estructura en tres niveles: Programas de Cualificación Profesional Inicial, Ciclos formativos de grado medio y Ciclos formativos de grado superior. En este sentido, se crean pasarelas o puentes para facilitar la transición entre los diferentes módulos formativos, permitiendo la movilidad entre la formación profesional de grado medio y el bachillerato, y entre la formación profesional de grado superior y la enseñanza universitaria.

- **Formación profesional de proximidad:** Se amplía la capacidad de los centros de adaptarse a su entorno y ofrecer una formación más apta para las necesidades de las empresas cercanas.

**.- Sostenibilidad en el uso de los recursos, movilidad y disminución de emisiones contaminantes**

Con el fin de reforzar la vertiente medioambiental de la sostenibilidad pretende incorporar un conjunto de medidas tendentes a reducir la intensidad energética de la actividad económica y potenciar el uso de energías alternativas:

**a. Reducción de emisiones de gases de efecto invernadero mediante la promoción de la eficiencia energética y el uso de energías renovables.** Para ello incorpora al ordenamiento jurídico español los objetivos asumidos por España en el seno de la Unión Europea. En concreto, para el año 2020 se fija un objetivo nacional de energías renovables del 20% sobre el consumo de energía final y un objetivo de ahorro y eficiencia energética en forma de un descenso del consumo final del 20%. Para el cumplimiento de estos objetivos exige al Gobierno una planificación energética, a medio y largo plazo, que oriente el modelo energético de forma que permita el impulso de las empresas de servicios energéticos, la simplificación de los procedimientos administrativos para el aprovechamiento de las energías renovables y el desarrollo de la eficiencia energética. Se ve claramente que el Gobierno no opta por la energía nuclear al no ampliar el plazo de vida de 40 años a las nucleares existentes y no optar por nuevas centrales.

**b. Favoreciendo la movilidad sostenible,** estableciendo objetivos de ahorro y la eficiencia energética en el transporte. Se establece un objetivo de cuota de renovables del 10% en el transporte, el uso eficiente de los medios de transporte mediante adecuados cambios modales, planes de movilidad urbana sostenible y de transporte para las Empresas y la mejora tecnológica de los medios de transporte a través del uso de vehículos limpios y energéticamente eficientes.

**c. Reduciendo los residuos y emisiones contaminantes** a través de la potenciación de inversiones limpias en sectores no sujetos a comercio de derechos de emisión, permitiendo que estas inversiones se retribuyan en parte, con derechos adicionales e incrementando la participación del sector privado en la consecución de objetivos medioambientales.

**d. Apoyando el desarrollo rural sostenible** a través de medidas destinadas tanto al sector agrario como a la industria agroalimentaria. Se modifica la Ley para el desarrollo sostenible del medio rural para la introducción del concepto "zonas rurales a revitalizar", que recibirían una especial atención, y se pretende una homologación de los contratos tipo de productos agroalimentarios así como la elaboración de códigos de "buenas prácticas comerciales".

### .- Capital humano y formación

Desea reforzar el sistema de formación profesional y su relación con las nuevas necesidades.

- Recoge **los objetivos generales** de un sistema educativo comprometido con la sostenibilidad estableciendo criterios para las actuaciones de las Administraciones Públicas, como la promoción del uso de las tecnologías de la información y las comunicaciones o el aprendizaje de idiomas.

- Incide en **los vínculos de la educación, la formación y el capital humano con el empleo y el sector productivo.** Establece el objetivo fundamental, impulsar una oferta de formación profesional adecuada a las necesidades del nuevo modelo productivo y fomentar el reconocimiento del aprendizaje permanente a lo largo de toda la vida laboral mediante el fomento de la formación a distancia y la investigación universitaria.

- **Establece vías de comunicación** que permitan el tránsito entre distintas modalidades y niveles de formación profesional o entre esta y la formación universitaria con el fin de mejorar la formación de los trabajadores y prevenir el fracaso escolar.

- Introduce mecanismos para una **modernización de las estructuras educativas universitarias** apostando por la excelencia y el talento.

### .- Ciencia e innovación

El sistema de ciencia e innovación es un elemento transversal clave. Este proyecto de Ley:

- **Establece unos principios generales de fomento de la investigación, el desarrollo y la innovación en materia científica y técnica** reforzando los mecanismos de colaboración público-privada y la transferencia del conocimiento.

- **Establece unos instrumentos destinados al fomento de la I+D+i** mediante agrupaciones públicas de investigación, convenios de colaboración y potenciando la dimensión internacional del Sistema español de Ciencia y Tecnología.

- **Garantiza la rentabilidad social de las actividades públicas de investigación** mediante el impulso de la transferencia de resultados. Una mejor difusión del conocimiento sin duda impactaría positivamente en la actividad económica.

- **Crea iniciativas de estímulo a la I+D+i,** con el fin de facilitar que los esfuerzos de investigación llevados a cabo en el sector público tengan una rápida y amplia repercusión en la actividad económica.
- Impulsa la investigación aplicada de la innovación empresarial **mediante una política de promoción y difusión de los derechos de la propiedad industrial e intelectual,** agilizando los trámites en la gestión de patentes.

### .- Mejora de la competitividad empresarial y productividad

Recoge medidas que deben facilitar el tránsito desde actividades y mercados más maduros, hacia otros con mayor potencial de crecimiento mediante:
- **La agilización de los trámites para la creación de empresas** facilitando así la constitución de sociedades y reduciendo su duración.
- **La creación,** especialmente para las pymes, de **un marco legal** más ambicioso **contra la morosidad**, evitando que esta se convierta un mecanismo de financiación de bajo coste para el moroso, evitando prácticas abusivas por parte de los deudores y estableciendo un calendario para el progresivo acortamiento de plazos de pago para las Administraciones Públicas. Potenciación de procedimientos abreviados de reclamación de deudas de las administraciones.
- **Favoreciendo la internacionalización**, apoyando la implantación de una empresa en el exterior cuando exista un "interés nacional" que revierta en última instancia en un beneficio para las empresas y la economía españolas.
- **Impulsando la reorientación de la actividad productiva en el sector de vivienda y construcción** hacia actividades de rehabilitación y renovación urbana basadas en la incorporación de nuevas tecnologías a las edificaciones ya existentes o futuras que favorezcan un medio urbano sostenible, más eficiente energéticamente y más accesible.

### 4.4.- Sus principales reformas

Veamos sus principales reformas:
- **En el ámbito laboral,** en el marco del diálogo social.
  - la reforma de la negociación colectiva
  - el fomento de empleo de los jóvenes
- **En materia medioambiental**
  - ley de eficiencia energética
  - un plan de implantación de vehículo eléctrico
- **En el ámbito económico**
  - un plan de acción contra el fraude y la economía sumergida

- **En el ámbito financiero**
  - o la reforma de la ley de cajas

Para el desarrollo de la Estrategia se ha previsto la movilización de **recursos públicos y privados** a diversos apoyos.

Más adelante comentaremos este proyecto.

### .- Reforma laboral

Nuestro modelo de relaciones laborales procede del siglo pasado (años ochenta), en un momento en que mandaba la industria manual y donde el sector servicios tenía un escaso peso. Asimismo, no se quería romper con la etapa anterior de forma abrupta, donde había un predominio de la intervención administrativa en todos los ámbitos del trabajo, especialmente en su extinción y, por último, se quería legitimar la labor de los agentes sociales, dotando a las centrales sindicales de una amplia representatividad.

Fruto de todo ello, se promulgó el Estatuto de los Trabajadores, norma que ha continuado en vigor hasta ahora con algunas modificaciones. Aunque todo este entramado cumplió su función, modernizando las relaciones entre empleador y empleado, en la actualidad la falta de mecanismos más modernos y flexibles ha provocado que ahora nuestro país muestre una de las tasas más elevadas de paro de los países desarrollados, lo cual afecta con especial virulencia a los colectivos de difícil inserción (jóvenes, mujeres y mayores de cuarenta y cinco años).

Hasta el momento nuestro mercado laboral se ha basado en una relación estable o permanente en el tiempo, jornada de trabajo y salario estandarizado y universal sin distinción entre trabajadores, existencia de un único empleador, y escasa movilidad funcional o geográfica. Pero la realidad económica nos ha transmitido ya suficientes pistas de que el futuro (que está aquí) ya no va por ahí.

Como declaró hace poco el expresidente Felipe González, es ridículo pensar ahora en puestos de trabajo para toda la vida. Así que hay que crear nuevas reglas con una visión estratégica para hacer frente al nuevo modelo.

Se deben abordar básicamente cuatro conceptos: contratación, intermediación, flexibilidad interna de las empresas y negociación colectiva.

- En materia de contratación es necesario facilitar a la empresa tanto la entrada como la salida de los trabajadores y reducir los impuestos desincentivadores de la contratación. Contratar supone un riesgo para el empleador, así que además de ello no parece sensato castigarlo con más impuestos. El hecho de que el coste del despido en España cuadriplique el de la OCDE perjudica claramente al empleo.
- Paralelamente hay que reforzar la red de seguridad de la intermediación laboral utilizando los operadores públicos y privados (gratuitos para las

personas) para limitar al mínimo la estancia en el desempleo y el coste que ello acarrea para todos.

• Es necesario incrementar la flexibilidad interna de la relación laboral dotando a las empresas de las herramientas que les permitan tomar decisiones para adaptarse con facilidad a las cambiantes necesidades del mercado, sin tener que recurrir a la dramática decisión del despido. Además, el contrato a tiempo parcial sigue siendo un elemento poco utilizado en nuestro país. En este caso, Alemania nos ofrece ejemplos interesantes como los «mini-jobs» para empleados jóvenes o mayores de 55 años con jornadas reducidas, o la propia Italia con el llamado *lavoro intermitente* o contrato a llamada.

• La negociación colectiva exige de una modernización apabullante. No puede suceder que algunos convenios sean obstáculos insalvables de reorganización y flexibilidad empresarial. Deben poderse flexibilizar las relaciones laborales de una empresa antes que provocar su desaparición.

Necesitamos soluciones que permitan una descentralización razonable de la negociación colectiva. Además, nuestro sistema de relaciones laborales tiene que permitir favorecer al trabajador más productivo, ligando ingresos y productividad, porque no hay nada más injusto que tratar igual a desiguales. Pero en nuestro mercado de trabajo también hay que abordar otros aspectos que siguen sin tomarse con la suficiente seriedad como la reforma educativa, la formación ocupacional y el control del absentismo.

Tenemos que convencernos del concepto de formación durante toda la vida como elemento de empleabilidad y garantía de permanencia en el empleo, para lo cual esa formación tendrá que venir ligada a la realidad económica y a las perspectivas de futuro.

Respecto al absentismo, hay que acometer un mayor control sobre él porque es evidente que hay quienes están abusando del estado de bienestar y eso supone un riesgo moral del sistema con un alto coste para todos.

En resumen, hay que facilitar la labor al empresario. Este tiene que poder realizar nuevos contratos indefinidos sin percibirlos como un lastre, como ocurre hoy, a diferencia del contrato temporal. No es importante si el empleo es caro o barato, ha de existir la adecuada flexibilidad.

Esta reforma laboral debe de reducir o eliminar la brecha entre los contratos temporales, sin duda penalizados, e indefinidos, quizás con un menor coste del despido.

La clave es que el trabajador despedido pueda recolocarse rápidamente. El trabajador despedido lo que quiere no es cobrar un dineral por su despido, sino volver a trabajar.

Esta reforma laboral tiene que favorecer la integración de nuestra juventud.

### .- La fórmula alemana: ajustar, no despedir

El "modelo alemán" consiste básicamente en que, en épocas de crisis y en caso de una caída de la producción, las empresas puedan reducir la jornada y el salario de manera proporcional. La empresa recibirá bonificaciones de la Seguridad Social si durante el tiempo que dure esta regulación los trabajadores afectados destinan las horas de reducción de jornada a formarse. El período de aplicación de este plan de ajuste no puede exceder el año.

### .- Reforma educativa

Afortunadamente el proyecto de ley de economía sostenible presta una atención muy importante a la educación, sin duda la inversión más rentable que hay.

Precisamos un cambio educativo y en valores para pasar del país de mano de obra barata y poco cualificada que fuimos al país intermedio y no tan barato que somos.

Esto conlleva un cambio en los sectores productivos que requieren, sin duda, una mayor cualificación profesional para responder a los nuevos retos.

En términos económicos la educación:

* ayuda a la población a ajustarse a las condiciones adversas y a encontrar empleo, si se destruye el que tenían;
* permite que las personas sean más productivas, capaces de usar lo último en tecnología.

El tremendo fracaso escolar que tenemos es insostenible. Cierto es que permite una mano de obra muy barata pero con un coste económico y social elevadísimo para nuestro país. No podemos mantener un 40% en desempleo juvenil. Es una cifra que compromete nuestro futuro.

Tenemos que redoblar los esfuerzos para difundir el mensaje de que **el conocimiento es una de las claves de la competitividad**, un requisito indispensable para volver a crear la riqueza y el bienestar que precisamos. Y aquí la educación juega un papel clave, ser capaz de inculcar los hábitos que hacen innovadora una sociedad.

El paro entre la gente joven alcanza proporciones dramáticas y lo único que contribuye a paliarlo es la formación. Constatamos que la crisis significa tanto una paradójica reducción del acceso a cursos de formación especializada, como una comprensible intensificación de los reclamos por parte de instituciones privadas sobre ofertas de formación que conducirán al empleo.

Finalmente hay que señalar el esfuerzo necesario en la formación profesional y en el reciclaje de empleo. No saldremos de la crisis mientras no reciclemos a los millones de antiguos trabajadores de la construcción, sector de mano de obra intensiva, en su mayor parte sin cualificar y, por tanto, con un nivel de formación baja.

Son trabajadores que están siendo excluidos del nuevo modelo productivo. Es imprescindible una mejora de su cualificación profesional para abrirles de nuevo las puertas del mundo laboral.

### .- Reforma universitaria

La cuestión es qué podemos esperar de nuestras universidades como aportación a la salida de la crisis. Hay deficiencias que solo a plazo medio o largo se pueden atajar. Entre ellas, nuestro insuficiente crecimiento en I+D, pública y privada. Sin embargo, no podemos renunciar a avanzar en producción de conocimiento así como en formación y desarrollo del talento.

Nuestras Universidades deben, sin duda, monitorizar desde el principio su impacto en el empleo.

Sin duda la Universidad española debe estar:

* Adecuadamente financiada. En el año 2011 su financiación está en el 1,1% de PIB (producto interior bruto) frente al 1,4 y hasta el 1,5% de media de otros países de la OCDE (Organización para el Desarrollo y Cooperación Europea).

* Con una adecuada gobernanza que permita alcanzar los objetivos de calidad que se persiguen. El sistema universitario debe dotarse de elementos de gestión que le permitan responder de una forma ágil a los problemas con el fin de que se cumplan las líneas estratégicas con la necesaria autonomía universitaria.

* Con una adecuda visibilidad intencional. No tenemos ninguna Universidad española entre las 200 principales del mundo en el año 2010.

* Con un papel protagonista para un desarrollo de la investigación, desarrollo e innovación, I+D+i, interdisciplinar ajustado a las problemáticas sociales.

* Con una excelente transferencia del conocimiento hacia la sociedad, lo que exige una relación más estrecha entre Universidad y sociedad.

* No tan atomizada como lo está en la actualidad. No tiene sentido un número tan elevado de universidades en España. Esta dispersión impide o dificulta grandemente tener centros de referencia.

Solo entonces logrará la conciencia social de lo que significa, con la consiguiente la valoración social.

### .- Precisamos un mayor esfuerzo en I+D+i

La crisis ha venido a demostrar la relevancia de la innovación como motor de crecimiento económico frente a la apuesta tradicional por una industria anclada en la escasa productividad.

Es imprescindible un mayor apoyo económico, en especial a las pymes para que innoven y creen empleo de calidad.

Según datos del informe de la cátedra UAM-Accenture, de los 3 millones de pymes que hay en España, apenas 42.000 innovan. Una cifra muy baja si nos comparamos con nuestros homónimos europeos.

Y esta falta de inversión está creando fuertes pérdidas en competitividad y productividad.

Uno de los problemas que lastran esta innovación es la financiación, la carencia de líneas de crédito u otros instrumentos financieros a las pymes.

Veamos algunos datos:

- En cuanto al gasto, España invierte el 0,71% de su PIB en I+D+i mientras que la media de la UE llega al 1,25%.
- En cuanto a la innovación, el 6,1 de las empresas españolas lanza productos nuevos frente al 12,7% de la UE.
- En cuanto a la educación, el 74% de la población se gradúa en Secundaria frente al 85% de la media europea.
- En cuanto a la vocación; solo el 9,6% de los españoles muestra interés por la ciencia y la tecnología.

### .- El desarrollo de la pila de hidrógeno

La electricidad tiene un problema; no es fácil su almacenamiento. Este es el punto débil de las energías renovables.

De ahí que se estén desarrollando pilas o alternativas para su almacenamiento masivo. Y, según los expertos, la pila de hidrógeno es la gran alternativa de futuro.

A grandes rasgos, una batería de hidrógeno genera energía al producir un proceso de electrólisis mediante una reacción química con oxígeno, y el único desecho que deja es agua. Es un sistema barato y ecológico, y aunque todavía no se han logrado los niveles de rendimiento energético de los combustibles fósiles, las expectativas en este sentido son altas.

Su aspecto negativo es su seguridad para el transporte. El hidrógeno es mucho más inflamable que el petróleo. No podemos olvidar el cadente en 1937 del dirigible Hindenburg, que iba relleno de hidrógeno, o el accidente en agosto del 2010 de la "estación de servicio verde" de Monroe, en Estados Unidos, que hirió a dos personas y obligó a cerrar el aeropuerto.

## .- Incentivación al sector de la construcción

A pesar de las críticas que ha conllevado, creo que es imprescindible. En mi opinión este proyecto de ley afronta este punto de una forma, en mi opinión, creíble y realista. Es más, pienso que es imposible un cambio de modelo productivo sin tener en cuenta a la construcción, un sector que tiene un poderoso efecto de arrastre de otros sectores y que debe impulsarse, si realmente se quiere reactivar la economía española.

Cierto es que la construcción nuca volverá a ser lo que fue. Pero es imprescindible mantener una cierta actividad en este periodo de transición en el que reconvirtamos a este sector de mano de obra intensiva, y en su mayor parte sin cualificar.

Si no mejoramos su formación y cualificación laboral, los estaremos expulsando del mercado laboral. Por tanto es imprescindible esta incentivación.

## .- Reforma de eficacia de la Administración

En plena era de la globalización, que la Administración sostenga una estructura burocrática del siglo XIX no es ningún secreto. La mayoría de los analistas aseguran que la modernidad brilla por su ausencia y la aleja de la UE. La renovación, por tanto, se hace necesaria. Urgente.

La mejora de la eficiencia en la Administración también pasa por eliminar las superposiciones y duplicidades administrativas, simplificando los procedimientos burocráticos. Para muestra, un botón. Muchos proyectos de creación de empresas se quedan en la cuneta precisamente por esta falta de coordinación en la burocracia.

El empresario necesita inmediatez. Por ello quizás fuese interesante:

- Que en las administraciones acepten el principio de presunción de que las personas hacen las cosas bien al presentar la documentación que se les exige, de forma que el empresario pueda abrir su negocio mientras se revisan sus documentos.

- Revisar los miles de procedimientos administrativos a presentar en las ventanillas únicas y a tal efecto reclama una coordinación más estrecha y eficaz entre ayuntamientos, comunidades y ministerios.

## .- Reforma del sistema financiero. Necesitamos más crédito

Una de las prioridades de nuestra economía es reformar y sanear el sector financiero con el objetivo de que fluya el crédito. La compra de activos inmobiliarios por bancos y cajas ha paralizado el crédito, a lo que se suma el colchón de las provisiones extras exigidas por el Banco de España.

El Gobierno solicita a las entidades que concedan créditos para poner en marcha la actividad económica, pero el sector debe asegurarse de que la actividad funciona para dar créditos. Es la pescadilla que se muerde la cola.

### .- Reforma del mercado energético

Establecer una política energética coherente a largo plazo es algo inaplazable dado que el sector es pieza clave de la política económica y que España importa la materia prima que precisa para alrededor del 80% de la energía que consume.

En especial es ineludible una reforma del mercado eléctrico.

### 4.5.- Su incentivación
### .- Instrumentos fiscales

Entre los instrumentos para potenciar la economía sostenible, destacan los de carácter fiscal. En particular, cabe recoger:

- Modificaciones en el IRPF para reequilibrar los incentivos en la política de vivienda con el objetivo de fomentar el alquiler.
- La reducción en la tributación de las pymes que creen o mantengan empleo mediante una rebaja de 5 puntos en 2010, 2011 y sucesivos en el impuesto sobre sociedades. Para los empresarios individuales y profesionales con trabajadores a su cargo que creen o mantengan empleo se establece una reducción equivalente en el IRPF.
- La regulación del bono transporte en el IRPF con el fin de favorecer la sostenibilidad mediante el fomento en el uso del transporte público.
- Cualquier otra mejora en la fiscalidad medioambiental y del I+D+i, compatible con la normativa comunitaria y que respete los espacios fiscales propios de las Comunidades Autónomas y Entidades Locales.

### .- Instrumentos financieros

El proyecto finalmente contempla un conjunto de instrumentos financieros para apoyar el cambio hacia la economía sostenible, englobados en el Fondo de Dinamización Local, y en un fondo de nueva creación, el Fondo para la Economía Sostenible (FES).

Podrán, según el anteproyecto, acogerse todos proyectos que contribuyan a:

- la innovación y el desarrollo tecnológico,
- la introducción de tecnologías de la información y las comunicaciones,
- una mejor gestión de la sociedad del conocimiento,
- la internacionalización de la empresa,
- el desarrollo de nuevas actividades económicas,

- la mejora de la sostenibilidad de las actividades tradicionales,
- el ahorro y la eficiencia energética, o la conservación y mejora del medioambiente,
- la mejora de la cohesión social y
- el desarrollo de servicios sociosanitarios, en especial los vinculados a lo atención a la dependencia.

Su acceso será compatible con otros mecanismos de apoyo (incentivos, subvenciones, garantías o avales), previstos en otras normas o instrumentos.

### 4.6.- En resumen

España está en un momento de transición. Está en el momento del cambio de tener un modelo de producción de bajo coste y baja cualificación a ser un país intermedio y no tan barato, con el consiguiente cambio de modelo y procesos productivos.

Por primera vez tenemos la oportunidad de entrar en el club de países de primera línea. No podemos fallar a nuestras generaciones futuras.

No es un cambio fácil ni rápido, pero es imprescindible para generar la necesaria confianza en los mercados y mejorar nuestra imagen como país.

Se requiere, por tanto, un cambio en el modelo productivo. Pero esto no lo va a hacer el Gobierno, ni el PSOE o el PP, ni las autonomías, esto lo tiene que hacer la sociedad en su conjunto, el país. Todo el conjunto de acciones, reformas, inversiones y políticas que constituye lo que denominamos nuevo modelo productivo requiere del liderazgo del Gobierno, pero los verdaderos protagonistas deben ser los agentes económicos y sociales y, como resultado, toda la sociedad española. La tarea no es sencilla, pero la empresa merece nuestro esfuerzo colectivo.

**La Ley de Economía sostenible es imprescindible como guía del cambio**

Pero es imprescindible además de un consenso social un guía, un líder, alguien que aglutine esfuerzos, que lidere la necesaria reforma en nuestro modelo de estado y la reforma de valores.

La crisis ha puesto de manifiesto que muchos modelos no eran sostenibles, como aquellos países que pensaron que el futuro eran los servicios financieros.

Es igualmente necesaria una reforma laboral pactada entre el Gobierno, las grandes empresas industriales y los sindicatos donde se debata qué es lo que hay que hacer para superar la crisis.

Un ejemplo es el sistema de trabajo a tiempo parcial, el famoso modelo alemán, el cual ha supuesto una gran ayuda, porque no pierdes a la gente capacitada, no pierdes conocimientos y simultáneamente tienes una gran flexibilidad para afrontar la crisis y adaptar nuestras diferentes líneas de negocio a las circunstancias del momento.

Alguien que, aceptando el precio electoral que va a suponer, y apoyado por nuestros agentes políticos y sociales, lidere las reformas económicas que nos permitan una adecuada transición hacia un país intermedio y no tan barato, con unos nuevos procesos productivos.

### 4.7.- Un primer problema. La aparente insostenibilidad del mix eléctrico

La producción eléctrica en España se ha modificado profundamente en pocos años:

* En los años 70 y 80 se favoreció la instalación de plantas de energía nuclear cuya paralización aún la estamos pagando en nuestros recibos, ya que en muchos casos el propio estado era avalista de los créditos suscritos.

* En los años 90 se apostó por el gas natural debido a los acuerdos con Argelia. De esta apuesta queda poco: tenemos las nuevas centrales de ciclo combinado, buenas, pero paradas.

* Lo nuclear, indeseado por algunos, sigue siendo imprescindible, por seguro y barato.

* La hidráulica, ¡benditos pantanos!, muy barata y suministrando el 20% de la electricidad que fluye por el sistema.

* Y las nuevas fuentes, el llamado régimen especial (viento, sol...), aportaron en mayo más de un tercio de la energía producida, lo cual va más allá de la previsión más optimista; pero es muy cara por los subsidios o incentivos a esta industria menos contaminante y menos dependiente.

**El mapa eléctrico español ha cambiado, pero con un coste elevado e incierto.**

Puede ser un cambio histórico, positivo y decisivo, pero está muy mal explicado, impone subidas de precios que incomodan, que deberían explicarse, pero que nadie lo hace. Y puede y debe hacerse.

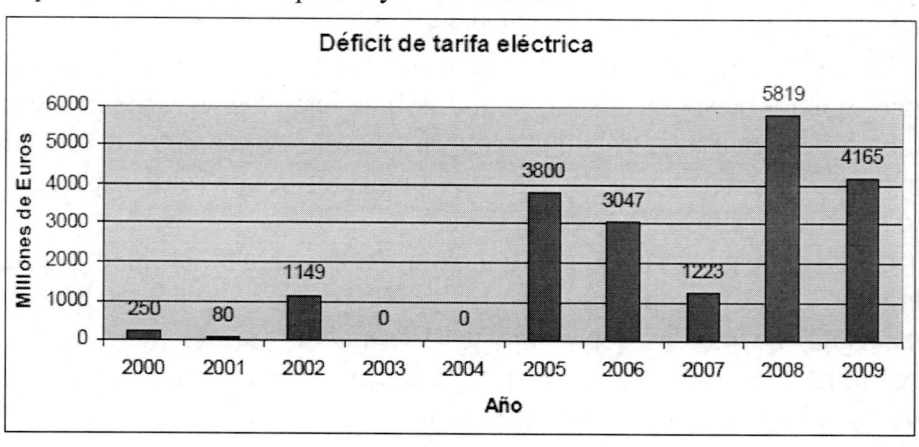

### .- Qué es el déficit de tarifa eléctrico

El déficit de tarifa eléctrico es la diferencia entre el monto total recaudado por las tarifas integrales y tarifas de acceso (que fija la Administración y que pagan los consumidores por sus suministros regulados y competitivos, respectivamente) y los costes reales asociados a dichas tarifas (costes de adquisición de la energía para las tarifas integrales, de transportar, distribuir, subvencionar determinadas energías que según el Ordenamiento Jurídico están incluidos en las tarifas, etc.).

Las primas al régimen especial superaron en 2009 los 6.200 millones, de los que más de 4.700 millones correspondieron a las renovables. Esta ayuda contribuyó a que el déficit de tarifa fuera de 4.615 millones en 2009, por encima del objetivo de 3.500 millones planteado por el Gobierno.

Como ya ocurrió en 2009, el déficit de tarifa de 2010 volverá a superar el nivel máximo establecido por el Ejecutivo. Las previsiones de la Comisión Nacional de la Energía (CNE) estiman que el déficit de este año será de 3.190 millones de euros, 190 millones más que el tope fijado por el Gobierno. En el caso del año 2009, el déficit final fue de 4.615 millones de euros.

El objetivo del Gobierno es que este déficit haya desaparecido por completo para el año 2013.

Recientemente el Gobierno, con el apoyo del principal partido de la oposición, ha acordado con las empresas del sector de renovables un acuerdo para que acepten una rebaja y ayudar así a la mejora de la competitividad del país. Eso sí, manteniendo la seguridad de suministro y favoreciendo su sostenibilidad económica.

### .- El déficit de tarifa en el año 2009 y el esperado en 2010

El déficit de tarifa, la diferencia entre los costes reconocidos de la generación de energía y los ingresos regulados de las eléctricas, se situó al cierre del ejercicio 2009 en 4.615 millones de euros, según recoge la última liquidación publicada por la Comisión Nacional de la Energía (CNE).

Este desajuste de 2009 es un 20% inferior a los 5.819 millones de euros de 2008, cuando las cuentas del sector se sometieron a una mayor presión debida, entre otros aspectos, al alto nivel de los precios energéticos en el primer trimestre y su escasa translación a la tarifa.

En 2009, el coste de la energía bajó un 38%, mientras que los ingresos cayeron un 26%. La cifra final de 2009 es inferior a la previsión de 4.925 millones de euros que la CNE había elaborado para el año, pero excede el máximo de 3.500 millones para el ejercicio, que se financiarán a través del Fondo de Titulización del Déficit de Tarifa. No obstante, la regulación contempla la posibilidad de trasladar a los próximos ejercicios este exceso de déficit.

En la última liquidación de 2009 realizada por la CNE se aprecia que las eléctricas ingresaron en total 12.633 millones de euros, pero incurrieron en un coste de producción de 9.663 millones de euros, de modo que el importe disponible para liquidar las actividades y costes regulados fue positivo por un total de 2.970 millones de euros.

A esta cantidad hay que descontar:

- Los costes regulados, a razón de 1.344 millones de euros para el transporte, 4.527 millones para la distribución, 10 millones para la calidad de servicio, 220 millones en concepto de desajustes anteriores a 2003 y 211 millones para desajustes de ingresos de 2006.

- También se descuentan 347 millones para desajustes de ingresos de 2008, 120 millones en concepto de la segunda subasta del déficit "ex ante" y 32 millones para el plan de viabilidad del Elcogás, la mayor central de Gasificación Integrada en Ciclo Combinado (GICC) de carbón del mundo. Obtiene del carbón y coque gas de síntesis, que podría ser obtenido de otras fuentes como biomasa, residuos del petróleo o incluso $CO_2$. Esta central tiene una potencia eléctrica de 317.7 MW.

- El sistema de interrumpibilidad en el mercado generó costes por 385 millones de euros. En la tabla final de costes regulados del sistema eléctrico, la CNE también imputa a la tarifa, como coste regulado, 308 millones de euros para el plan de estrategia de ahorro y eficiencia energética 2008-2012.

Para el año 2010, la Comisión Nacional de la Energía calcula que estas primas al régimen especial (renovables, carbón...) ascenderán a 6.787 millones en 2010, lo que supone 899 millones más, o un 15% más, que los 5.888 millones inicialmente previstos. Además, serán un 9% superiores a las primas al régimen especial de 2009, de 6.215 millones, de los que 4.719 millones de euros correspondieron a las renovables.

### .- Desglose de un recibo eléctrico

De una factura tipo de 100 euros:

- 53,8 euros son la **energía consumida** (34,4 de generación, 4,3 de transporte y 15,1 de distribución);
- 18,2 son de **primas a energías renovables;**
- 16,5 en **impuestos;**
- 5,7 **anulidades del déficit tarifario eléctrico;**
- 2,8 **compensaciones extrapeninsulares** y
- 4 de **programas de ahorro** y otros como el pago de la moratoria nuclear.

## .- Nuestra realidad

Una cosa es clara, como explicaba un informe de la Comisión Nacional de la Energía emitido en mayo de 2008, el consumidor realmente paga ya la tarifa real, aunque él no decida la parte que financia, ya que lo paga el Gobierno en su nombre. El problema es que ningún político quiere aceptar el coste, también político, de subir las tarifas.

En España, el precio medio del KWh es aproximadamente un 20% mayor que la media de la Unión Europea. Y esto, en un mercado abierto y global como el actual, está lastrando gravemente nuestra competitividad.

España cerró el 2009 con un 25% de la energía eléctrica procedente de las renovables (14% eólica, 8% hidráulica y un 3,2% fotovoltaica) y en lo que llevamos de año, gracias a la gran aportación de la energía hidráulica, el porcentaje ronda el 40%.

Es necesario comparar lo que cuesta la tecnología y lo que aporta al sistema, ya que el 43% de la prima se la lleva la solar, que tiene muy poca aportación al sistema y que cuesta más que la eólica, pese a tener 3.000 megavatios (MW), frente a los 18.000 MW de la segunda.

El problema de fondo es que el Gobierno "abrió mucho la mano" a estas instalaciones y las eléctricas construyeron nuevas plantas pensando que la demanda tendría un crecimiento constante en el futuro debido a los incrementos medios del 3,9%.

Sin embargo, el consumo de energía eléctrica en España bajó en 2009 un 4,3%, hasta 255.721 millones de kilovatios hora (KWh), debido a la menor actividad económica. Se trata de la segunda caída consecutiva del consumo anual de electricidad, después de la bajada del 0,2% registrada en 2008, y el mayor descenso desde que comenzó a realizarse la estadística.

## .- Cómo se fija el precio de la energía

España cumple con las exigencias provenientes de la Unión Europea y actualmente cuenta con un mercado eléctrico liberalizado con separación completa entre:

- La generación de energía eléctrica procedente de las diferentes centrales, que ofrecen al mercado ibérico de la electricidad (OMEL).

- Su transporte desde el punto de generación al de consumo. Este transporte la efectúa en régimen de monopolio REE (Red Eléctrica Española).

- Su comercialización en el mercado a través de un Agente Comercializador o, como resulta actualmente en la mayoría de los casos de consumidores residenciales, acogernos a la Tarifa de Último Recurso (TUR). Solo podríamos adquirir esta energía directamente convirtiéndonos nosotros mismos en Comercializadores.

Cuando analizamos el recibo eléctrico observamos, en líneas generales, tres apartados:

- **Un precio de le energía eléctrica** (generalmente llamado término variable) que podemos entender como la retribución económica a las actividades liberalizadas, que se fija en función de la Ley de la Oferta y la Demanda.

- **Una tarifa (o término fijo o de potencia)** que es la retribución a las actividades reguladas (transporte, pérdidas...), normalmente establecidas en régimen de monopolio o de exclusividad. En principio esta actividad se autofinancia con la propia tarifa, aun sabiendo que no hay incentivo para su eficiencia económica.

- **Unas primas o incentivos** que se compromete a abonar el poder público con el objetivo de fomentar ciertas actuaciones (de carácter medioambiental, coste del parón nuclear de los ochenta, subvenciones al carbón...), que se suele fijar con un recargo de un porcentaje de la factura eléctrica.

Si bien las empresas y los servicios negocian directamente con las comercializadoras, el consumo residencial no lo hace, acude en general a una Tarifa de Último Recurso (TUR) que se fija en una subasta semestral, en las cuales las compañías eléctricas no tienen interés alguno en ajustarse al precio óptimo.

Por tanto los usuarios domésticos pagamos la electricidad por encima de su coste. El déficit de tarifa no lo alimentamos nosotros, sino básicamente el sector industrial que la compra por debajo al ser un porcentaje de la facturación.

Respecto del perfil de consumo, existen 3 tipologías de consumidores: Industria (44% de la electricidad total consumida), Servicios (31%) y Residencial (25%), que pagan por su energía en función de la tensión de las redes de acceso, la potencia contratada (término de potencia), la existencia o no de discriminación horaria, el precio pactado de la electricidad...

### .- Cómo funciona el OMEL

El Mercado Eléctrico Mayorista ("pool") es el lugar donde se compra y vende la electricidad. Los precios se determinan mediante un mecanismo marginal, es decir, que la demanda se cubre primero con las fuentes de generación más baratas y después se van incorporando las más caras hasta que se cruzan la oferta y la demanda. El precio resultante para toda la energía eléctrica es por tanto el del KWh más caro que se haya vendido en cada momento.

En este mercado hay que señalar que:

- Las nucleares entran a coste cero dado que no se pueden parar.

- Las renovables (eólicas y termosolar) entran a coste cero al estar subvencionadas.

- Luego entran el resto de fuentes incorporando sus precios. Por ejemplo la hidráulica es más barata que un ciclo combinado

Puesto que las renovables están primadas entran a coste cero, y se puede dar la paradoja de que, en determinados momentos, estas 3 tecnologías lleguen a cubrir el 100% de la demanda y no se requiera la producción de las centrales térmicas, que son las que fijan el precio, por lo que el Precio de Final del Mercado Mayorista sería también cero (es más barato no cobrar por la electricidad de origen nuclear que parar una central).

Pero independientemente del precio resultante, hay que pagar las primas a las renovables.

Por eso mientras que el precio en el "pool" ha descendido un 31,5% entre 2005 y 2009, nos han subido las tarifas un 29,7%.

### .- Los dos problemas asociados a las energías renovables: su coste y su disponibilidad

#### .- Su disponibilidad

En España existe, en total, una potencia cercana a los 100.000 MW cuando nuestras necesidades suman, en hora punta, poco más de 45.000 MW. Por esta razón no tiene sentido la instalación de nuevas centrales, por ejemplo, nucleares o con mejores rendimientos energéticos.

El problema es que muchas de las centrales de gas sirven como respaldo a las energías limpias, incluida la hidroeléctrica, cuando estas no funcionan, porque son estratégicas. En otras palabras, por cada MW sostenible hace falta uno convencional.

Nos encontramos con centrales de gas, promocionadas hace 20 años y con periodos de vida y de amortización en torno a 40 años, ociosas, que funcionan solo entre 2.000 y 3.000 horas/año, en condiciones claramente subóptimas.

No nos debería extrañar que, como medida de presión, las eléctricas empezasen a plantear el cierre de ciclos combinados de gas, reduciendo así el respaldo a las energías renovables.

#### .- Su coste

En el sector de las renovables debemos distinguir entre:

- Un sector maduro y más competitivo, como el sector de la energía eólica, que en 2009 aportó un 14% de la energía generada con un 16% del coste de producción y que en el año 2013 se espera que produzca un 19% de la energía y suponga un 18% del coste.
- Un sector como la energía solar (termosolar y fotovoltaica), que aportó en 2009 un 2% de la energía generada con un 16% del coste de producción, y

que en el año 2013 se espera que produzca la solar fotovoltaica un 3% de la energía con el 15% del coste y la termosolar un 8% del coste de producción aportando un 1,8% de la energía.

- Otros sectores como la energía mareomotriz están en sus inicios.

La eólica percibe en la actualidad una prima inferior a ochenta euros cada megavatio hora, mientras que la energía fotovoltaica recibe más de cuatrocientos, y la termosolar, de más de trescientos.

## .- Es imprescindible definir un mix eléctrico competitivo y sostenible

Es imprescindible que nuestros políticos acuerden un Pacto por la Energía para concretar un mix energético coherente para la próxima década. No podemos querer más gas, más renovables, más nuclear, más de todo y que no suba la luz. Eso no puede ser.

No podemos olvidar a la hora de fijar este mix los objetivos mínimos obligatorios para todos los Estados miembros que la Comisión Europea fijó en la directiva 2009/28/CE, unos objetivos a cumplir en 2020. Para esa fecha los 27 deberán:

- haber reducido la emisión de gases de efecto invernadero un 20 por ciento,
- haber aumentado la eficiencia energética un 20 por ciento,
- y que la energía total de la UE provenga en un 20 por ciento de energías limpias.

La directiva europea establece que aquellos países que no puedan alcanzar los objetivos con sus propios recursos deberán solicitar la transferencia de energía de Estados comunitarios o terceros países.

Pero la crisis económica, las altas primas pagadas en los dos últimos años a las energías renovables y las presiones del *lobby* del gas han dado al traste con el planteamiento inicial del plan energético español para 2020. En solo cinco meses, el escenario de máximos planteado en marzo de 2010, que aspiraba a ser ejemplo y referencia para toda Europa, ha quedado reducido a una pobre caricatura de sí mismo.

- En marzo de 2010, el Gobierno planteó al resto de grupos políticos, en el Palacio de Zurbano, un escenario energético en 2020 en el que las renovables pesarían un 22,7% en el consumo final de energía y un 42,7% en el total de electricidad producida. Estos porcentajes, en términos absolutos, se traducen en que las fuentes verdes (eólica, solar fotovoltaica, termoeléctrica, biomasa...) contarían dentro de 10 años con 74.547 megavatios (MW) instalados y generarían 158.319 Gigavatios/hora (GW/h).

- Unos meses después, el Ejecutivo redujo estos objetivos en su propuesta del Plan de Acción Nacional en Energías Renovables (Paner), que fue enviado a Bruselas. Serían, según la nueva idea del Gobierno, 69.844 MW instalados y 152.835 GW/h de producción.

**1. Energía: SITUACIÓN REAL**

CARACTERÍSTICAS DE LAS FUENTES DE ENERGÍA NO RENOVABLES

o Agotamiento progresivo con su consumo.
o Reparto geográfico desigual.
o Explotación costosa y perjudicial para el medio ambiente.
o Cubren mayoritariamente la demanda mundial.

| ENERGÍA | VENTAJAS | INCONVENIENTES |
|---|---|---|
| Petróleo | Tecnología bien desarrollada Fácil extracción y transporte Gran poder energético | Muy contaminante (efecto invernadero) No renovable Precio caro |
| Carbón | Abundante Precio barato Alto poder calorífico | Muy contaminante (efecto invernadero) No renovable |
| Nuclear | Tienen una alta potencia. Tecnología bien desarrollada Grandes reservas | La radioactividad es muy peligrosa y tarda muchos años en desaparecer. |
| Gas natural | Combustible fósil que menos contamina Precio asequible | Contaminante No renovable |

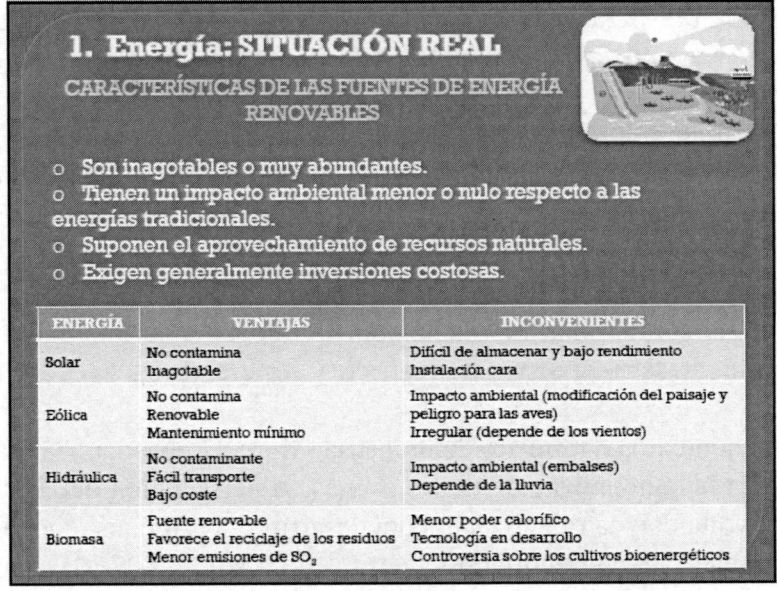

**1. Energía: SITUACIÓN REAL**

CARACTERÍSTICAS DE LAS FUENTES DE ENERGÍA RENOVABLES

o Son inagotables o muy abundantes.
o Tienen un impacto ambiental menor o nulo respecto a las energías tradicionales.
o Suponen el aprovechamiento de recursos naturales.
o Exigen generalmente inversiones costosas.

| ENERGÍA | VENTAJAS | INCONVENIENTES |
|---|---|---|
| Solar | No contamina Inagotable | Difícil de almacenar y bajo rendimiento Instalación cara |
| Eólica | No contamina Renovable Mantenimiento mínimo | Impacto ambiental (modificación del paisaje y peligro para las aves) Irregular (depende de los vientos) |
| Hidráulica | No contaminante Fácil transporte Bajo coste | Impacto ambiental (embalses) Depende de la lluvia |
| Biomasa | Fuente renovable Favorece el reciclaje de los residuos Menor emisiones de $SO_2$ | Menor poder calorífico Tecnología en desarrollo Controversia sobre los cultivos bioenergéticos |

- Pero la puntilla llegó en julio de 2010. La subcomisión de Industria del Congreso de los Diputados, en la que están presentes los principales partidos, con el liderazgo del grupo parlamentario socialista, dio luz verde a un borrador de documento sobre cuál será el plantel energético de España dentro de 10 años. Y ahí, las energías renovables ven reducido su peso en 10.106 MW instalados y en 18.683 GW/h de producción. Pierden de forma considerable el papel preponderante que se había planteado en Zurbano al pasar de un 42,7% de toda la energía producida en España a solo el 35,5%. 7,2 puntos porcentuales menos. En total, la caída de la producción prevista es del 14%.

Simultáneamente, si observamos los tres escenarios planteados para la generación de electricidad con centrales de ciclo combinado de gas:

- Iba a representar el 29,1% en la propuesta de marzo de 2010, por debajo de las renovables.
- En julio de 2010 su peso se dispara al 37,8%, tras el paso por la subcomisión de Industria de los presidentes de las grandes eléctricas y de los líderes de las patronales del sector.

Las renovables, por ley, entran obligatoriamente en el sistema eléctrico por ser energías limpias. El sector eólico ha batido récords de producción desde 2009, mientras la crisis y el parón industrial han hundido la demanda eléctrica, con lo que los ciclos combinados han estado parados durante semanas y meses, operando muchas menos horas de las que podrían estar produciendo.

Pero no podemos obviar el papel del gas, como fuente de energía segura e imprescindible para garantizar el suministro, especialmente cuando no sopla el viento o no sale el sol, el Talón de Aquiles de las principales renovables.

Tampoco ha sido ajena al recorte del peso futuro de las renovables la polémica sobre los excesos en el pago de primas a algunas tecnologías, como la fotovoltaica, que cobró en 2009 el 41,6% (2.586 millones) de las ayudas y sólo produjo el 15% de la electricidad. El pasado año, el conjunto de las energías verdes recibieron 6.200 millones de euros en concepto de primas por no contaminar, lo que ha contribuido a elevar aún más el déficit de tarifa que arrastra el sistema eléctrico y supera ya los 16.000 millones de euros.

En este contexto, el ministro de Industria, Miguel Sebastián, ha impulsado un plan para la racionalización de las primas, la persecución del fraude en el sector fotovoltaico y la ralentización del desarrollo de algunas renovables. La solar termoeléctrica ve recortado su desarrollo a solo 3.807 MW en 2020 y la eólica marina, en pleno desarrollo en el norte de Europa, sufre un drástico recorte y pasa de 5.000 MW previstos en Zurbano a 500 en el borrador.

## .- Consecuencias del cambio en las primas

Respecto a la polémica sobre los cambios, estos no deberían tener y no han tenido carácter retroactivo aunque tan solo sea por un problema de credibilidad o de seguridad jurídica. Todos los inversores nacionales y extranjeros que aportaron capital a riesgo para lanzar las energías renovables lo hicieron en la confianza de que los términos de la ley han de ser cumplidos.

Y este tipo de leyes precisan estar vigentes veinte o veinticinco años para así ser válidos los estudios de amortización de las inversiones realizadas. Si ese principio se quiebra, se quiebra una de las claves fundamentales de nuestro sistema jurídico. Además, no se pueden mandar mensajes contradictorios a nivel nacional e internacional.

No se debe apostar por soluciones que hagan no rentable las cuantiosas inversiones realizadas, que no fueron un capricho de las empresas sino una consecuencia de seguir la planificación energética del Gobierno y que además atraigan el capital para las inversiones que hay que seguir realizando.

Esto se ha logrado en la nueva regulación fotovoltaica aprobada en el Consejo de Ministros del pasado 19 de noviembre de 2010, en la que se recogen recortes de primas que van del 5% para instalaciones de techo pequeño al 45% para instalaciones de suelo, pasando por un 25% para instalaciones de techo medianas despejando las dudas del sector acerca de la tan temida retroactividad; y recogiendo una limitación a los 25 años de vida útil en el derecho a percibir primas.

Un ejemplo lo tenemos en la firma FCC, que ha paralizado el desarrollo de **dos plantas termosolares que suponen una inversión de unos 600 millones de euros**, y cuya puesta en servicio está programada para el 2012 y el 2013, respectivamente, a la espera de que se concrete la política de primas, actualmente en revisión por parte del Ministerio de Industria.

Este nuevo marco puede incluso generar una revisión de la estructura del propio déficit de tarifa, lo que deja en el aire el cobro de los 3.500 millones de euros correspondientes a este año.

## .- Las empresas renovables están pagando en 2009 y 2010 en Bolsa la incertidumbre regulatoria

No cabe duda de que la incertidumbre jurídica que ha transmitido la política energética del Gobierno tiene buena parte de culpa del derrumbe bursátil de las cotizadas del sector. Pero los analistas e inversores también han castigado a estas compañías por perder cuota de mercado respecto a otros competidores.

El día que Gamesa presentó sus resultados del primer semestre del 2010, el valor de la compañía se desplomó un 12% en Bolsa. Lleva desde inicios de año un descenso del 40% en el precio de la acción. Iberdrola Renovables, la mayor compañía del sector en España, lleva en lo que va de año una caída de un 20%. Y los desplomes siguen con Acciona (-16%), Abengoa (-20%), Fersa (-43%) y Solaria (-35%), ésta última dedicada al negocio solar, el que más verá recortadas sus primas. Ninguna de ellas supera en rentabilidad a la medía del Ibex en lo que va de año. La burbuja renovable también se ha pinchado en el parqué.

Lo que más asusta a los analistas es:

• La incertidumbre regulatoria en algunos países del sur de Europa, incluso con amagos aún no confirmados de retroactividad en sectores como el fotovoltaico, está penalizando en exceso a un sector cuyo horizonte de futuro se ha visto ensombrecido, lo que está generando una caída de su negocio.

• El problema del déficit tarifario.

• La propia crisis que ha paralizado muchos de sus proyectos y que ha dejado en un segundo plano las prioridades energéticas de algunos países como EE. UU.

### .- La delicada situación de nuestras empresas energéticas

Pongámonos en el lugar de las empresas energéticas y eléctricas frente al mercado de las colocaciones de deuda:

• La demanda eléctrica en el año 2009 ha sido una de las peores que se recuerdan, con una caída del 4,3%.

• La titularización del déficit de tarifa parecía la salvación de un año aciago.

• Un descenso en bolsa de las acciones junto a un posible descenso en el *rating* de las agencias Standars & Poor y Moody's.

• Además el aluvión de colocaciones de deuda pública hace todavía más difícil esta operación. Sin duda las más afectadas son Iberdrola y Endesa.

• Por otro lado, no podemos seguir penalizando a las térmicas de ciclo combinado, en periodo de amortización.

No podemos caer en el error mayúsculo de no seguir impulsando un sector como el de las energías renovables que, sin duda, será rentable a largo plazo y además, responde a una apuesta como país de independencia energética.

### .- Necesitamos ser líderes en la generación de energía renovable

Imaginemos que abandonamos el desarrollo de las tecnologías alternativas y volvemos al gas y sus ciclos combinados en un 100%.

Tendríamos un problema estratégico, en España no hay gas:

• Dependeríamos de las relaciones entre los antiguos países de la URSS o de Argelia

- Podría generarse un incremento brutal de precio si, por ejemplo, China ofrece a Rusia o Argelia el doble por su gas.

- Pensemos en la posibilidad de que las catástrofes climatológicas nos obliguen a tomarmos en serio la necesidad de dejar de quemar combustibles fósiles.

España es puntera en el desarrollo de la tecnología para la obtención de energía renovable. Y tenemos que seguir siéndolo.

No se puede dejar instalar, por ejemplo, paneles solares por doquier sino con lógica, solo en techos, es decir, produciendo en el mismo lugar donde se consume.

### .- Comentario al pacto de la energía entre el Gobierno y el PP

El Ministerio de Industria cerró a mediados del 2010, de acuerdo con el PP, un acuerdo con las patronales eólica (Asociación Eólica Empresarial) y termosolar (Protermosolar) para rebajar las primas que reciben estas tecnologías.

- En el caso de la energía eólica, el Gobierno rebaja en un 35% las primas que abona a los productores, y lo hará con efecto retroactivo para la parte que proviene de las primas y no de la tarifa. Es algo que permite la legislación vigente (RD 661/2007).

- En el caso de la energía termosolar, el ahorro se consigue retrasando un año la posibilidad de que cobren las primas (cobrarían solo la tarifa, alrededor de 2000 MW que ya habían sido autorizados).

Veamos un poco más en detalle estas medidas.

- **Energía eólica**
- Recorta con carácter retroactivo, según interpretan en el sector, un 35% las primas que reciben las eólicas hasta 2013 y que estaban previstas en el real decreto 661/2007.

- Los parques ya instalados sufrirán un recorte de las horas con derecho a retribución (prima) sobre el precio de mercado. Estas horas cobrarían la tarifa.

Adicionalmente, el acuerdo prevé una convocatoria especial de 160 MW experimentales para la tecnología eólica, que computarán en el cupo de 2012, así como una convocatoria especial para determinadas plantas eólicas, cuya potencia conjunta asciende a 300 MW, que, habiendo obtenido el acta de puesta en servicio antes del 30 de abril de 2010, no fueron inscritas en el pre-registro. Estas instalaciones deberán elegir entre:

- Vender a una prima fija.

- Vender a mercado (precio del *pool*) desde la entrada en vigor de la nueva normativa y cobrar la prima recortada en un 35% desde 01/01/2012.

- Vender a mercado (precio del *pool*) desde la entrada en vigor de la nueva normativa y cobrar *pool* + prima desde 01/01/2013.

El hecho de que el «*pool*» eléctrico esté tan bajo ha provocado que la mayoría de las instalaciones se decanten por recibir una tarifa fija, por lo que el recorte de la prima no les afecta casi nada.

- **Energía termosolar.** Una suerte parecida correrá la tecnología termosolar, que se encontrará con un máximo de horas con producción de electricidad subvencionada.

Dispone de una moratoria de un año al impedir el acceso de las plantas termosolares a la opción de vender la electricidad producida en mercado y cobrar además la prima durante ese tiempo en el que solo podrán acceder a la tarifa regulada prevista en el Real Decreto de 2007, de menor cuantía.

Propone, con base en las mejoras tecnológicas y reducción de costes que se han producido en el sector fotovoltaico:

- La disminución de la tarifa regulada a las instalaciones fotovoltaicas futuras en el 45% para las plantas de suelo; el 25% para las de techo de mayor dimensión y del 5% para pequeñas instalaciones de techos.

- La limitación de la retribución a 25 años para instalaciones del RD661/2007.

- La no recuperación para convocatorias futuras de los cupos de potencia de instalaciones fotovoltaicas no ejecutadas.

- La exclusión en el tipo I (instalaciones sobre cubierta) de las instalaciones que se ubiquen sobre estructuras de invernaderos y cubiertas de balsas de riego.

- Una regulación técnica sobre la visibilidad y la capacidad de gestión de las plantas fotovoltaicas de tamaño medio y grande.

- Establece un control administrativo sobre los cambios de titularidad durante la fase de promoción y construcción, y hasta 24 meses después de la puesta en marcha, siempre que la transacción suponga un cambio en el control de la sociedad titular.

Curiosamente las acciones de compañías con intereses en energías renovables se disparaban al conocerse el acuerdo ya que, según todo parece indicar, las medidas serán temporales y esto es más de lo que el mercado preveía: todos esperábamos que fueran permanentes, resulta que solo lo serán para 2011 y 2012, y no se toca la tarifa fija.

# Parte 2.-
# Profundización en los conceptos

# 5.- La imprescindible mejora de la productividad y de la calidad

## 5.1.- Cómo asegurar la productividad

Existe en la actualidad una preocupación muy acentuada por todo lo referente a la mejora de la productividad o en relación con los bienes o servicios producidos y los factores utilizados.

Esta productividad se logra y mejora organizando y gestionando adecuadamente todos los procesos de la empresa, en la línea de lo que se denomina Gestión de la Calidad Total (TQM) e implantarla de forma correcta y adecuada.

Cuando se habla de calidad tenemos que prestar atención a tres clientes clave:

- Al cliente final que paga por nuestros productos.
- La sociedad en su conjunto mediante una adecuada gestión medioambiental y social.
- Sus propios trabajadores mediante la gestión de la prevención de riesgos laborales.

Pero no es suficiente con asegurarla, debe obtenerse a bajo coste, lo que exige que los procesos la garanticen a la primera y con el mínimo control ulterior al proceso.

Esto supone:

- Poner mayor énfasis en el servicio al cliente como parte integral de la gestión empresarial.
- Aplicar técnicas que conduzcan al diseño y optimización de productos y procesos que eleven al máximo la relación calidad/coste.
- Aplicar los planes de control más adecuados.

Finalmente hay que señalar que el mercado al cual van dirigidos nuestros productos exige calidad contrastada, en cuyo caso se precisará que la misma deberá estar homologada y certificada frente a nuestros consumidores potenciales. Esta visibilidad se conseguirá mediante la evaluación y certificación de la calidad, del medioambiente o de la prevención de riesgos laborales o incluso de la responsabilidad social corporativa a sistemas de gestión de verificación externa debidamente reconocidos.

### 5.2.- La implantación de una cultura de calidad dentro de una empresa

Hoy más que nunca, en estos tiempos donde el fenómeno de la globalización se hace cada día más presente, es indispensable para cualquier empresa, y más para las pymes, un uso óptimo de todos los recursos disponibles

Nuestras pymes están compitiendo en un mercado global cuyos diferentes consumidores, por la gran competencia existente y por los cada vez menores ciclos de vida de los productos, modifican a gran velocidad sus demandas, necesidades y preferencias.

Aspectos como la calidad, la productividad, la comercialización internacional o las condiciones de trabajo nunca deben estar por debajo de los estándares deseados.

Cada vez son más las organizaciones que sienten la necesidad de mejorar sus operaciones. Cada vez más ejecutivos y propietarios se dan cuenta de que, para vencer a la competencia, es preciso mejorar de forma continua.

Aunque parece estar de moda, el concepto de los sistemas de gestión basados en los ciclos PDCA (Plan, Do, Check, Act; Planificar, Hacer, Verificar, Actuar), cuya expresión más visible son los sistemas de calidad, estamos ante un concepto extendido pero no totalmente entendido, curiosamente desarrollado pero no adoptado.

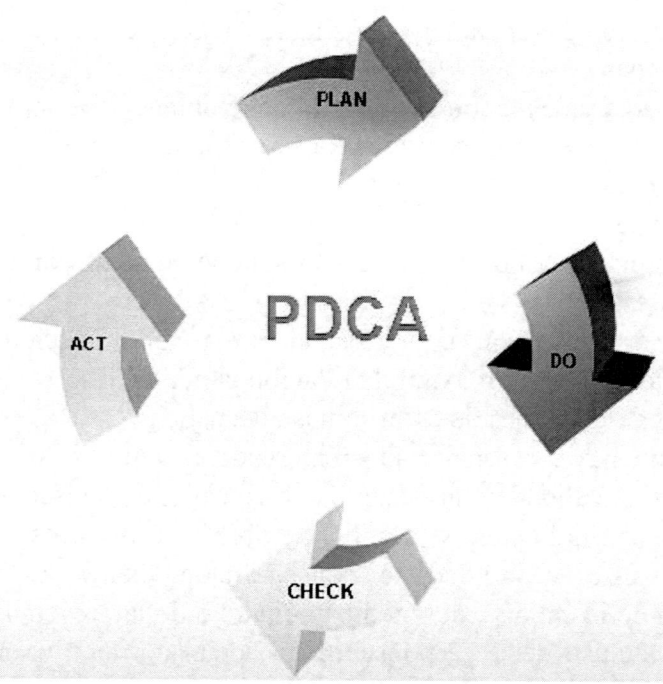

Su fin es obtener un alto grado de satisfacción en nuestros clientes, entendiendo estos, bien en la persona o firma a los que vendemos nuestros artículos (concepto clásico de calidad), a la sociedad en su conjunto (gestión medioambiental o gestión de la responsabilidad social corporativa), o a nuestros propios trabajadores (prevención de riesgos laborales). Recordemos que nuestro cliente es tanto aquel que:

- recibe nuestros productos, nuestro cliente
- como el que soporta nuestras ineficiencias, nuestros trabajadores y la sociedad en su conjunto.

Aunque parezca lo contrario nuestras pymes apenas han interiorizado esta cultura de servicio, lo que sin duda está limitando el aprovechamiento de numerosas oportunidades de negocios y por tanto dejando pasar oportunidades de éxito. No es difícil escuchar excusas como el coste de la implantación del sistema, generado por muchos "consultores", que intentan implantar un conjunto de procedimientos burocráticos plasmados en gruesos y poco útiles manuales, así como la necesidad de una supervisión estricta y detallista para separar el producto bueno del malo durante y al final del proceso productivo.

Calidad y productividad son términos que van estrechamente ligados entre sí. No es posible lograr una empresa altamente productiva sin recurrir a la implantación de programas empresariales basados en el ciclo PDCA, en la mejora y en una firme intención de cambiar la forma de hacer las cosas para satisfacer las demandas de los clientes y aumentar la rentabilidad de la empresa.

Un sistema de gestión como los que aquí se describen:

- Está más orientado a no producir un producto defectuoso mediante el uso de una serie de controles productivos y administrativos técnicamente fundamentados.
- No es una varita mágica para solucionar todos los problemas de una empresa.
- Su implantación no debe hacerse porque lo exija alguno de sus clientes, debe hacerse por convicción.

Sus metas son lograr nuevas oportunidades de crecimiento, satisfacción de las necesidades de los clientes y una mejora en la eficacia y eficiencia de la empresa, aumentando con ello las utilidades y su beneficio empresarial.

Su fin es manejar sus precios de una forma competitiva, lo cual, sin duda, aumentará su probabilidad de salir adelante. Y lo conseguirá mediante reducción en los costes de producción mediante la mejora de:

- su productividad,
- su capacidad de absorber tecnologías,

- su innovación o su capacidad de desarrollo de nuevos productos,
- su organización manteniéndola ágil y adaptable al mercado.

### 5.3.- Calidad y productividad en las pymes

La productividad es la capacidad de lograr objetivos y de generar respuestas de máxima calidad con el menor esfuerzo humano, físico y financiero. Sin duda beneficia a toda la cadena, a la propia organización, a sus clientes, a sus trabajadores y proveedores, ya que les va a permitir desarrollar su potencial y obteniendo a cambio un mejor nivel en su calidad de vida o una mayor estabilidad empresarial.

La productividad no debe confundirse con:

- La intensidad del trabajo, porque, si bien la mano de obra refleja los resultados positivos del trabajo, su intensidad se traduce en exceso de esfuerzo y no es otra cosa que incremento de trabajo. La esencia para mejorar la productividad no es tanto el trabajo duro sino el inteligente. Si la productividad es asociada con el mayor o menor esfuerzo del trabajador, se presta a equívocos porque se asocia con mayor trabajo.
- La eficiencia significa producir bienes de alta calidad en el menor tiempo posible.
- La medida de la cantidad de producto final no es una buena medida del rendimiento ya que éste puede aumentar sin incrementar la productividad.

Finalmente es necesario señalar que:

- La rentabilidad no es consecuencia de incremento de la productividad, porque se pueden obtener rendimientos aunque esta haya descendido.
- Una reducción de costos ayuda aunque no necesariamente mejora la productividad.
- La productividad no solamente se aplica a la producción, también se debe incluir en los servicios y la información.

### .- Características de la excelencia en la gestión empresarial

La excelencia en la gestión empresarial se caracteriza por:

- Dirigir una empresa con Visión y Misión claras.
- Elaborar y ejecutar los planes de trabajo.
- Contar con una estructura organizacional fuerte y funcional.
- Involucran a todo el personal, incluyendo el directivo, en su ejecución.
- Delegar autoridades y responsabilidades.
- Ejecutan el control y la retroalimentación.
- Mantener siempre canales de comunicación abiertos.

- Ofrecer al consumidor lo que él desea en términos de precio, tiempo y expectativas.
- Alcanzar los máximos niveles de eficiencia y profesionalidad.

Solo las empresas que posean una gestión empresarial profesional, comprometida, actualizada y dinámica, tendrán la fortaleza necesaria para enfrentar y sobrevivir el actual entorno económico.

Esta fortaleza se manifiesta, como se ha indicado, mediante:

- Una adaptación rápida a los violentos cambios que están ocurriendo.
- Un estricto cumplimiento legal, incluso anticipándose a los futuros cambios normativos, generalmente más restrictivos en sus aspectos ambientales y sociales.
- Dándole al consumidor el producto o servicio que él desea en términos de precio, tiempo y expectativas.
- Trabajando de forma competitiva e innovadora.

### .- Situación de las pymes españolas

Si preguntamos a los empresarios de las pymes sobre cuáles son sus dos principales obstáculos para estar al día en cuanto a información y para compartir conocimientos, seguramente nos indicarían que son "apagar fuegos" y la falta de tiempo. Igualmente nos indicarían que el factor crítico para una cultura de aprendizaje es el liderazgo directivo a través del ejemplo.

Nuestras pymes están en una encrucijada. En efecto:

- Deben decidir si desean ser unas empresas basadas en el bajo coste de una mano de obra que compense la falta de calidad o mejorando, considerando que el conocimiento es uno de los pilares fundamentales para la prosperidad. Este cambio cuesta tiempo.
- Su paradigma cultural hace que su toma de decisiones, quizás debido a su carácter familiar y paternalista, carezca de una necesaria sistematicidad y en muchas ocasiones carece del necesario sentido de la urgencia. Parece observarse una carencia de calidad en lo referente a la gestión (*management*) empresarial.
- Carecen de un personal dotado del necesario nivel educativo. Aparentemente el conocimiento no es un valor prioritario en nuestro país. A esto hay que añadir la presencia de una inmigración creciente en las plantillas, los problemas idiomáticos generados tanto por el personal inmigrante no latinoamericano como el generado políticamente en diferentes comunidades autónomas. Si ya de por sí resulta complejo hacerle entender y comprender a un trabajador español conceptos de estadística, especificaciones o controles de calidad, imaginemos lo complicado de hacerlo a personas que provienen

de culturas muy diferentes y con idiomas e inclinaciones muy diferentes, incluso dentro de nuestro mismo país.

• Tienen que difundir el concepto de calidad "a la primera". Consideran que cumplen con los niveles de calidad aunque para ello se requieran un sinnúmero de reprocesos. Se debe poner un mayor énfasis en la calidad dentro de su marco estratégico.

• Nuestro carácter latino, tan resolutivo para unas cosas, pero tan lejos de la necesaria sistematicidad a la hora de la toma de decisiones.

Todos estos factores dificultan el desarrollo de un sistema de gestión óptimo como el propuesto por Deming.

### .- La empresa en la sociedad. Optimización de los beneficios

La empresa tiene una doble función económica y social. La función económica es clara, obtener el máximo beneficio. La función social de estas empresas es producir y distribuir riqueza, generando cada vez más empleos, cada vez más productivos.

Ambos están inequívocamente unidos, ya que implican necesariamente un compromiso permanente con el mejoramiento de la calidad, en el sentido amplio de la palabra, con lo que se logran los efectos exponenciales de la famosa Reacción en Cadena de Deming:

---

**Al mejorar la calidad** → **Disminuyen los costes** debido a menos reprocesos, menos errores, menos retrasos y obstáculos; mejor uso de materiales y menor tiempo de máquinas → Mejora la productividad → **Aumenta la cuota de mercado** con mejor calidad y precios más bajos → **Se permanece en el negocio** → **Se crean más y más empleos** de calidad.

---

### 5.4.- Competir innovando

Innovamos en beneficio de nuestra competitividad, pero el concepto de competencia es más complejo cada día, y el de innovación, más amplio de lo que inicialmente parece.

**Al hablar de competencia,** nos referimos no ya solo a las empresas del sector que amenazan reducir nuestra presencia en el mercado, sino también a todo aquello que puede disuadir a nuestros clientes, incluyendo, por ejemplo, los nuevos hábitos, valores y tendencias emergentes en la sociedad. Obviamente, en momentos de crisis, también competimos con todo aquello a que el cliente dirige prioritariamente su capacidad de compra: si puede arreglárselas sin nuestros productos/servicios, nuestra empresa se resentirá y habremos de disponer soluciones de supervivencia.

**Y al hablar de innovación**, no podemos pensar solo en la renovación tecnológica o la incorporación de las mejores prácticas, sino y quizá sobre todo, en mejorar en "el saber" en cada campo (técnico o de gestión empresarial), generando soluciones nuevas, valiosas y atractivas, que en ocasiones los clientes esperaban quizá sin saberlo. Se innova para atraer la atención del mercado.

Tenemos que saber neutralizar e incluso superar a nuestros competidores y reaccionar con acierto y prontitud cuando nos veamos sobrepasados.

Entre nuestros competidores tenemos:

- Empresas que ofrecen mejor relación calidad-precio en productos/ servicios similares o alternativos a los nuestros.

- Empresas innovadoras que ofrecen nuevas y avanzadas soluciones para las mismas necesidades, o para un conjunto de necesidades.

- Empresas audaces que nos superan en las campañas de publicidad o en los canales de distribución, es decir, en la comercialización.

- Cambios sociales (nuevos hábitos y valores, nuevas leyes, tendencias demográficas…), que pueden restar potencial, solidez, a nuestra oferta tradicional.

- El mercado global, que igual que permite la llegada de nuevos competidores y nuevos productos, es una oportunidad para internacionalizarnos.

Observando estos cinco puntos señalados, es evidente que debemos considerar apuntarnos a la innovación como proceso continuo de forma que consigamos lograr unos mejores resultados con menor esfuerzo (ser más productivos).

Pensemos, por ejemplo, en la progresiva desaparición de las máquinas domésticas de coser. Las empresas como Singer vieron bajar sus ventas, pero no luchaban contra otros fabricantes, sino contra el auge de la industria textil, contra la incorporación de la mujer al mercado laboral, y contra las crecientes alternativas que se le ofrecían para el tiempo libre. Igualmente desaparecieron las máquinas de escribir con la llegada de los ordenadores personales.

Hay veces en que creemos tener un nuevo producto de impacto, rompedor, superior a lo existente, y sin embargo el mercado lo rechaza, quizás debido a un incompleto o erróneo análisis de las expectativas de los clientes. En otras ocasiones desarrollamos un producto, quizá fruto del avance tecnológico, y rechazamos nosotros mismos su comercialización por razones económicas…, pero la competencia ve nuevos clientes que nosotros no habíamos contemplado, y se hace con el próspero negocio.

Hablemos del fax. Se adelantaron los japoneses porque no solo vieron esta nueva máquina como un complemento económicamente discutible del servicio telefónico, sino, sobre todo, como una alternativa al correo postal y al emergente negocio de mensajería.

¿Qué destacar del caso de Zara, en nuestro país? Décadas atrás, la moda en el vestir era un problema para los clientes (alta calidad y precio, pero vigencia limitada), y constituía también un serio condicionante para los empresarios del sector. Los clientes con suficiente poder adquisitivo adquirían sus prendas al principio, y otros clientes esperaban a las rebajas, ya con un margen reducido para las tiendas. Entonces apareció Zara para cambiar las reglas.

La primera tienda Zara abrió en 1975, en La Coruña. Hoy, unos 200 diseñadores se encargan de crear moda para que el cuidado sistema logístico de la compañía la haga llegar a las tiendas en plazo breve.

Zara:

- Vende moda en el vestir a precio asequible, y se renueva constantemente.

- Su estrategia de la marca es incentivar las compras compulsivas y hacer saber al cliente que, cuando vuelva, habrá cosas nuevas.

- Se ocupa más de crear valor para el cliente que de reducir costes.

### 5.5.- Normalización. Política de la Unión Europea

Hace tan solo unas décadas, la calidad solo afectaba a las relaciones entre empresas proveedoras y su clientela. La satisfacción de la clientela con el producto o servicio prestado era lo que determinaba la continuidad de su relación.

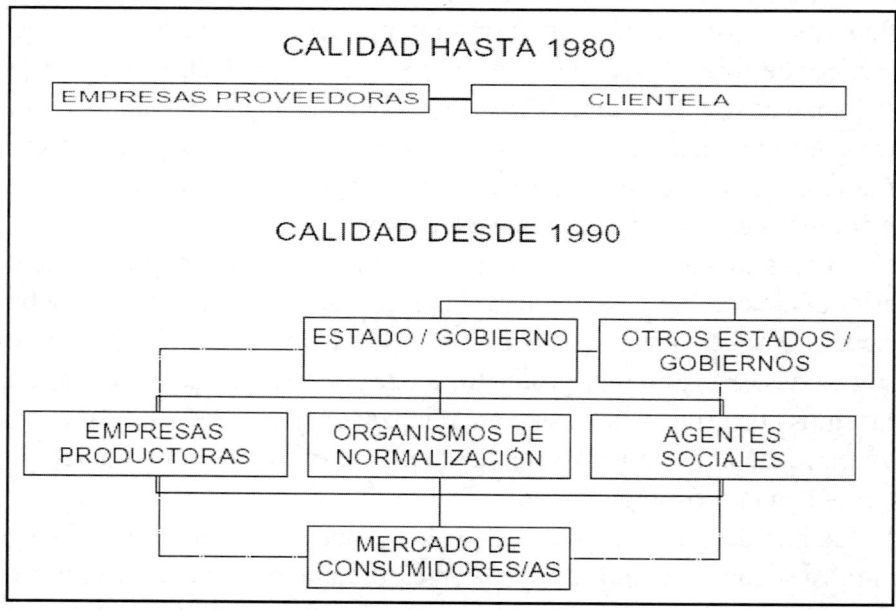

La Unión Europea, como herramienta estratégica de la política industrial comunitaria caracterizada por su lucha por la libre circulación de personas, mercancías y servicios, adoptó en su resolución conocida como "Nuevo enfoque" que las Directivas Comunitarias no deben armonizar más que los requisitos esenciales de seguridad, salud y medioambiente o cualquier otro de interés colectivo. El Diario Oficial de las Comunidades Europeas del 28 de enero de 1991 publicó la comunicación denominada "El libro verde de la normalización" donde se recoge el desarrollo de la normalización europea y las medidas para acelerar la integración tecnológica de Europa. Sus dos principios básicos son:

• el reconocimiento mutuo de las normas nacionales, presuponiendo que los objetivos son equivalentes;

• en el caso de que los objetivos no sean equivalentes, es necesaria la armonización a nivel comunitario.

En el "Libro verde de la normalización", se incluyen como recomendaciones que:

• Las empresas deberán otorgar prioridad a la normalización en sus estrategias de gestión. Así la Unión Europea promueve la adopción de Sistemas de Gestión de Calidad, Medioambientales o de Prevención de Riesgos Laborales.

• Se ha de aumentar la participación en la normalización. Y dada su importancia no debe dejarse únicamente en manos de expertos técnicos.

• Las normas armonizadas deben ser aprobadas por un organismo europeo de normalización y elaborada bajo un mandato (encargo de la Comisión Europea).

En esencia, la Unión Europea pretende que las empresas adopten para Calidad, Medioambiente y Prevención de Riesgos Laborales sistemas de gestión que velen por:

a.- el cumplimiento de la política,

b.- el cumplimiento de la legislación y/o de la normativa/exigencia aplicable,

c.- la mejora continua.

### 5.6.- Las principales pérdidas. El factor 4D Negativo

Veamos las cuantiosas pérdidas debidas a Derroches, Defectos, Deterioros y Daños.

• **Pérdidas por Derroches.** Hay estudios que indican que, al menos un 25% de lo que hacen las empresas, son cosas innecesarias, no contribuyen a ningún objetivo, no agregan valor a ningún proceso. Hay derroches por exceso de uso, por mal uso y por poco uso de los recursos disponibles. No olvidemos que, quizás, el mayor derroche sea el derroche de ideas, de talentos, de experiencias, de conocimientos, de habilidades, de iniciativa o de creatividad. Igual que prestamos **atención a la competencia externa a la empresa, también debemos prestar atención a las incompetencias que aún subsisten en el interior de ellas.** Veamos algunos ejemplos:

- o Mantener encendidas, innecesariamente, las luces (derroche por exceso de uso).
- o Un curso de capacitación que incluye materias que no son necesarias (derroche por mal uso).
- o No aprovechamiento pleno de las ideas, capacidades y talentos de los trabajadores (derroche por poco uso).

- **Pérdidas por Defectos.** Según estudios, el coste de los defectos en la industria es del orden del 20% de las ventas, mientras que en las empresas de servicios, este coste puede llegar o superar el 35% de los costes operacionales. Hablamos no solo de los gastos que derivan de hacer las cosas mal, tales como los costos de los reprocesos y de los rechazos, sino que, fundamentalmente, del impacto que los defectos tienen en la pérdida de clientes y mercados, así como también en la dificultad para acceder o conquistar nuevos clientes y mercados. Veamos algunos ejemplos:

- o Mala atención a un cliente, ya sea en un hotel, restaurante, oficina, local comercial, etc.
- o Producto terminado, que no cumple con los estándares de fabricación.

- **Pérdidas por Deterioros.** No se conocen, aún, estudios que nos den información clara acerca del impacto que representan los deterioros al medioambiente y del coste que este tiene, o que puede tener, para las empresas. Y esto no tiene marcha atrás, porque hay, por lo demás, una conciencia medioambiental que se ha instalado con fuerza en la sociedad mundial. Hemos de pensar en cómo puede afectar a una empresa el no tener bajo control, por ejemplo, el cuidado y protección del medioambiente. Veamos algunos ejemplos:

- o Un curso de agua contaminado, producto de residuos industriales líquidos que fueron vertidos en él.
- o Contaminación del suelo y de sus capas freáticas, producto del mal almacenamiento de residuos peligrosos.

- **Pérdidas por Daños.** Antes de nada, cuando hablamos de daños a las personas, estamos frente a un tema humano, un tema ético. Más allá de las pérdidas económicas, están también las pérdidas humanas: dolor, sufrimiento, vidas truncadas prematuramente, frustraciones de hijos que ven dificultado o impedido su acceso a nuevos horizontes. Es un drama mayor que lesionen, maten o mutilen a personas alejándolas del trabajo, o que dañen, destruyen y paralicen equipos, maquinarias y procesos, junto a otros innumerables efectos fáciles de imaginar. Este colapso puede ser total y repentino, como cuando es producto de una explosión, incendio u otro tipo de accidente catastrófico, pero casi siempre se trata de un deterioro gradual e insidioso que va socavando lentamente la eficiencia de la empresa, en su base misma, sin que se advierta a tiempo la gravedad potencial del fenómeno. Veamos algunos ejemplos:

o Lesiones sufridas por un trabajador que cae desde una altura.
o Abolladuras experimentadas por un camión debido al choque con una barrera de contención.
o Corte de una cinta transportadora fruto de un atascamiento.

**.- ¿Qué piensa usted al respecto ahora?**

En momentos de crisis como el actual, cuando el mercado se complica y las probabilidades de supervivencia disminuyen, es razonable echar mano a estos recursos. O, más claramente, es imperdonable el no hacerlo.

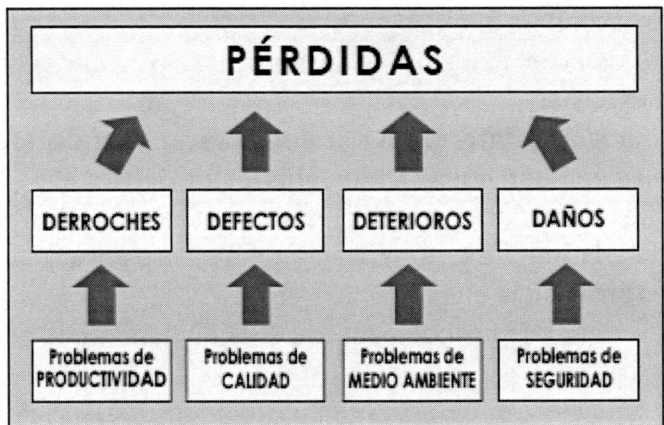

**Los eventos que generan estas pérdidas son el resultado, básicamente, de problemas de Productividad, Calidad, Medioambiente y Seguridad, respectivamente.** En efecto;

• Los **derroches** de recursos pueden ser atribuidos directamente, en una primera instancia al menos, a problemas de Productividad. Esto, dado que la productividad está asociada, en su esencia, al óptimo uso de los recursos.

• Los **defectos**, por su parte, pueden ser atribuidos directamente, también en una primera instancia, a problemas de Calidad. Ello, debido a que los defectos pueden ser entendidos como "no conformidades", tanto a nivel de producto como a nivel de desempeño.

- Los **deterioros** pueden ser atribuidos, en una primera instancia, a problemas de Medioambiente.
- Y los **daños,** no cabe duda de que pueden ser atribuidos, también directamente y también en una primera instancia, a problemas de Seguridad. Ello, así sea que se trate de daños a las personas o daños a la propiedad que resulten de accidentes.

Convendremos que la productividad no puede optimizarse mientras existan problemas de seguridad que alejan a personas del trabajo productivo y se dañen equipos, o se deterioren maquinarias que paralizan e interrumpen los procesos productivos. De la misma manera, mientras existan problemas de calidad continuarán produciéndose accidentes, porque las causas fundamentales de los problemas de calidad y de seguridad son las mismas.

### .- Aspectos para mejorar

Las crisis, si bien involucran riesgos y amenazas, también suelen presentar oportunidades que no todos ven. Es bueno asumir las crisis como una instancia para que, con ingenio y creatividad, se asuma la tarea de revisar y mejorar todo lo que se hace. Para ello debemos:

- **Mirar hacia el exterior de la empresa prestando atención a la competencia externa.**
- **Mirar hacia el interior de la empresa prestando atención a las incompetencias que aún subsisten en el interior de ella**.

Mejoraremos la productividad si prestamos atención a:

- El orden, la limpieza, la utilización de los espacios y la señalización de las distintas áreas de la empresa.
- La motivación de los trabajadores, el clima laboral, la participación y su compromiso.
- La capacitación, el desarrollo de las competencias y el aporte de los trabajadores.
- La protección y el uso o aprovechamiento de los recursos disponibles.
- La seguridad de los trabajadores, así como también de los equipos, maquinarias, herramientas, instalaciones, materias primas y productos.
- La calidad de los productos y del desempeño de los trabajadores.
- La gestión medioambiental.
- La imagen de la empresa ante sus trabajadores y ante la comunidad.

Sin duda para generar una cultura de mejora continua se precisa la visión, liderazgo y su persistencia, de la Alta Dirección.

La consigna debe ser: Todo lo que se hace se puede mejorar. Por lo tanto, todo lo que se hace, se debe mejorar.

## 5.7.- Empleados sin sueños, empresas menos productivas

Una empresa que se precie de moderna, actual, emprendedora, competitiva e incluso de tradición, no puede concebirse a sí misma sin una visión que la oriente hacia el destino que ella misma se ha propuesto.

Esa visión, ese sueño lo es todo y lo representa todo. La misión depende de ella, las políticas, normas, reglas, las estrategias y tácticas, objetivos y metas orbitan a la visión con el firme propósito de hacerla real, concreta e impactante.

Pensar que solo las empresas requieren de una visión es utópico. Todos y todo requiere de un punto, un destino, una cúspide que alcanzar. De un sueño… o muchos de ellos.

Es tradicional e incluso exigible que los empleados al iniciar sus labores en la empresa sepan cuál es su visión, hacia dónde se dirige, lo que espera ser y lograr. Estos deben no solo conocer la misión, sino adoptarla como propia y comprometerse a hacerla posible durante su permanencia en la organización, pues se entiende que el esfuerzo conjunto y coordinado será crucial para el alcance de ese importante sueño, y eso está bien.

Lo que no está bien es que la empresa, entendida ésta en el concepto tradicional, se preocupe más por hacer que sus empleados o colaboradores conozcan su sueño que por conocer los que, de manera individual, cada uno de ellos tiene y también desean cumplir.

Es cierto, las empresas no han sido concebidas para que las personas, haciendo uso de ellas, materialicen sus sueños. Su sentido mercantil y capitalista está dispuesto a generar productos y servicios que a la vez, en algunos casos, agregarán valor a la sociedad y ganancias a sus accionistas y propietarios. No hay duda de ello, así debe ser.

No obstante, las empresas sí son un vehículo, un dispositivo, un instrumento que ayuda al logro de los sueños individuales de sus empleados o colaboradores.

Si los empleados no ven posibilidades de lograr sus sueños dentro de una organización, permanecerán en ella hasta que aparezca un sustituto, en el mejor de los casos, que le provea de esa posibilidad, demostrando que se es fiel a algo o a alguien mientras no aparezca un sustituto que ofrezca similares condiciones con menos esfuerzo y mayores comodidades.

Las personas trabajan en las organizaciones porque en ellas encuentran elementos que sustentan sus necesidades básicas, sociales y económicas, sí, muy cierto, pero sobre todo se mantienen en ellas porque esperan que los sueños que individualmente poseen se hagan realidad en ese escenario.

Cuando es así se prolonga la relación empleado-empresa-satisfacción, el desempeño es el esperado, el vínculo identificación-compromiso se nivela. Pero cuando la empresa no es un lugar ideal para que los sueños se siembren y se cosechen se presentan dos escenarios inevitables:

- El primero es la constante rotación de personal, precedida por bajo rendimiento y un ambiente laboral frío.
- El segundo tiene que ver con un desempeño promedio, una actitud pasiva y desinteresada por parte del personal que envía un constante mensaje, usualmente ignorado, de resignación, pues suele ocurrir que las necesidades básicas, sociales y económicas se imponen al deseo de alcanzar los sueños con los que originalmente se contaban.

Las empresas donde los sueños de los empleados han sido frustrados o degradados a un tercer plano, entendiendo que el primer plano corresponde a la visión empresa y el segundo al que la unidad responsable en donde trabaja haya interpretado de ésta, son fáciles de reconocer por lo pesado del ambiente, la falta de celeridad en los procesos, el desorden físico y emocional de las áreas donde se trabaja y los constantes problemas que se presentan en todos los niveles y subniveles que la conforman.

La gente trabaja ahí porque no se le ha presentado otra oferta mejor. Tal y como ha hecho organización, ha puesto sus sueños en un peldaño distinto al principal. Estamos ante "zombis organizacionales" cuya función básica es la de alimentarse (ofrecer lo que hacen y cobrar por ello) sin ofrecer valor a su empresa, la sociedad, a su gente e incluso a sí misma.

Los sueños de los empleados son variados, pueden ser muy simples o muy elaborados, si bien como empresa no se está obligado a hacerlos realidad, no se pierde nada ofreciendo mecanismos, facilidades, oportunidades y medios que ayuden a los empleados, colaboradores o socios a alcanzarlos.

Si el empleado se siente realizado y feliz, trabajará con comodidad y esmero, ello se traducirá en ventas de productos y servicios de alta calidad, lo que a su vez atraerá clientes y mantendrá cautivos a los que se poseen, eso se traduce en ganancias, permanencia y liderazgo para la empresa y todo, todo ello por servir de medio para alcanzar sueños que, a fin de cuentas, no le han costado nada a la empresa.

Cierto es que "soñar no cuesta nada", pero cuando dejamos de soñar lo perdemos todo, pues son precisamente los sueños, las expectativas los que propician las conductas más creativas y emotivas de los seres humanos.

### .- Sin actitud no hay ideas

Las actitudes son la fuente de la innovación. No puede haber ideas sin una actitud positiva y una motivación subyacente.

Del mismo modo, la innovación es un catalizador fundamental en el crecimiento de las empresas.

El proceso de innovación no aparece por generación espontánea: es el fruto de un trabajo de análisis del entorno y de identificación de las propias potencialidades y limitaciones.

Aunque las ideas son uno de los principales activos de los que se nutre la innovación empresarial, no siempre una idea interesante implica una buena oportunidad de generar un valor añadido.

Solo conseguiremos transformar las ideas en rentabilidad mediante una adecuada gestión que lo impulse tanto hacia dentro como hacia fuera de la empresa.

### 5.8.- Innovación, creatividad y flexibilidad. El nuevo paradigma empresarial

Ante la crisis, surge la innovación como el único camino para garantizar la continuidad de la empresa. Estamos ante una competencia vital. Recordemos el paradigma de estos tiempos: "innovamos o morimos".

Desarrollar la innovación pasa por desarrollar una cultura de creatividad, de propiciar y generar un ambiente que permita innovar, ya que:

- la creatividad apoya a la innovación y
- la creatividad, al contrario de lo que suele pensarse, es una competencia que podemos ir desarrollando e internalizando, desde pensar fuera de los marcos tradicionales, hasta retar los paradigmas que dominan la industria, el modelo de negocios o las rutinas laborales cotidianas.

Cualquier innovación puede ser rentabilizada. Veamos modelos como las compras por internet, la fotografía digital, la comunicación por Skype, el teletrabajo, la música digital, las redes sociales como Facebook o la comunicación instantánea de Twitter.

Sin duda todos estos cambios parten de un profundo interés por ver y evaluar las cosas desde perspectivas nuevas y no transitadas, partiendo de esa visión es que se han dado modelos exitosos de negocios que hoy por hoy impactan el mundo, generando éxitos en lo económico.

Sin duda, la innovación, la creatividad y la flexibilidad son las competencias de esta nueva década.

## 6.- Concepto de economía ecológica

Podríamos decir que la Economía Ecológica es la ciencia de la gestión de la "sostenibilidad", entendiendo por sostenibilidad la viabilidad en el tiempo de un sistema el cual está condicionado por sus intercambios con el entorno físico.

Como vemos, la economía ecológica trata de encontrar soluciones teóricas que le permitan integrar en los modelos tradicionales, las consecuencias o los "efectos externos no deseados" de la actividad económica, es decir, en la internalización, a través de los precios, de las externalidades ambientales negativas.

Recordemos que los economistas llaman "externalización" de costes tanto a la falta de incorporación de éstos a la contabilidad empresarial, como también a la ausencia de estos cargos en el precio final que paga el consumidor.

Su principal punto débil es que en muchas ocasiones es imposible adjudicar valores monetarios a las externalidades, porque en su mayoría son inciertas, desconocidas o irreversibles, por lo que estamos ante un concepto económico muy politizado, ya que, en teoría, la sociedad en su conjunto tiene que fijar cuáles son los límites ecológicos de la economía. Y si no se hace de una forma global puede generar pérdidas de competitividad nacionales.

Tanto la economía ecológica como la economía tradicional afirman ocuparse de la gestión de lo útil y lo escaso, pero interpretan estos términos de manera distinta. La figura 4.1 muestra un esquema de la economía clásica mientras que la figura 4.2 lo hace de la economía ecológica. Comentemos esta representación.

- **Visión clásica del proceso económico.** La economía tradicional solo se ocupa de aquello que, siendo de utilidad directa para los seres humanos, resulte además apropiable, valorable y producible. Estamos ante un flujo circular cerrado del dinero entre la producción y el consumo, autosostenido, que ignora totalmente los aspectos ambientales de la actividad económica.
- **Visión de la economía ecológica.** La economía ecológica considera que toda la biosfera y los recursos pueden ser a la vez escasos y útiles, con independencia de que sean o no valorados en el mercado. Considera la

economía como un subsistema abierto dentro de la biosfera que considera los factores físicos de la actividad económica como la necesidad de:

- o Un suministro adecuado de energía y materias primas, que depende del funcionamiento de la biosfera.
- o Un sistema que produce residuos (calor disipado y residuos materiales) que mediante reciclaje pueden volver a ser parcialmente utilizados. Por tanto hay que estudiar la capacidad de la biosfera para absorber estos desechos.
- o El mantenimiento de la biodiversidad.

La figura 4.3 compara la economía y la ecología convencional con la economía ecológica.

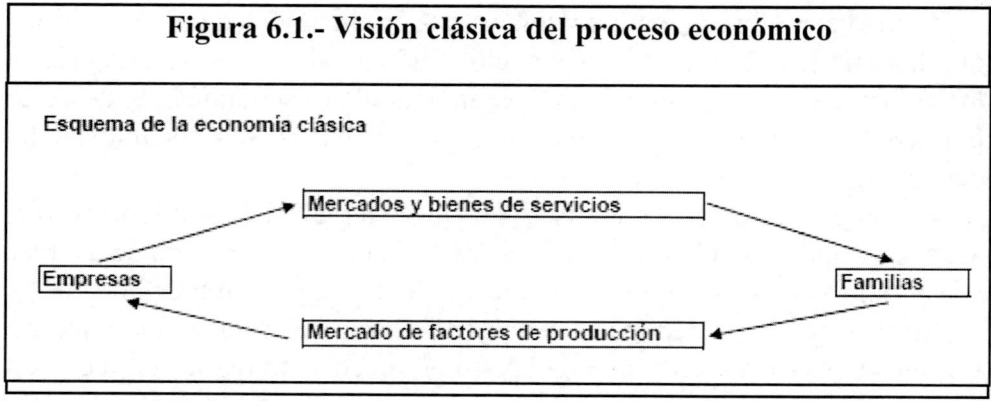

**Figura 6.1.- Visión clásica del proceso económico**

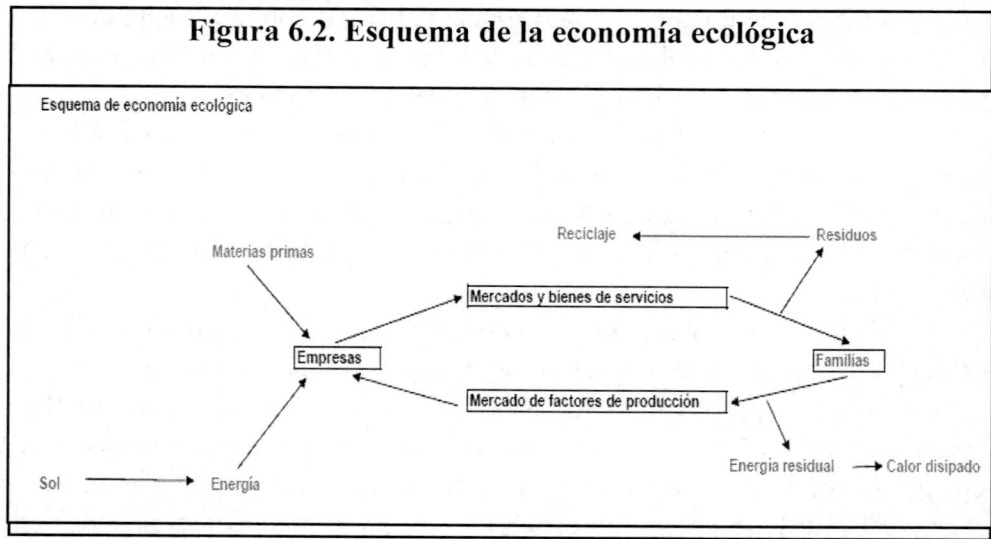

**Figura 6.2. Esquema de la economía ecológica**

**Figura 6.3.- La economía y la ecología convencional versus la economía ecológica**

| | Economía "convencional" | Ecología "convencional" | Economía ecológica |
|---|---|---|---|
| **Visión básica del mundo** | Mecánica Estática Atomística | Evolutiva Atomística | Dinámica, Sistémica. Evolutiva |
| **Marco temporal** | Corto | Escalas múltiples | Escalas múltiples |
| **Marco de especies** | Solamente humanos | Solamente no humanos | Todo ecosistema, incluye a humanos |
| **Objetivo primario macro** | Crecimiento de la economía | Supervivencia de las especies | Sostenibilidad del sistema ecológico y económico |
| **Objetivo primario micro** | Aumentar al máximo los beneficios y la producción | Aumentar al máximo el éxito reproductivo. | Debe ser ajustado para reflejar los objetivos del sistema |
| **Suposición sobre el progreso técnico** | Muy optimista | Pesimista o sin opinión | Escéptica, prudente |
| **Postura académica** | Disciplinaria | Disciplinaria | Transdisciplinaria |

**Figura 6.4.- Relación entre la economía ecológica y la economía, la ecología, la economía de los recursos naturales y la economía ambiental**

| A/Desde | Sector humano | Sector no humano |
|---|---|---|
| **Sector humano** | **Economía tradicional**<br>• Representa los productos del sector humano que van al sector humano.<br>• Se abstrae de todas las relaciones con el resto de los casilleros de la tabla ya que considera como insumo primario al trabajo humano y no a los recursos naturales, y como producto final al consumo doméstico y no a los residuos o desperdicios que retornan al medioambiente. | **Economía ambiental**<br>• Representa los productos del sector humano que van al sector no humano.<br>• Estudia la contaminación resultante de la inyección de los desperdicios de la economía en la naturaleza.<br>• Según esta visión, la contaminación no constituye un obstáculo fundamental al crecimiento; se trata, simplemente, de internalizar en los precios, los costos externos a través de impuestos o de la redefinición de derechos de propiedad. |
| **Sector no humano** | **Economía de los recursos naturales**<br>• Representa los insumos del sector no humano que van al sector humano.<br>• Estudia la extracción y agotamiento de los recursos naturales no renovables y el manejo de los recursos renovables, con una visión en que predomina la idea de que los recursos no constituyen realmente una limitación para el crecimiento económico. | **Economía ecológica o ecología**<br>• Representa los productos del sector no humano que van al sector no humano.<br>• Los subsectores podrían clasificarse como plantas, animales, bacterias, hidrosfera, atmósfera, etc.<br>• Los ecólogos tradicionalmente han ignorado al sector humano. |

## 6.1.- La economía ecológica frente a la economía ambiental y la economía de los recursos naturales

Las relaciones entre la economía ambiental, la economía tradicional, la ecología y la economía de los recursos naturales se muestra en la figura 4.4.

### .- Principales características de la economía ecológica

La economía ecológica entiende que la actividad económica no es una actividad que solo utilice bienes ambientales o recursos naturales de manera aislada, sino que está precisamente centrada en la utilización de los ecosistemas.

Investiga aspectos que quedan ocultos por un sistema de precios que infravalora la escasez y los perjuicios ambientales y sociales actuales y futuros.

Se articula sobre algunas nociones biofísicas fundamentales como la imposibilidad:

- de generar más residuos de los que puede tolerar la capacidad de asimilación de los ecosistemas,
- de extraer de los sistemas biológicos más de lo que puede ser considerado como su rendimiento sustentable o renovable.

Por tanto debe recomendar:

- el uso de los recursos renovables con un ritmo que no exceda su tasa de renovación,
- usar los recursos agotables (como el petróleo, el carbón) en un ritmo no superior al de su sustitución por recursos renovables,
- solo generar residuos en la cantidad que el ecosistema sea capaz de asimilar o reciclar,
- conservar la diversidad biológica.

Quiere comprender los efectos sobre los ecosistemas para su adecuada gestión. Precisa, por tanto, crear nuevas instituciones y nuevas normas sociales de comportamiento. Entiende que "la escala de la economía" está limitada por los ecosistemas y que gran parte del patrimonio natural no es substituible. Por ello los residuos (materia y energía) solo pueden ser generados en una magnitud que el ecosistema pueda asimilar o sea capaz de reciclar.

Su objetivo central es la sostenibilidad ecológica de la economía, mientras que para la economía tradicional el crecimiento económico es su primera preocupación. Estamos ante una economía que:

- Pone más énfasis en los riesgos tecnológicos que en las ventajas de las innovaciones, que estima que deben ser reflexionadas con base en el principio de precaución.

- Adopta una visión de largo plazo y que evalúa los costos y beneficios considerando los intereses del conjunto de la comunidad.

Precisa del desarrollo de indicadores biofísicos que permitan superar la insuficiencia de los indicadores, exclusivamente monetarios, para medir la sostenibilidad ecológica. Así, por ejemplo plantea el uso de los recursos renovables como la pesca en un ritmo que no exceda su tasa de renovación o el uso de los recursos no renovables, como el petróleo o la minería, en un ritmo no superior al necesario para su sustitución por recursos renovables.

Como se ha indicado, este es su punto más débil, hay que fijar de forma "arbitraria" unos límites ecológicos de la economía. Por tanto estamos ante una economía muy politizada y manipulable que, como todo en política, sobrepasa tanto la racionalidad económica como la racionalidad ecológica.

## .- Principales características de la economía ambiental y de los recursos naturales

Tanto la economía ambiental como la economía de los recursos naturales se centran en dos cuestiones principales.

- El problema de las externalidades ambientales. Las externalidades son todos los efectos positivos o negativos de una actividad económica, no contabilizados por el mercado.
- La asignación intergeneracional óptima de los recursos agotables. Se trata de obtener los "precios óptimos" que indiquen la senda correcta a seguir, hasta que se extraiga la última unidad del recurso en cuestión. El principal problema es que los bienes ambientales frecuentemente tienen un valor de uso pero no de mercado. En este sentido, el debate en torno a la valoración monetaria del medioambiente se presenta actualmente en varios ámbitos del análisis económico.

La economía ambiental trata de confrontar el desafío de generar herramientas teóricas desde su perspectiva neoclásica, para valorar y conservar la biodiversidad.

En esta tarea la economía ambiental afronta una notable cantidad de esco-llos ante lo difuso de la externalidades negativas vinculadas a la destrucción de los hábitats, los elevados costes sociales frente a los beneficios privados de la conservación, la irreversibilidad y la escala masiva de la extinción, así como la inestabilidad de las preferencias humanas.

La economía ambiental concentra su atención en el análisis de las interacciones de la economía y el medioambiente. Para ella las interacciones con el medioambiente se dan bajo la forma de un flujo circular donde es posible identificar tres funciones económicas del medioambiente: proveedor de recursos naturales, asimilador de desechos y fuente directa de productos finales.

El principal logro de la economía ambiental es que fue capaz de plantear modificar una idea central de la economía clásica, la de la escasez de los recursos naturales respecto a sus usos posibles, el denominado problema de los recursos finitos y, por lo tanto, de la necesidad de elecciones entre usos alternativos modificando así el paradigma que recogía que el crecimiento de la economía podía sostenerse indefinidamente.

Asume razonablemente que una preferencia por algún bien se expresa bajo la forma de una voluntad a pagar, lo que ofrece a los economistas un indicador monetario de las preferencias de los individuos y de la sociedad respecto a un bien o servicio para medir las preferencias de la sociedad a favor de un ambiente de alta calidad o en contra de un ambiente deteriorado, para los que no existe un mercado.

Por tanto lo que se valora no es propiamente el ambiente, sino las preferencias o la voluntad a pagar de la población para mantener o cambiar el estado de sus ambientes y/o el nivel de riesgos que implica un deterioro ambiental. En otras palabras, el objetivo básico de la economía ambiental es valorar las preferencias de la sociedad a favor o en contra de un cambio ambiental.

La economía ambiental y la economía de los recursos naturales constituyen una especialización de la economía tradicional, o una extensión de esta economía a un nuevo campo de análisis: "el medioambiente".

### .- La economía ecológica como nexo de unión

Hay que señalar que la economía ecológica trata de agrupar estas cuatro visiones partiendo de tres principios.

• No trata las entradas de de materias primas (incluye la energía) separadamente de la producción de materiales de desecho, sino que reconoce que ambos están vinculados por los principios de la conservación de la materia-energía.

• Reconoce explícitamente el papel de la entropía en cuanto a que los materiales no son totalmente reciclados, y que la energía no puede ser reciclada del todo.

• Considera que la economía es un subsistema abierto de un sistema finito. Desde esta visión el tamaño o escala de la economía tiene una importancia esencial.

### 6.2.- La economía verde genera empleo

Numerosos estudios demuestran que el proceso de "ecologización" de la actividad productiva es intensivo en mano de obra, lo que significa que el saldo neto de empleos ligados al cambio de modelo productivo sostenible es positivo.

Para la Organización Internacional del Trabajo (OIT), empleos verdes son aquellos que reducen el impacto ambiental de las empresas y los sectores económicos hasta alcanzar niveles sostenibles. Esta definición es compartida por sus socios en la Iniciativa Empleos Verdes, junto con el Programa de las Naciones Unidad para el Medioambiente (PNUMA), la Confederación Sindical Internacional (CSI) y la Organización Internacional de Empleadores (OIE).

Como primer resultado de esta iniciativa se ha publicado el informe Empleos verdes: hacia el trabajo decente en un mundo sostenible y con bajas emisiones en carbono (PNUMA, OIT, OIE y CSI, 2008), elaborado por el Worldwatch Institute y el Global Labor Institute de la Universidad de Cornell.

El informe trata de dar respuestas a diversas cuestiones relacionadas con el empleo verde y plantear las políticas y medidas necesarias para superar los obstáculos y lograr una economía sostenible y baja en carbono. El documento:

- Establece que los sectores en los que existe un mayor potencial de creación de empleo verde son los vinculados al suministro energético mediante renovables, la eficiencia energética, el transporte colectivo, el reciclado y la agricultura ecológica.

- Constata que en los últimos años se han creado más de 2,3 millones de empleos, a pesar de que las fuentes alternativas aportan únicamente el 2% de la energía mundial. La OIT calcula en 20 millones de empleos el potencial de las renovables en todo el mundo.

En España, el informe Empleo verde en una economía sostenible, realizado por la Fundación Biodiversidad y el Observatorio de la Sostenibilidad de España (OSE), cifra en 530.947 los empleos verdes existentes en España en 2009. Y sería un empleo cualificado.

### .- Sus problemas

El problema es que la destrucción y creación de empleo que conlleva el tránsito hacia este nuevo modelo productivo repercute de forma desigual en los territorios, lo que plantea un reto para el conjunto de la sociedad que sindicatos y gobiernos deberán abordar desde sus diferentes planos de responsabilidad. Por ello:

- El primer objetivo es lograr que el proceso no sea lesivo para las regiones y los sectores de las clases trabajadoras afectadas por el declive de las actividades nocivas.

- El segundo objetivo es asegurar el éxito en el cambio de modelo. La transición justa y la eficiencia productiva tienen en la formación profesional de las plantillas uno de sus componentes básicos.

### .- Sus argumentos positivos

Entre los argumentos económicos y sociales favorables de la nueva economía sostenible podemos destacar dos:

- las inversiones son intensivas en trabajo porque privilegian la inversión en capital humano con lo cual tienden a generar más empleo por unidad de capital y
- los empleos verdes no son deslocalizables, por lo que estas actividades productivas favorecen la reactivación de las economías locales.

### .- Sus necesidades

Para que este potencial se haga realidad es necesario:

- Poner en marcha medidas que promuevan el cambio hacia una economía más sostenible, lo que significa intensificar la perspectiva ambiental en la actividad productiva.
- Disponer de personal con el perfil adecuado a estos nuevos desempeños.

### 6.3.- Conclusiones

El enfoque de la economía ha estado tradicionalmente centrado en la formación de los precios en los mercados, dejando fuera de su campo de estudio la biosfera y la comunidad de seres vivos que la habitan.

- **La economía ambiental** debe ser considerada solo como "una nueva especialización", ya que se constituye a partir de los mismos métodos, conceptos y valores de la economía tradicional.
- **La economía ecológica,** en la medida en que va avanzando en los temas de la distribución y de los criterios éticos y ecológicos, se va transformado, en tanto ciencia, en una verdadera crítica de la economía tradicional y, por lo tanto, también de la economía ambiental.

Pero no debemos olvidar que la economía ecológica es una economía muy politizada en la cual las decisiones sobre los límites ecológicos de la economía se deben basar en debates científico-políticos, con objetivos de evaluación social y de carácter democrático, en los cuales participen todos los actores sociales interesados.

# 7.- El aspecto psicosocial. Un factor clave para la productividad y la prevención de riesgos laborales

### 7.1.- Diferencia entre el concepto de Prevención y de Seguridad

Es tradicional que en las empresas las palabras prevención y seguridad todavía se usen como sinónimos. Desde luego están muy relacionadas, pero no son lo mismo.

Una primera diferencia, básica y fundamental, nos hace entender que "Prevención es lo que se hace", mientras que "Seguridad es lo que se logra".

Es decir, nosotros no hacemos seguridad en las empresas; lo que hacemos es prevención y, dependiendo de lo que hagamos en materia de prevención, lograremos un determinado grado o nivel de seguridad.

Dado que no existe un buen sinónimo para el verbo prevenir, podemos recurrir a tres conceptos que, en su conjunto, significan prevenir. Estos son:

- **1.° PreVer:** Esto es, "ver" anticipadamente las cosas: los riesgos de todo tipo, los peligros, los problemas o situaciones en general, e incluso las oportunidades. Y, para prever, se requiere de una habilidad importante que es tener visión, ser visionario e imaginativo.

- **2.° PreDecir:** Porque, además de prever, para prevenir se requiere de la capacidad para predecir o pronosticar; o sea, imaginarnos lo que puede ocurrir. Hay aquí un proceso mental, de análisis, basado en lo que prevemos y en nuestros conocimientos y experiencias, que nos permite predecir lo que puede ocurrir dadas las condiciones actuales.

- **3.° PreActuar:** Es decir, actuar anticipadamente para evitar que las cosas ocurran de manera diferente a lo que deseamos o, dicho de otra manera, más positiva, para asegurarnos de que las cosas se hagan y resulten tal como lo deseamos; tal como las hemos planificado.

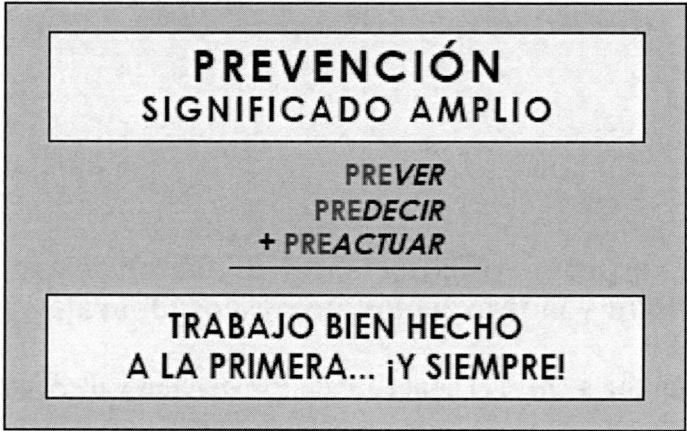

## 7.2.- Concepto de psicosociología

La psicosociología busca la sostenibilidad económica y social. Ninguna empresa puede ser productiva si el trabajador esta desmotivado o está, por ejemplo, bajo el efecto del estrés. Tampoco lo puede ser si tiene a sus trabajadores infrautilizados.

Cómo puede afectar a la salud de la persona es una de las áreas preventivas que deben ser estudiadas en el ambiente laboral.

El objetivo fundamental del área preventiva de ergonomía y psicosociología aplicada de un Servicio de Prevención de Riesgos Laborales, sea propio o ajeno, es el de adecuar el puesto de trabajo y su entorno físico/mental/social a las características y capacidades del trabajador.

Su fin, como el resto de principios preventivos, es la mejora de la productividad, no es producir menos para que el trabajador "sufra menos" sino aumentar su productividad. En otras palabras, no solo trata de evitar efectos negativos sobre la salud sino que pretende mejorar las condiciones de trabajo e incidir en el equilibrio de la persona, considerada como una totalidad, con el entorno que le rodea.

El desarrollo tecnológico vivido a lo largo del siglo XX ha permitido aumentar la productividad y mejorar el nivel de vida gracias al desarrollo de nuevos sistemas de organización del trabajo. Quizás el más exitoso fue el desarrollado por Taylor basado en la división del trabajo en tareas elementales, que le llevaron a definir la Organización Científica del Trabajo. Esta teoría está basada en dos principios fundamentales:

- La manera más fácil de resolver un gran problema consiste en dividirlo en muchos problemas pequeños.
- Las personas se mueven fundamentalmente por intereses económicos.

Concebir el estímulo económico como única motivación del trabajador supuso convertir al trabajador en un apéndice de la máquina, reduciendo el trabajo a un conjunto de movimientos simples, elementales, repetitivos, y carentes de significado para la persona que lo realiza. Esta fragmentación tuvo como resultado la **deshumanización del trabajo.**

Todos estos fenómenos pueden convertir el trabajo en algo monótono y aburrido, sin ningún interés para la persona que lo realiza, generando una disminución de la eficacia y la productividad así como dificultades para adaptarse a los cambios.

Desde entonces múltiples han sido los estudios sobre el trabajo que han ayudado a superar la concepción tayloriana tratando de aumentar la motivación y el significado del mismo. Para que el trabajo sea satisfactorio debe tener sentido para la persona que lo ejecuta. Debe exigirle algo más que un mero esfuerzo físico, tener un mínimo de variedad, que ponga en juego tanto la iniciativa como la creatividad de la persona, para que pueda dar respuesta a nuevas situaciones que aporten a la tarea un cierto grado de autonomía, responsabilidad y capacidad de decisión.

Por otro lado, la organización del trabajo tiene que proporcionar el reconocimiento social de la tarea de cada persona, así como permitir que cada individuo haga compatible un equilibrio entre su faceta laboral, familiar y social.

Aunque ciertamente existen características individuales que hacen que la respuesta ante condiciones de trabajo iguales sean diferentes, la psicosociología depende principalmente de toda una serie de factores relativos a la Organización. Entre estos tenemos:

• Factores de la Organización Temporal.
o La jornada de trabajo.
o El ritmo de trabajo.
• Factores que dependen de la tarea y que definen el papel del individuo dentro de la organización.
o Automatización.
o Comunicación y relaciones.
o Estilo de mando.
o Otros, como contenido del trabajo, estatus, posibilidad de promoción, etc.

### 7.3.- Diferencia entre cansancio, agotamiento y apatía

Hay una diferencia importante entre lo que es cansancio, agotamiento y apatía.

- **El cansancio** se presenta cuando se nota que falta energía para hacer un trabajo, pero existe voluntad de hacerlo y se realiza, a ritmo más lento y de forma más penosa. Se genera debido a un trastorno del sistema muscular.

- **El agotamiento o fatiga** aparece cuando se nota que falta energía para hacer un trabajo pero, aunque exista voluntad de hacerlo, el cuerpo no responde. Se genera por un trastorno del sistema nervioso y muscular.

- **La apatía** aparece cuando no se tienen ganas de hacer las cosas y tiene su origen en un trastorno de los sistemas nervioso.

Cuando el cansancio aparece al comienzo del día normal puede sugerir alguna enfermedad subyacente. El cansancio desde la mañana, incluso ya al despertarse, puede indicar una depresión psíquica. Aunque estos términos no siempre son terminantes.

Finalmente es necesario señalar que el cansancio se suele presentar en situaciones normales de la vida por causa de aburrimiento, infelicidad, desilusión, carencia de sueño o trabajo duro.

### 7.4.- Teoría de los dos factores de Frederick Herzberg

Herzberg define una teoría relativa a la satisfacción e insatisfacción en una teoría de dos factores que separa en comportamientos estancos la satisfacción y la insatisfacción definiendo los términos de no satisfacción y no insatisfacción.

- **Factores higiénicos o insatisfactorios:** se refieren a las condiciones que rodean al empleado mientras trabaja, incluyendo las condiciones físicas y ambientales del trabajo, el salario, los beneficios sociales, las políticas de la empresa, el tipo de supervisión recibido, el clima de las relaciones entre la dirección y los empleados, los reglamentos internos, las oportunidades existentes, etc.

Son los factores tradicionalmente usados por las organizaciones para obtener motivación de los empleados. Sin embargo, estos factores tienen una eficacia muy limitada en su capacidad de influir poderosamente en el comportamiento de los empleados. Cuando esos factores son óptimos, simplemente evitan la insatisfacción. Sin embargo, cuando son precarios, provocan insatisfacción.

- **Factores motivadores o satisfactorios:** se refieren al contenido del cargo, a las tareas y a los deberes relacionados con el cargo. Son los factores motivacionales que producen efecto duradero de satisfacción y de aumento de productividad en niveles de excelencia, o sea, superior a los niveles normales. Cuando los factores motivacionales son óptimos, suben substancialmente la satisfacción; cuando son precarios, provocan ausencia de satisfacción.

## 7.5.- Estrés en el trabajo. Concepto de eustrés y distrés

Estrés es la palabra que se utiliza para describir los síntomas que se producen en el organismo ante el aumento de las presiones impuestas por el medio externo o por la misma persona. El estrés orientado a metas es un valioso instrumento de motivación que puede convertirnos en grandes atletas o empresarios. Pero también puede sumirnos en la depresión y llevarnos al suicidio, sin embargo, es muy frecuente no reconocer que padecemos estrés y confesar que "algo" nos preocupa. Lo más común es padecerlo, negarlo o ignorarlo.

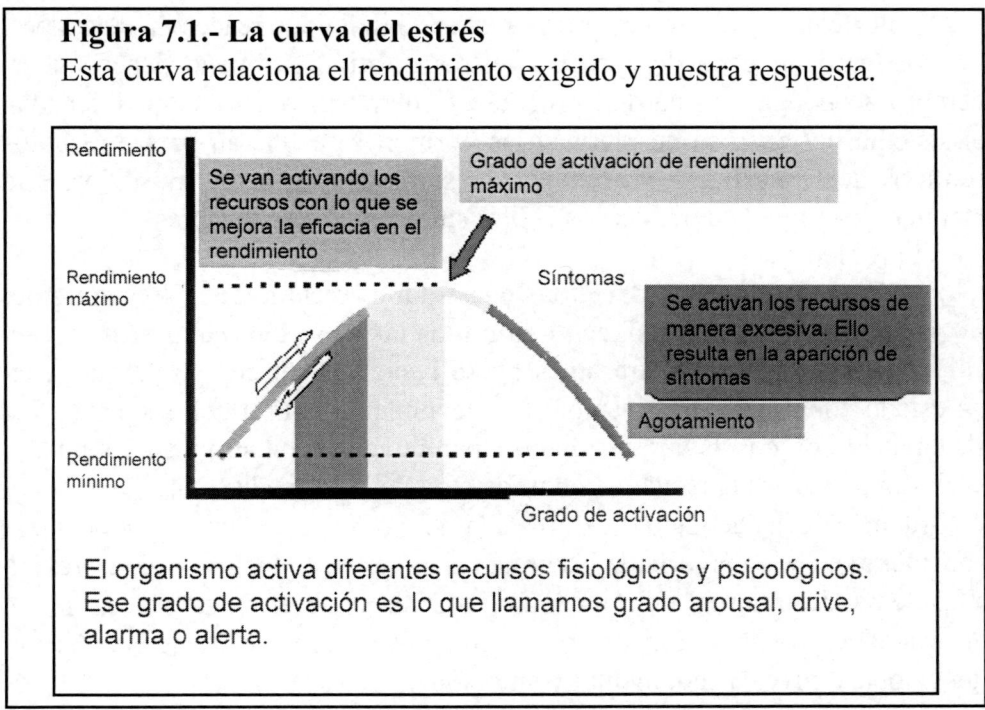

**Figura 7.1.- La curva del estrés**
Esta curva relaciona el rendimiento exigido y nuestra respuesta.

El estrés es, en realidad, como muestra la figura 7.1, un mecanismo natural de nuestro cuerpo para hacer frente a una situación que entraña un cierto grado de peligro para nosotros. Lo peligroso es que dicho nivel sea demasiado elevado o demasiado prolongado. Aunque actualmente utilizamos la acepción más psicológica y grave del término, se debe distinguir entre eustrés y distrés:

- **Eustrés o estrés positivo**. Es la adecuada motivación necesaria para culminar con éxito una prueba o situación complicada. Genera un incremento del rendimiento y la salud. Es el generado ante un reto o un desafío, que genera una sensación de logro y control. Por tanto es adaptativo, y estimulante, siendo necesario para el desarrollo de la vida en bienestar.

- **Distrés o estrés negativo**. Es la inadecuada activación psicofisiológica que conduce al fracaso. Es el generado por una sensación de fracaso ante un esfuerzo a realizar. Dañino y desmoralizante, produce sufrimiento y desgaste personal. Afecta a la salud y el rendimiento disminuye. Tiene dos orígenes:
  - o Cuando se le obliga a mantener un nivel de actividad muy superior al normal, cuando el estrés aumenta grandemente, el individuo reacciona. De prolongarse puede llegar a consumir las energías que en un determinado momento creímos suficientes.
  - o Cuando se le obliga a mantener un nivel de actividad muy inferior al normal, cuando no hay estrés alguno, el individuo reacciona dejándose.

Por tanto un poco de eustrés o estrés positivo es bueno. Hace que el cerebro se ponga en guardia, prepara el cuerpo para la acción defensiva, el sistema nervioso se despierta y las hormonas se liberan para avivar los sentidos, acelera el pulso, profundiza la respiración y tensa los músculos. Esta respuesta nos ayuda defendernos contra situaciones amenazantes.

El problema surge:

- **Cuando no se satisfacen las necesidades reclamadas externamente.**
- **Cuando no se satisfacen demandas internas del trabajador.**

Si estas situaciones estresantes no se resuelven, el cuerpo se queda en un estado constante de activación, lo que aumenta la tasa del desgaste a los sistemas biológicos. Como resultado, disminuye la productividad y aumenta el riesgo de sufrir un accidente de trabajo o una enfermedad.

Además de las demandas externas, también existe un factor, que no suele considerarse en la mayoría de las organizaciones. Este factor hace referencia a las demandas internas del trabajador, es decir, el deseo de satisfacer ciertas necesidades para un desarrollo normal en todos los aspectos relacionados con la persona, a nivel físico, mental y emocional.

### .- Fases del estrés

El estrés no aparece de manera repentina, se considera que existen tres fases.

- **Fase de alarma:** en el momento de enfrentarnos a una situación difícil o nueva, nuestro cerebro analiza los nuevos elementos, los compara recurriendo a la memoria de coyunturas similares y si entiende que no disponemos de energía para responder, envía órdenes para que el organismo libere adrenalina. El cuerpo se prepara para responder, aumentando la frecuencia cardiaca, la tensión arterial, tensando los músculos, lo cual es una reacción biológica que nos prepara a responder.

- **Fase de resistencia,** en la cual el individuo se mantiene activo mientras dura la estimulación y aunque aparecen los primeros síntomas de cansancio, se sigue respondiendo bien. Cuando la situación estresante cesa, el organismo vuelve a la normalidad.

- **Fase de agotamiento**, en la que si la activación, los estímulos y demandas no disminuyen, el nivel de resistencia termina por agotarse, generando problemas físicos y psíquicos.

### .- El Arte de Escuchar en la Prevención del Estrés

La comunicación interpersonal es una de las situaciones de la vida donde hay más posibilidades de llegar a sentir estrés. A nuestro alrededor hay personas con quienes nos es difícil conversar o solucionar problemas sin que nuestro cuerpo se tense y sintamos la imperiosa necesidad de "ahorcarlos". Hay también momentos, reuniones de trabajo o conversaciones en casa, donde no logramos hacer que nos entiendan o sentimos que el otro está tan equivocado que difícilmente llegaremos a algún acuerdo.

Cuando estamos hablando con alguien en particular o participando en una reunión podemos encontrarnos muy tensos, sentirnos frustrados, no saber qué decir, sentir que no comprenden nuestro punto de vista, podemos incluso llegar a callarnos del todo para evitar el conflicto o enfrascarnos en una discusión acalorada y agotadora.

Una de las claves para disminuir esa tensión y lograr una comunicación más fluida y más eficiente es simplemente **escuchar.**

Saber qué decir implica saber escuchar para captar todas las claves que el momento nos proporciona. Sin embargo, hay factores que bloquean la comunicación fluida porque obstaculizan la escucha. Los más usuales **mientras estamos escuchando** son:

- Asumir lo siguiente que nos van a decir.
- Desviarnos hacia nuestros propios pensamientos.
- Experimentar emociones fuertes.
- Estar haciendo otras cosas.
- Saltar a conclusiones.
- Aferrarnos a concepciones preconcebidas.

Factores que facilitan la escucha son:

- Mirar a la persona que nos está hablando.
- No interrumpir.
- No terminar sus frases con palabras o en nuestro pensamiento.
- Realizar una escucha activa y reflexiva.
- Propiciar la empatía con el interlocutor.

- Hacer un esfuerzo por no desviarnos hacia nuestros propios pensamientos.

- Aprender a respirar y relajarnos durante el intercambio aunque el tema o la persona sean conflictivos.

- Estar atentos a todas las claves que el momento nos proporciona para saber qué vamos a decir.

### 7.6.- Los aspectos psicosociales

En todo trabajo existen una serie de factores relativos a la organización del mismo que son decisivos para la realización personal del trabajador. Son los **factores psicosociales** o interacciones que se producen entre el trabajo (entendiendo por trabajo la labor que se realiza, el entorno en que ésta tiene lugar y las condiciones en que está organizada) y las personas (con sus capacidades, necesidades y condiciones de vida fuera del trabajo). Estas interacciones influyen en el rendimiento, en la satisfacción y por tanto en la salud.

Entre los factores psicosociales tenemos los factores objetivos o subjetivos.

- **Entre los objetivos** tenemos:
o La prestación por desempleo.
o La evaluación de los riesgos psicosociales.
o El "contrato o deber de empleabilidad individual" que incluye el deber de protección recogido en el estatuto de los trabajadores.
o El apoyo mediante una empresa de recolocación.
- **Entre los subjetivos** tenemos, como luego veremos:
o Cuando no se satisfacen las necesidades reclamadas externamente.
o Cuando no se satisfacen demandas internas del trabajador.

Debemos reconocer que las consecuencias negativas de los llamados factores psicosociales son, en general, fáciles de ver pero difíciles de acotar, fáciles de comprender y de reconocer, pero difíciles de definir.

Dentro de los aspectos psicosociales tenemos:

- **Estrés en el trabajo.** El estrés en el trabajo se puede definir como las reacciones físicas y emocionales negativas que se generan cuando las exigencias del trabajo no igualan las capacidades, los recursos o las necesidades del trabajador. Hasta hace poco, la cultura popular asociaba el estrés a la actividad febril de los ejecutivos. Pero, además, últimamente se ha evidenciado que el otro estrés, el de aquel que teme quedar o está sin trabajo, el de la gente que llega angustiada a fin de mes, el estrés de tener que sobrevivir para salir adelante, también produce enfermedad cardiovascular.

- **El *burnout*.** Se puede definir como el estrés o desgaste profesional que sufren los trabajadores de los servicios a personas (sanidad, enseñanza, administración pública, policía, servicios sociales, etc.), debido a unas condiciones de trabajo que exigen altas demandas sociales. Este síndrome aparece cuando el trabajador no puede ver cumplidas sus expectativas en relación con su trabajo, cuando ha perdido el control de la situación o no puede llevar a cabo sus ideas sobre el modo de realizar su tarea, dado que las demás personas de su entorno no colaboran con él. Se produce una actitud fría y despersonalizada en la relación hacia los demás, sentimiento de insatisfacción personal, depresión y somatizaciones, agotamiento físico...

- **El *mobbing*** o el síndrome de hostigamiento psicológico. Es un estrés con origen en las relaciones personales que un trabajador establece con el resto del equipo con el que trabaja o con sus superiores. Se origina cuando una persona o un grupo de personas ejercen una violencia psicológica extrema, de forma sistemática y recurrente, durante un tiempo prolongado sobre otra persona o personas en el lugar de trabajo, con la finalidad de destruir las redes de comunicación de la víctima o víctimas, destruir su reputación, perturbar el ejercicio de sus labores y lograr que finalmente esa persona o personas acaben abandonando el lugar de trabajo

- **El acoso institucional.** El XI Congreso Nacional de Psiquiatría Legal creó un nuevo término o tipo de acoso, el "acoso institucional", provocado por un sistema de empleo precario, temporal, de bajo nivel retributivo y en constante evaluación. Conlleva desmotivación, inseguridad, baja autoestima, depresión. Es lo mismo que el *mobbing*, pero con otro culpable, la deshumanización y despersonalización de las relaciones laborales. Es una especie de acoso donde el propio sistema, amparado por la legalidad, saca lo máximo de ti, aun por encima de tus posibilidades. No lo hace para hacerte daño, pero te hiere igual porque acabas con los mismos síntomas y angustias, inseguridades, desmotivación, insomnio, en definitiva, pérdida de estabilidad emocional.

- **La violencia en el trabajo.**

- **La violencia contra gerentes o directivos** generados por reestructuraciones no valoradas socialmente. Incluye el *bossnapping* o secuestro de directivos.

Es importante señalar el altísimo porcentaje de ansiedades, depresiones, adicciones y conflictos de pareja que tienen su origen en temas laborales.

En efecto, el 54% de los diagnósticos de desorientación vital tienen su origen en problemas generados en el ámbito laboral, un porcentaje que alcanza el 45% para las ansiedades y el 35% de las depresiones, 42% en el caso de ellas. Se observa que las mujeres son sensiblemente más vulnerables. En su caso, el trabajo está detrás de un 75% de las adicciones, el 36% de las fobias, un 30% de las terapias de pareja y el 20% de los trastornos alimentarios.

### 7.7.- La crisis económica y los factores psicosociales. Estrés laboral

Según las últimas encuestas del CIS (Centro de Investigaciones Sociológicas), para los españoles el paro es el principal problema al que se enfrenta España, seguido de la economía y el terrorismo. Refleja por tanto un estado de amenaza constante.

En las páginas de los periódicos y en los informativos de radio y televisión hay unas siglas que se hacen cada vez más conocidas para la población en general, los ERE o Expedientes de Regulación de Empleo. Distintas investigaciones en Europa y EE. UU. muestran que las regulaciones de empleo y los despidos colectivos tienen consecuencias para la salud tanto de las personas que pierden su empleo como de las que lo conservan.

A estos despidos colectivos hay que añadir los individuales, generalmente la primera medida que adoptan las empresas pequeñas y medianas, menos pregonados pero mucho más numerosos y con peores efectos para quienes los padecen. En este apartado debemos incluir también a aquellos trabajadores a los que no se ha renovado su contrato temporal. Recordemos que en España uno de cada tres trabajadores asalariados tiene un contrato temporal.

Veamos algunas características de la situación económica que aumentan la posibilidad de que un trabajador sufra estrés:

- La crisis financiera y económica provoca una situación nueva en el mercado de las empresas que afecta al trabajador.
- La incertidumbre del entorno hace difícil predecir lo que ocurrirá, incluso la cuestión de si se mantiene o no el puesto de trabajo.
- La ambigüedad de la situación.
- El desequilibrio entre la gran cantidad de información sobre la crisis que aparece en los medios de comunicación que contrasta con la habitualmente escasa información y comunicación formal transmitida por la propia empresa.
- La inminencia de una posible pérdida del puesto de trabajo.

En resumen, cuanto más tiempo se mantenga la situación de crisis, provocadora del estrés, mayor será el desgaste para el individuo.

Este hecho da lugar a un descenso en la calidad y motivación del trabajador durante la jornada laboral, aumentando el riesgo de problemas psicosociales dentro del entorno laboral. Este tipo de estrés produce enfermedades cardiovasculares y lesiones músculo-esqueléticas.

A pesar de que en España no existe ningún estudio específico sobre los efectos que las ERE tienen sobre la salud de la plantilla en general, sí hay evidencias en trabajos realizados en Europa y EE. UU. que muestran que las enfermedades laborales se incrementan entre las personas que han conservado su empleo después de un ERE.

Es evidente que existe cierta relación entre salud y procesos de reestructuración, tanto en lo que se refiere al propio proceso, como a los efectos posteriores (reestructuración, trabajo temporal, de inferior cualificación, fuera del sector de procedencia, los propios efectos en las condiciones de trabajo de aquellos trabajadores que permanecen en el sector o la empresa…).

**Figura 7.2.- Colectivos más vulnerables a los efectos de la crisis**

| Colectivo | Características |
|---|---|
| **Trabajadores jóvenes** | • No han vivido con anterioridad situación de crisis similar<br>• No están acostumbrados a trabajar bajo presión<br>• Máxima importancia a la conciliación entre vida laboral y ocio |
| **Trabajadores inmigrantes** | • Personas con baja cualificación profesional<br>• Contratación temporal<br>• Reducida red social y familiar |
| **Trabajadores mayores de 45 años** | • Dificultades para encontrar trabajo en caso de desempleo<br>• Situaciones próximas a la jubilación |

A corto plazo, los primeros síntomas del estrés laboral son los ansioso-depresivos. En un nivel más alto de malestar se puede llegar al abuso de sustancias, alcohol, tabaco, café… Y, por último, al suicidio. Podemos resumir en una sigla, SIN, el cuadro clínico de las personas que necesitan ayuda:

- La 'S' hace referencia al sufrimiento.
- La 'I' es la incapacidad, porque ya no puedes dormir, comer o divertirte.
- La 'N' es necesidad, de beber, fumar, de pastillas.

Cuando se cumplen los tres requisitos, "esa persona está enferma".

Los colectivos más vulnerables a los efectos de la crisis son:

- **Los trabajadores jóvenes nacidos en las décadas de los 80 y los 90** del pasado siglo, que nunca han sufrido una coyuntura económica como la actual. No están acostumbrados a vivir bajo presión y son muy celosos de la conciliación de la vida laboral, social y familiar.

- **Los trabajadores inmigrantes,** generalmente personal de baja cualificación profesional, con contratos temporales o simplemente sin contrato, en paro principalmente por el parón de la construcción. Carecen de una red familiar y social, al estar lejos de su país, que les aporte apoyo emocional, ayuda y asistencia tanto en lo emocional como en lo no emocional.

- **Los trabajadores mayores de 45 años,** y en especial los que están cerca de la jubilación. La posibilidad de perder el empleo, anticiparse a las consecuencias de esta pérdida y las consecuencias derivadas en un descenso en las cotizaciones sociales y por tanto en la consiguiente pensión lo perciben como una realidad amenazante.

### .- Medidas preventivas ante situaciones de crisis

Es imprescindible aumentar la concienciación de cada uno de los miembros de la empresa en la importancia que tiene la identificación y el apoyo a los compañeros que por su situación o condición son especialmente vulnerables.

Veamos algunas medidas para mejorar esta concienciación:

- **Establecer una comunicación transparente** en ambos sentidos entre la Dirección y los colectivos especialmente vulnerables. Una comunicación clara de la situación y las acciones que se deben tomar ejerce un impacto tranquilizador. Esa es la clave para que la plantilla esté implicada en el proyecto de empresa y le sobre moral para acometerlo. Con ella se abordan los tres sentimientos que genera la crisis entre los trabajadores: su inseguridad en el puesto de trabajo, su frustración al ver truncado su plan de carrera y su culpabilidad. Estamos hablando de una comunicación de lo que se va a hacer en el corto plazo. Si se desea reducir plantilla se puede decir que la dirección está estudiando todas las opciones. Cuando llegue la reducción esta no será una sorpresa para los trabajadores. Se tiene que evitar en todo momento el rumor que tanto mal hace. Debe ser coherente lo que se dice y lo que se hace. En caso contrario, prevalecerá el mensaje negativo.
- **Analizar la organización de la empresa** en cuanto a sus estilos de liderazgo, sobrecarga o infracarga de trabajo, comunicación... y sus efectos sobre la salud mental de los trabajadores. Un adecuado análisis de la organización del trabajo mejorará la satisfacción de los empleados y los resultados de la empresa. Entre otras cosas se ha de:
  - o **Mantener la calma.** Ante una situación de miedo como la que pueden vivir los trabajadores, la Dirección debe, sobre todo, mantener la calma y crear un entorno de estabilidad.
  - o **Reforzar la confianza.** La confianza en la Dirección en tiempos de incertidumbre como la que vivimos cobra un papel básico. La constancia, la comunicación y la coherencia son las mejores maneras de generar confianza.

o **Estudiar nuevas formas de organización del trabajo y contratación.** Se pueden ofrecer a los trabajadores formas para flexibilizar la jornada de trabajo con el fin de una mejor conciliación entre la vida laboral y familiar o de ocio y, por otro, ofrecer reducciones de jornada para así reducir el número de despidos en empresas con baja actividad comercial.

o **Los servicios de Prevención,** ya sean propios o ajenos, deben estar involucrados con la Dirección de la empresa y las organizaciones para el análisis y puesta en marcha de acciones dirigidas a la prevención de riesgos psicosociales. Como se ha indicado uno de los focos de riesgo psicosocial es el fenómeno de socialización a través del trabajo, es decir, el conjunto de relaciones sociales que se entablan en el trabajo y la obligada convivencia laboral. Especial relevancia tiene que tener el servicio de vigilancia de la Salud en la identificación, apoyo y tratamiento de los empleados afectados por tal situación.

Aquellos trabajadores que sean capaces de mantener una actitud abierta y positiva ante la coyuntura económica y laboral, así como ejercer un autocontrol emocional serán quienes saldrán indemnes de esta patología e incluso conseguirán ver en la amenaza una oportunidad.

**.- La motivación como método de gestión del conocimiento y retención del talento**

La crisis económica, desde luego, no ayuda a la ilusión de unas plantillas que se están reduciendo, se ven sobrecargadas de tareas y con la incertidumbre del futuro sobre sus espaldas. Por ello no es de extrañar que, según varias encuestas, solo la mitad de los directivos consideran que sus equipos están motivados.

---

**Figura 7.3.- Cómo generar moral sin dinero**

- Generar nuevas categorías profesionales.
- Fomentar la movilidad.
- Comunicar exhaustivamente los beneficios sociales.
- Introducir nuevas fórmulas de recompensa. Suplir el descenso de la remuneración variable con vacaciones pagadas, entradas para eventos, cenas especiales.
- Formación fuera del horario laboral.
- Formación en el puesto de trabajo para compensar el descenso de recursos dedicados al aprendizaje y mediante programas de rotación por diferentes puestos y países.
- Cambiar tiempo por sueldo y mejorar la conciliación.
- Involucrar a los mandos intermedios para la mejora de la comunicación interna.
- Gestionar el talento que permanece en la compañía.
- Minimizar el sentimiento de culpabilidad de los que se quedan y mejorar el compromiso con comunicación y respeto a los despedidos.
- Promover la RSC y sostenibilidad en la compañía para aumentar la fidelización de los empleados mediante su participación en estos programas.

---

Pero lo más preocupante, cerca del 70% de los jefes **no sabe qué hacer para infundir moral a sus subordinados**. Entre las posibles medidas tenemos:

- **Mejora de la transparencia, la intensidad en la comunicación** y la medición de cada herramienta o política que se pone en marcha. Esa es la clave para que la plantilla esté implicada en el proyecto de empresa y le sobre moral para acometerlo. Tenemos que saber generar **confianza y orgullo de pertenencia.** Para ello es imprescindible **involucrar a los mandos intermedios.** Entre otros métodos tenemos:
  - o Poner en valor o divulgar los beneficios sociales que ofrecen a la plantilla (seguro de vida, servicio médico...).
  - o Cambiar tiempo por sueldo, programas de conciliación laboral, programas de acción social o de sostenibilidad.
- **Dotar de mayor transparencia a los planes individuales de desarrollo.** Los empleados necesitan ahora más claridad. Necesitamos

erradicar la frustración de unas personas que han visto cómo la inversión en el desarrollo de sus planes de carrera se corta mediante soluciones que no supongan un aumento de sueldo, porque no hay dinero Pero sí un reconocimiento a la labor del empleado. Entre ellas tenemos:

o Crear categorías profesionales nuevas o progresiones horizontales.
o Fomentar la movilidad interna, ya sea a otro departamento o a otro país.
o La formación en el puesto de trabajo.

---

**Figura 7.4.- Cómo mejorar la felicidad en el trabajo para aumentar la competitividad**

- Escuchar la diversidad de cada empleado.
- Fomentar que cada persona evalúe su potencial.
- Potenciar el talento personal y profesional.
- Otorgar autonomía y responsabilidad en el desempeño profesional.
- Garantizar la tolerancia y la colaboración en todos los equipos profesionales.
- Acordar flexibilidad individual y colectiva.
- Promover el trabajo digno y la protección social.
- Vincular la productividad a objetivos medibles que añadan competitividad.
- Recompensar a mandos y directivos comprometidos con la felicidad en el trabajo.

---

### .- Absentismo laboral y crisis

Cuando existe inseguridad económica, los trabajadores pueden experimentar un incremento general del estrés laboral motivado por la incertidumbre, el miedo al despido o a peores resultados. Se observan cambios en el funcionamiento interno de muchas empresas que han visto cómo aumentaba la productividad de sus empleados, al tiempo que disminuía su índice de absentismo laboral.

A pesar de que las dificultades generan inquietud entre los trabajadores, en situaciones complicadas los propios trabajadores reaccionan de forma comprometida, empezando a buscar las soluciones en ellos mismos. Esto explica que no solo redoblen su esfuerzo por ser más productivos y eficaces, sino que opten por reciclarse, aun cuando el sector empresarial se inclina por congelar o recortar el presupuesto destinado a la formación.

Así, por ejemplo, entre los años 2000 y 2007, coincidiendo con el periodo de bonanza económica que vivió España, el absentismo laboral aumentó en un

50%, en el año 2009, el miedo a formar parte de un expediente de regulación está impulsando a los trabajadores a cuidar sus bajas y evitar las ausencias sin causa justificada.

De esta forma, se cumple la tendencia que confirma que cuando la economía funciona bien el absentismo aumenta, mientras que disminuye en tiempos de crisis. Tener un trabajo es en sí mismo un lujo y lo de quejarse por ir a trabajar es casi un insulto

Es cierto que el absentismo laboral supone ya unas pérdidas superiores a un 1% del PIB nacional. Pero también se corre el riesgo de que la crisis haga olvidar a los empresarios la necesidad de buscar soluciones para paliar al absentismo y garantizar la retención de talento, confiados en que nadie se marchará ante la coyuntura actual.

Pero ¿y pasada la crisis? Es importante concienciar a las empresas de la necesidad de poner más medios. Diferentes encuestas ya han mostrado el contraste entre la importancia que estas otorgan al absentismo y la poca atención que le dedican en su gestión. Sobre el 30% de las empresas consultadas respondieron que no posee mecanismos de control ni políticas definidas para reducir las ausencias de la plantilla, mientras que aquellas que sí los tienen prefieren las sanciones en lugar de mejorar el clima laboral.

Tampoco se debería olvidar el riesgo que corren los trabajadores de sufrir otro tipo de absentismo, el mental, que les impide desarrollar con pleno interés y dedicación su trabajo, y que solo parece tener solución si las compañías consiguen poner en marcha buenas y efectivas políticas de recursos humanos que favorezcan la implicación personal de cada uno de sus empleados.

Solo así lograremos la confianza de inversores extranjeros que ahora obvian España y escalar puestos en la clasificación de productividad.

### 7.8.- Cómo enganchar al empleado
### .- El trabajo flexible y la mejora de la eficiencia

Conciliar la vida laboral y la personal es uno de los puntos de consenso en la reforma laboral. Esto implica un mercado más flexible. Pero ¿están preparadas las empresas y los trabajadores para poner en marcha un nuevo modelo que garantice la productividad de la primera y la protección social de la segunda?

*Flexible working* (trabajo flexible) es una estrategia de trabajo puesta en marcha en Reino Unido y que comienza a implantarse en España. Consiste en una especie de "trabajo colaborativo" en el que se valoran los resultados según los objetivos y responsabilidades fijadas, y no su presencia en la empresa. La idea es conseguir una situación de *win-win* (ganar, ganar) para la compañía como para los empleados.

El modelo significa que cada individuo organiza su tiempo, optimizando el que dedica a su trabajo y a su vida personal. Y acudirá a la empresa solo cuando sea necesario: si tiene una reunión con un cliente o con el equipo de trabajo.

Esta revolución y la mayor flexibilidad se producen gracias a la tecnología. Con un ordenador portátil, una Blackberry y una conexión a internet se puede trabajar desde cualquier lugar. Es la tendencia de las multinacionales, por lo que se espera que se extienda los próximos años.

Las ventajas:

- da una mayor movilidad al trabajador,
- se reducen los costes empresariales al no precisar una oficina tan grande,
- se retiene el talento,
- se aumenta la productividad,
- una mayor tolerancia ante incertidumbres y
- no pierde sus incentivos sociales.

Modifica el concepto de oficina. Implica adaptar la oficina al estilo y estructura de la plantilla. Se crean espacios comunes, pero no fijos para todos los empleados. La idea es poder interactuar con mayor facilidad, hacer más efectiva la gestión y mejorar la comunicación interna.

**Entre sus bondades tenemos:**

- Mayor eficiencia. El trabajo flexible ahorra reuniones indeseadas y traslados innecesarios.
- Aumento del bienestar. El empleado trabaja con mayor comodidad y gestiona su tiempo en función de sus necesidades.
- Liderazgo. La calidad y la responsabilidad y la resolución de problemas complejos son lo que cuenta.
- Reducción de costes. Las empresas ahorran en energía, material gastable, en infraestructura y mobiliario.
- Retiene el talento. Una oficina no garantiza el valor de un empleado.

**Entre sus riesgos tenemos:**

- Que la persona se sienta ajena a la empresa. La flexibilidad laboral puede generar una pérdida de "sentido de pertenencia" de los empleados. Significa que no se sientan identificados con la empresa y esto perjudica en el futuro su eficiencia en el trabajo.
- El posible fuerte rechazo sobre todo en directores o gerentes que temen perder su estatus o su liderazgo o en los empleados con mayor antigüedad en la empresa que creen que perderán sus beneficios sociales.

Sin duda, este tipo de reestructuraciones debe acompañarse de una comunicación interna efectiva, que enfatice tanto los valores, la cultura y los objetivos de la empresa como de la autogestión, la responsabilidad, el compromiso y el liderazgo.

### .- Involucrar al profesional en la consecución de los resultados de negocio

Conseguir que el profesional trabaje a gusto es el primer objetivo de las empresas. Implicarlo más allá de sus obligaciones es la clave del éxito en el negocio.

Para ser competitivo hay que enganchar. Y para enganchar hay que ser más auténtico y decir lo que es importante en cada momento. Lo que rompe el compromiso son las mentiras y falsas promesas.

Venimos de casa con altos niveles de *enganching* y las empresas tienen que mantenerlo. El secreto casi siempre está en la transparencia, es decir, las cosas como son para que el empleado tome sus decisiones y critique, sin temor a las represalias.

A partir de ciertos niveles, el empleado tiene un importante grado de libertad en la empresa, no puede estar obligado a un compromiso. Uno es "forofo" de un equipo de fútbol porque elige esa opción y se siente cómodo con ello. En las organizaciones sucede lo mismo: si el entorno es propicio por su flexibilidad y liderazgo, el compromiso del profesional es un hecho.

En la gestión de personas no existen recetas mágicas, los expertos aseguran que para pasar del compromiso al *enganching* el principio puede ser aplicar las «tres B»:

- *believe* (creer),
- *belong* (pertenecer) y
- *be embassador* (ser embajador).

Lograrlo requiere unos jefes con grandes dosis de coherencia y sinceridad en sus planteamientos y que sean cercanos. Entre los factores que pueden provocar lo contrario tenemos "la jerarquía". Un organigrama muy vertical reduce la agilidad en la toma de decisiones y desmotiva al empleado.

### .- Algunas barreras que minan el encanto

1. **Burocracia organizativa.** Se impone la organización horizontal, en la que fluye el trabajo en equipo y se diluyen las categorías profesionales, la comunicación y el liderazgo compartido.

2. **Desajuste de los objetivos empresariales e individuales.** Se supera con la identificación de los retos y la definición de la misión de cada uno de los profesionales. Resulta imprescindible concretar los objetivos.

**3. Jerarquía.** Hay que favorecer la cercanía entre las diferentes categorías profesionales para generar confianza y agilizar los procesos.

**4. Cultura de presencia.** Evaluar al empleado por los resultados, no por su permanencia en el puesto.

**5. Cultura de "apagafuegos".** Lograr el consenso en cada decisión.

**6. Falta de colaboración entre los departamentos.** Organizar foros de intercambio de iniciativas enfocadas hacia un objetivo común.

**7. Falta de claridad organizativa.** Identificar quién hace qué y para qué.

**8. Comunicación limitada.** Aumentar la frecuencia y calidad del *feedback*' y crear un sistema de incentivos eficaz.

**9. Falta de herramientas para incentivar el alto desempeño.** Premiar la aportación de los mejores es la clave de la motivación.

**10. Escasa movilidad interna.** La rotación interna favorece el desarrollo y la implicación del empleado porque le permite conocer diferentes aspectos del negocio.

# Parte 3.-

# La Responsabilidad Social

# Corporativa.

# Una nueva cultura empresarial

# 8.- La Responsabilidad Social Corporativa

El mundo está cambiando a una velocidad increíble. El objetivo de estos cambios rápidos y no predecibles es equilibrar las fuerzas de la globalización y el mercado económico mediante un aumento de los requisitos sociales hacia las empresas.

Estos cambios exigen nuevos comportamientos de los actores económicos que se concretan en expresiones tales como "responsabilidad social de la empresa o corporativa".

Lo que es un hecho incuestionable es que el fenómeno de la globalización ha propiciado que mientras diversas parcelas de poder que hasta hace poco detentaban los Estados y, por lo tanto, la sociedad civil, están en manos de las grandes corporaciones, la sociedad civil ha visto como el poder de las corporaciones multinacionales ha crecido enormemente.

Desde un punto de vista ético, la consecuencia de esta nueva realidad es evidente: a mayor poder de las empresas, mayor es su responsabilidad sobre el estado del sistema físico-social en el que operan.

En el año 1999, Environics International en colaboración con The Prince of Wales Business Leaders Forum y The Conference Board realizó la Millenium Poll on Corporate Social Responsibility, en la que más de 25.000 ciudadanos de 23 países de todos los continentes fueron entrevistados.

Un año más tarde, Market and Opinion Research International (MORI) llevó a cabo otro estudio sobre la misma temática en el que 12.000 ciudadanos de 12 países europeos fueron entrevistados.

Algunos de los resultados más significativos de dichos estudios son los siguientes:

• El 49% de los encuestados afirma que la responsabilidad social es el factor que más influye en la percepción de una empresa.

• El 58% de los europeos considera que las empresas no prestan suficiente atención a la responsabilidad social (este porcentaje se eleva al 62% en el caso de España).

- El 25% de los europeos considera muy importante la responsabilidad social de la empresa a la hora de decidir comprar un producto o servicio (en el caso de España el porcentaje es del 47%).

De estos datos cabe extraer dos conclusiones:

- Es incuestionable que las empresas están por detrás de las expectativas de los ciudadanos en RSC, es más; esperan mucho más de ellas.
- La sociedad ya no espera que sean los Gobiernos sino las empresas las que den respuesta a los problemas medioambientales y sociales, locales y globales.

Competir con éxito en este nuevo entorno conlleva un cambio profundo en las principales tareas y responsabilidades de la alta dirección de las empresas, en los temas en los que ésta ha de centrar el foco de su atención.

Se está observando una clara evolución de lo que se podría denominar economía de los accionistas a una economía de las partes interesadas (*shareholder economy versus stakeholder economy*).

- **Para la economía de los accionistas o empresa tradicional,** el objetivo último de la gestión era conseguir satisfacer a los accionistas, la parte interesada de la empresa por antonomasia. Por ello, la gestión se centraba en los activos tangibles ya que de éstos dependía en buena medida el valor de la compañía y, por lo tanto, el valor de sus acciones y la satisfacción de sus accionistas.
- **Para la economía de las partes interesadas** la empresa no debe rendir cuentas única y exclusivamente a sus accionistas, sino que debe, además, tomar decisiones teniendo en consideración otros actores sociales o *stakeholders:* empleados, Gobiernos, consumidores, organizaciones sociales, clientes… En resumen, los accionistas han pasado de ser la parte interesada a ser una de las partes interesadas a las que las empresas han de prestar atención.

En este sentido, cabe señalar que, según un estudio reciente del profesor de la escuela de negocios de Harvard Robert Kaplan:

- En 1929 el 85% del valor de una empresa correspondía a sus activos tangibles, mientras que solo el 15% dependía de sus activos intangibles. Por ello, dicho 15% podía en la práctica contabilizarse bajo el epígrafe de fondo de comercio.
- Hoy en día la situación se ha invertido y los intangibles han pasado a suponer por término medio cuatro quintas partes del valor de las empresas. Por tanto los directivos han de dedicar el grueso de su tiempo y esfuerzos a la gestión de los activos intangibles y al establecimiento de relaciones fecundas con las diversas partes interesadas.

Los activos intangibles más importantes son la reputación y la capacidad de innovar. Ambos están interrelacionados.

- Una buena capacidad de innovar, siempre y cuando sus resultados estén alineados con los deseos de la sociedad, incidirá de forma importante en la reputación de una empresa.

- Una buena reputación facilitará el mantenimiento de un diálogo fluido y enriquecedor de la empresa con la sociedad, lo que redundará en la mejora de su capacidad de innovar en la dirección socialmente deseada y valorada.

### .- Concepto de reputación e innovación empresarial

**La reputación** de una empresa se define como la percepción que de ella tienen las partes interesadas. Pero no debe tomarse como un mero resultado sino como lo que es, un importante activo estratégico a gestionar.

En general, se puede afirmar que una empresa goza de una buena reputación cuando los mejores profesionales quieren desarrollar en ella su carrera, los accionistas e inversores le confían su capital, los consumidores la tienen como una de las primeras opciones por la calidad de sus productos y servicios, y los países donde opera desean que permanezca en los mismos por su capacidad de crear riqueza para toda la sociedad.

Sin duda, una adecuada política de comunicación de la empresa hacia la sociedad es hoy en día una condición sine qua non para tener una buena reputación. Por lo tanto, la comunicación de la empresa ha de contemplar su rendimiento económico, social y medioambiental, y ha de tener en cuenta los intereses informativos de todas las partes interesadas.

**La innovación** no se refiere solo a nuevos productos, servicios o procesos, sino también a nuevos mercados. En el contexto de la sostenibilidad, en los últimos años han emergido con fuerza:

- Los denominados mercados más pobres. Estamos hablando de cuatro mil millones de personas, es decir, dos de cada tres habitantes de nuestro planeta, que han de subsistir con menos de cuatro dólares al día. Recientes experiencias tanto de empresas locales como de multinacionales como Hewlett Packard, Unilever o Tetra Pak están demostrando que son precisamente estos mercados emergentes los que ofrecen un mayor potencial de crecimiento sostenible.

- El mercado asociado a las decisiones de compra del 10 por ciento de la población, que tiene una discapacidad. Aunque este universo no sea en todos los casos homogéneo, porque no lo es, sobre todo sí hay que tener en cuenta que formamos parte de un grupo mayor formado por los discapacitados y sus familias. Estamos ante un grupo social con poder adquisitivo creciente fruto de la progresiva incorporación al mercado laboral o al disfrute de una pensión.

Los cambios en el entorno que se han descrito implican también cambios en el gobierno de las empresas. Esta necesidad se ha visto acentuada por los escándalos financieros que en los últimos años han supuesto un duro golpe a la credibilidad del mundo empresarial e, incluso, la desaparición de empresas como Arthur Andersen.

Estos escándalos han obligado a desarrollar un conjunto de iniciativas tanto públicas como privadas con el objetivo último de que casos como los de Enron, Worldcom o Parmalat no vuelvan a repetirse. Podemos señalar desde la Ley Sarbanes Oxley de Estados Unidos hasta el Informe Aldama, pasando por el Informe Winter de la Unión Europea o las iniciativas que las propias empresas están poniendo en marcha.

En definitiva, mientras que tradicionalmente la empresa ha canalizado sus prácticas de diálogo hacia tres grupos de interés principales: los accionistas (como dueños de la empresa), los empleados (fuerza motriz de la misma) y los clientes (como consumidores de los servicios o productos que la empresa pone en el mercado), la empresa actual debe gestionar de forma estratégica el diálogo con un mayor número de grupos de interés, con los que establece una comunicación en dos direcciones (ya no solo te cuento yo y tú escuchas), con el objetivo de conocer las expectativas de esos grupos respecto a la actividad de la empresa y transformarlas, en la medida de lo posible, en objetivos estratégicos.

**Figura 8.1.- Responsabilidad social e integración de sistemas**

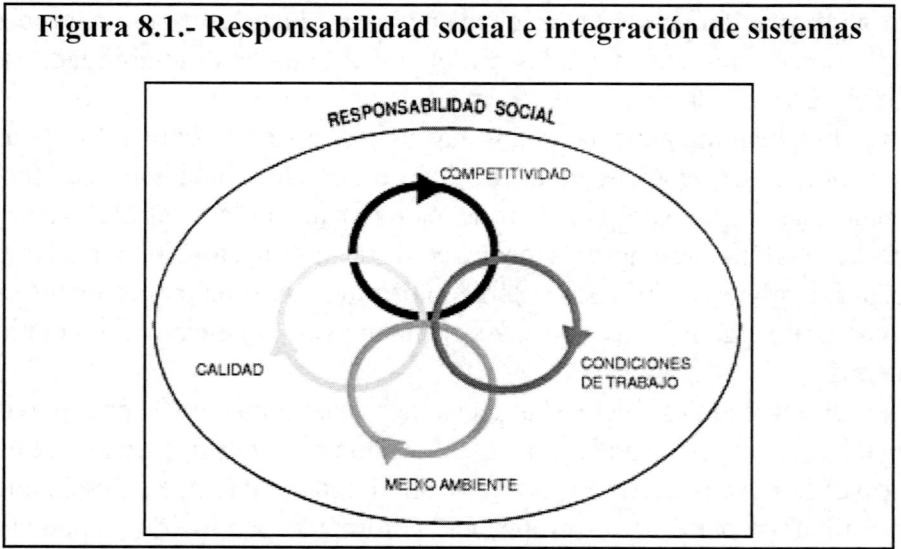

## 8.1.- Razones fundamentales que generan la necesidad de esta nueva cultura de empresa NCE

A principios de la década de 1990, la globalización prometía un futuro lleno de buenos augurios. Se suponía que todos saldrían ganando, tanto los países desarrollados como los países en vías de desarrollo. Parecía que la globalización produciría un desarrollo sin precedentes a escala mundial, pero todas esas expectativas se han ido diluyendo.

La RS es uno de los principios esenciales de lo que se denomina en términos empresariales "la nueva cultura de empresa, NCE". Junto a otros principios tales como: visión a medio y largo plazo; ética, valor clave en todas las actuaciones; personas y capital intelectual, su principal activo; necesidad de innovación y mejora continua en todos los ámbitos en un marco de calidad global; y formación continua, garantía esencial de desarrollo, etc., abren nuevas perspectivas a las políticas y estrategias empresariales para la pervivencia de las propias organizaciones y de la misma sociedad.

Veamos a continuación razones fundamentales que determinan la necesidad de esta NCE, especialmente en nuestro contexto comunitario.

### .- La globalización y sus efectos

El proceso actual de globalización está produciendo grandes desequilibrios, tanto entre los países como dentro de ellos. Efectivamente, se crea riqueza, pero hay muchos países y personas que no solo no se están beneficiando, sino que sus condiciones de vida están empeorando. Además, su capacidad para influir en este proceso es nula.

La globalización no ha conseguido responder a las expectativas de los más desfavorecidos, muchos de los cuales viven en el limbo de la economía informal, sin derechos legales, subsistiendo de manera precaria en los márgenes de la economía global y con pocas posibilidades de subvertir esta situación. Quizás la razón sea que sus reglas del juego son injustas ya que han sido diseñadas por y para los países industrializados avanzados.

Paralelamente, las nuevas tecnologías de la información aumentan la conciencia sobre estos crecientes desequilibrios, que resultan moralmente inaceptables y políticamente insostenibles.

### .- Aumento del poder de la empresa en detrimento de los Estados

En este contexto económico, los grandes capitales y las empresas multinacionales tienen un importante papel que jugar ya que pueden promover, pero también impedir o incluso perjudicar, el desarrollo de políticas públicas o normativas, tanto a nivel nacional como internacional, que favorezcan un desarrollo más equilibrado y sostenible, la erradicación de la pobreza y el derecho a una vida digna.

En la actualidad, se calcula que en torno al 52% de las mayores economías mundiales son empresas multinacionales, por encima incluso de países como Austria o Sudáfrica. Las multinacionales y las empresas comerciales en general están fuera del alcance de lo que muchos estados pueden hacer para regularlas con eficacia, favoreciendo la aparición de vacíos legales que deben ser subsanados a través de normas jurídicas internacionales y no por la mera voluntariedad de las propias empresas.

**Figura 8.2.- Comparación entre la facturación de algunas empresas y el PIB de algunos países**

| Empresa | Facturación | País | PIB |
|---------|-------------|------|-----|
| WAL-MART | 245.000 | EGIPTO | 233.000 |
| EXXON MOBIL | 234.000 | SUIZA | 210.000 |
| G. ELECTRIC | 135.000 | SINGAPUR | 95.000 |
| VODAFONE | 48.000 | BULGARIA | 47.000 |
| PFIZER | 46.000 | GUATEMALA | 43.500 |
| REPSOL | 42.000 | GHANA | 38.000 |
| TELEFÓNICA | 31.000 | KENIA | 31.000 |
| ENDESA | 21.000 | LÍBANO | 19.000 |
| SCH | 20.000 | ISLANDIA | 8.000 |
| FERROVIAL | 8.000 | CABO VERDE | 3.000 |

## .- Inversión Directa Exterior

El sector privado adquiere cada vez mayor protagonismo en la conducción del desarrollo económico. La Inversión Directa Exterior en países emergentes o subdesarrollados en el año 2000 ya cuadriplicaba la Ayuda Oficial al Desarrollo. El sector empresarial actúa en numerosas ocasiones en estados que se caracterizan por la debilidad o laxitud de sus legislaciones nacionales (en el ámbito laboral, fiscal etc.), al buscar con ello atraer la inversión directa extranjera, aun cuando esto dañe el propio desarrollo sostenible del país.

## .- Deslocalización

La situación descrita anteriormente se hace más patente en los actuales procesos de deslocalización de procesos productivos. Las empresas buscan reducir sus costes, extendiendo su cadena de producción a países que habitualmente exigen o aplican menores garantías laborales o medioambientales. Por otra parte, el distanciamiento geográfico entre el lugar en el que la empresa toma las decisiones y los lugares donde éstas repercuten, unido a la proliferación de intermediarios y proveedores a lo largo de la cadena de producción y comercialización, lleva a diluir las responsabilidades sobre el impacto generado por la actividad de la empresa.

## .- Privatización de servicios básicos

Como ya hemos dicho, el poder económico y político de muchas empresas es superior al de los estados donde desarrollan sus actividades, por lo que pueden influir en el marco legislativo nacional, que en materia fiscal, laboral o medioambiental les es de aplicación. El sector privado está cada vez más involucrado en la prestación de servicios como el agua, la energía, la salud o la educación, servicios que tradicionalmente eran proporcionados por el sector público y que tienen un gran efecto sobre la vida de las personas.

---

**Figura 8.3.- Factores determinantes de la necesidad de una mayor RS de las empresas**

- Limitaciones de productividad e innovación en Europa
- Fractura histórica entre valores éticos y desarrollo empresarial
- Organización del trabajo anclada en viejos modelos. Demasiados trabajadores desmotivados
- Gravedad del deterioro medioambiental
- Sociedad con graves desequilibrios. Poder económico real en manos de multinacionales. Imparable fenómeno de la inmigración

---

## .- Las limitaciones de productividad de la economía europea frente a la norteamericana

Según datos de la OCDE, mientras en el quinquenio 1997-2001 la productividad europea creció un 1,3%, la norteamericana, líder indiscutible en el mundo, lo hizo un 2,3%. Al margen de algunas diferencias en tales estimaciones, por las cuales la diferencia podría ser algo menor, no olvidemos que aspectos determinantes como la innovación y la formación son superiores en EE. UU. También según datos de la OCDE, el valor promedio anual en Europa invertido por las empresas en formación es el 6% de la masa salarial (en España el 3,5%), mientras que en EE. UU es el 11%, lo que evidencia las ventajas competitivas de unos sobre otros.

### 8.2.- Su definición

Es unánime la diferencia entre la responsabilidad social de la empresa (RSE), también denominada responsabilidad social corporativa (RSC) y la responsabilidad social (RS).

- **La responsabilidad social** se entiende como el compromiso que tienen todos los ciudadanos, las instituciones, públicas y privadas, y las organizaciones sociales, en general, para contribuir al aumento del bienestar de la sociedad local y global.
- **La responsabilidad social de la empresa** o empresarial (RSE) ha de ser entendida como una filosofía y una actitud que adopta la empresa hacia los negocios y que se refleja en la incorporación voluntaria en su gestión de las preocupaciones y expectativas de sus distintos grupos de interés (*stakeholders*), con una visión de largo plazo. Una empresa socialmente responsable busca el punto óptimo en cada momento entre la rentabilidad económica, la mejora del bienestar social de la comunidad y preservación del medioambiente.
- **La Responsabilidad Social Corporativa (RSC)** amplía el ámbito de la responsabilidad social de la empresa para incorporar a las agencias gubernamentales y a otras organizaciones, que tengan un claro interés en mostrar cómo realizan su trabajo.

Se diferencia de la responsabilidad jurídica por carecer de un proceso institucionalizado de adjudicación, es decir, no existen tribunales especializados en juzgar la responsabilidad social que no esté prevista en normas jurídicas y de la responsabilidad política porque no se limita a la valoración del ejercicio del poder a través de una autoridad estatal.

Con frecuencia, y en este texto se hace, se usan indistintamente los tres términos para referirnos a la responsabilidad social corporativa.

La RSC debe implementarse desde las bases iniciales de rentabilidad y adaptación a un marco legal. Incluso podríamos hablar de:

- Una responsabilidad primaria como es la rentabilidad. Sin ella, una empresa difícilmente puede continuar su actividad.
- Una responsabilidad secundaria como es la adaptación: a una normativa, el marco legal de ejecución, a un entorno o a una sociedad.
- Una responsabilidad terciaria, no por ello menos importante, como la RSC. Esta supone comprender dentro de la estrategia empresarial global una

específica de RSC, coherente, basada en la integridad, los valores éticos, la capacidad de generar confianza, adoptar un compromiso social y la visión a largo plazo.

Podríamos decir que los principios que la rigen son:

- **El cumplimiento de la legislación** nacional vigente y especialmente de las normas internacionales en vigor (OIT, Declaración Universal de los Derechos Humanos, Normas de Naciones Unidas sobre Responsabilidades de las Empresas Transnacionales y otras Empresas Comerciales en la esfera de los Derechos Humanos, Líneas Directrices de la OCDE para Empresas Multinacionales, etc.).

- **Su carácter global**, es decir, afecta a todas las áreas de negocio de la empresa y sus empresas colaboradoras (suministradores, contratistas...) o participadas accionarialmente, así como a todas las áreas geográficas en donde desarrollen su actividad. Afecta por tanto, a toda la cadena de valor necesaria para el desarrollo de la actividad, prestación del servicio o producción del bien.

- Comporta **compromisos éticos objetivos** que se convierten de esta manera en obligación para quien los contrae.

- Se manifiesta en los **impactos que genera la actividad empresarial** en el ámbito social, medioambiental y económico.

- Se orienta a la **satisfacción e información** de las expectativas y necesidades de los grupos de interés.

No debemos confundir la RSC con acciones de patrocinio, mecenazgo, donaciones puntuales o estrategias de una corporación tendentes a un lavado puntual de imagen o de mejora de su reputación corporativa.

Tampoco puede asociarse al denominado *marketing* con causa, herramienta mediante la cual una empresa se compromete a colaborar con un proyecto social a cambio de beneficios de imagen y suponiendo una diferenciación de marca.

En la figura 6.4 se diferencia la RSE de las actuaciones filantrópicas y de lo que se denomina *"marketing* con causa" (utilización de las acciones sociales para publicitar la imagen de empresa). El factor diferencial se encuentra en la respuesta que comporta a los propios intereses empresariales y el necesario equilibrio con todos los grupos de interés de la organización *"stakeholders"*.

**Figura 6.4.- Matriz diferencial entre Responsabilidad Social y otras situaciones "empresariales"**

| | | Interés propio | | |
|---|---|---|---|---|
| | | **Muy bajo** | | **Alto** |
| **Compromiso social** | **Alto** | Filantropía | Economía social convencional | Responsabilidad Social |
| | | Caridad | Empresa de economía convencional | *Marketing* con causa |
| | **Bajo** | Fracaso cierto | Negocio puro | Negocio especulativo |

Estamos por tanto hablando de una muy eficiente herramienta de gestión aplicable a la actividad básica de la empresa, con vocación de permanencia y que precisa del compromiso de la Alta Dirección.

Para conocer el grado de compromiso de una empresa con la RSE, se debe observar su evolución en cinco áreas:

- **Valores y Principios Éticos.** Se refiere a cómo una empresa integra un conjunto de principios en la toma de decisiones en sus procesos y objetivos estratégicos. Estos principios básicos se refieren a los ideales y creencias que sirven como marco de referencia para la toma de decisiones organizacionales. Esto se conoce como "enfoque de los negocios basado en los valores" y se refleja en general en la Misión y Visión de la empresa, así como en sus Códigos de Ética y de Conducta.

- **Condiciones de Ambiente de Trabajo y Empleo.** Se refiere a las políticas de recursos humanos que afectan a los empleados, tales como compensaciones y beneficios, carrera administrativa, capacitación, el ambiente en donde trabajan, un adecuado balance trabajo-tiempo libre, trabajo y familia, salud, seguridad laboral, etc.

- **Apoyo a la Comunidad.** Es el amplio rango de acciones que la empresa realiza para maximizar el impacto de sus contribuciones, ya sean en dinero, tiempo, productos, servicios, conocimientos u otros recursos que están dirigidos hacia las comunidades en las cuales opera. Incluye el apoyo al espíritu emprendedor apuntando a un mayor crecimiento económico de toda la sociedad.

- **Protección del Medioambiente.** Es el compromiso de la organización empresarial con el Medioambiente y el desarrollo sostenible. Abarca temas tales como la optimización de los recursos naturales, su preocupación por el manejo de residuos, la capacitación y concienciación de su personal...

- *Marketing* **Responsable.** Se refiere a una política que involucra un conjunto de decisiones de la empresa relacionadas fundamentalmente con sus consumidores y se vincula con la integridad del producto, las prácticas comerciales, los precios, la distribución, la divulgación de las características del producto, el *marketing* y la publicidad.

En España, el debate sobre responsabilidad social pivota casi en exclusiva sobre las grandes empresas y corporaciones. Pero la mayor parte del peso económico del país reposa sobre las pequeñas y medianas empresas, que representan el 95% de nuestro tejido empresarial. Pero éstas poseen escasa capacidad para asumir, por sí solas, las tareas propias de la responsabilidad social.

Las fundaciones laborales pueden ser, y de hecho son, un instrumento eficaz para que las empresas vinculadas, tanto grandes como pymes y microempresas, puedan desarrollar las actividades enmarcadas en su compromiso de responsabilidad social con sus trabajadores, con la sociedad y con su entorno.

### .- Herramientas o instrumentos de RSE

Entre las herramientas o instrumentos de RSC que permiten implementar prácticas socialmente responsables, podemos mencionar (ver figura 8.5):

- **Códigos de ética:** enunciados de valores y principios de conducta que norman las relaciones de los integrantes de la empresa y hacia el exterior de ella.
- **Códigos de conducta:** es un documento que describe los derechos básicos y estándares mínimos (respeto a los Derechos Humanos y a los Derechos Laborales, entre otros) que una empresa declara comprometerse a respetar en sus relaciones con sus trabajadores, la comunidad y el medioambiente.
- **Normas de sistemas de gestión:** permiten a la empresa tener una visión clara del impacto de sus actividades en los ámbitos social y medioambiental para la mejora continua de sus procesos.
- **Informes de responsabilidad social:** es un informe preparado y publicado por la empresa midiendo el desempeño económico, social y medioambiental de sus actividades, y comunicado a las partes interesadas de la empresa (*stakeholders*).
- **Inversión Socialmente Responsable (ISR):** la ISR reúne todos los elementos que consisten en integrar criterios extrafinancieros, medioambientales y sociales, en las decisiones de inversión.

Aunque el concepto de responsabilidad social se aplica principalmente a las grandes firmas, es aplicable a todo tipo de empresas, públicas y privadas, incluidas las pymes y las cooperativas. Como veremos, además de permitir la mejora de su imagen de marca de una empresa, tiene un impacto real en el valor de la empresa.

**Figura 8.5.- Herramientas o instrumentos de la Responsabilidad social de la empresa que permiten implementar prácticas socialmente responsables**

- Códigos de ética.
- Códigos de conducta.
- Normas de sistemas de gestión.
- Informes de responsabilidad social.
- Inversión Socialmente Responsable (ISR).

### 8.3.- Concepto de parte interesada.

Es necesario, cuando se maneja el concepto de responsabilidad social, utilizar el término "partes interesadas" o *stakeholders*. Sin embargo, debido a que el concepto de parte interesada tiene un impacto en el concepto de responsabilidad social, es importante entender cómo su uso puede influir en la forma en la cual la responsabilidad social es entendida.

El origen del concepto de parte interesada se encuentra en las teorías de gestión que analizan el comportamiento corporativo en términos de los intereses que afecta, o que son afectados por, las actividades de la corporación. Esta teoría es relativa al concepto de corporación como un tipo específico de organización, y especialmente al sistema de gobierno corporativo. El término parte interesada (*stakeholder*) pretendía estar en contraste con el término accionista (*shareholder*).

Las partes interesadas tienen intereses coincidentes con éxito de las corporaciones y por ello, de una forma u otra, tienen un riesgo propio similar al que tienen los accionistas.

El uso del término "partes interesadas" evolucionó con las prácticas de responsabilidad social corporativa. Identificar e involucrar a cada individuo afectado por una corporación es imposible, por lo que la práctica desarrollada para las organizaciones de negocios fue consultar a organizaciones no gubernamentales (ONG), quienes a menudo servían de representantes de las partes interesadas reales.

En esta perspectiva, cada organización tendrá diferentes partes interesadas:

- Para las compañías, sus partes interesadas incluirán, entre otras, a consumidores, proveedores, accionistas y personal.
- Para los gobiernos, puede incluir a las organizaciones de empleadores, sindicatos y ONG.

Además de los accionistas, las ONG están siendo especialmente influyentes en el desarrollo de la responsabilidad social de las organizaciones gracias a su trabajo en temas de preocupación social, como la lucha contra la pobreza o la mejora del medioambiente. No solamente desean influir en el sector público, sino también, crecientemente, en aquellas compañías importantes.

Hay que señalar finalmente que el término "parte interesada" es especialmente útil en el contexto de la responsabilidad social cuando se refiere a una parte:

- que tiene una relación identificable y específica con los asuntos de la organización concerniente.

- puede hacer una demanda con respecto a la organización, que puede también estar relacionada con los intereses de la sociedad en su conjunto.

Es verdad que, en muchas ocasiones, el uso del término "partes interesadas" confunde más que aclarara, especialmente cuando el término reemplaza a términos más específicos. Pero en cierta medida esta confusión es justificable, ya que los individuos impactados por una corporación no estarán organizados. De ahí la imprecisa distinción entre ONG por un lado, y la sociedad civil por el otro.

### 8.4.- Modelo de evolución

Para que una empresa aplique los principios de responsabilidad social, es decir, sea un buen ciudadano corporativo que dedica recursos a la comunidad para mejorar su calidad de vida en su conjunto, antes tiene que cumplir con tres responsabilidades previas que recoge la pirámide de Carroll, que se muestra en la figura 8.6:

- **Responsabilidad económica,** es decir, generar beneficios y ser rentable. Es la base sobre la que se cimentan el resto de las responsabilidades. Constituye la base de su existencia. Sin ella no tiene sentido la producción y generación de productos o servicios que la sociedad precise.

- **Responsabilidad legal,** es decir, cumplir la ley y las reglamentaciones establecidas. En otras palabras, una clara exigencia de cumplir la legalidad con rigor. Tristemente sabemos que no son escasos los escándalos generados por una falta total de compromiso en este nivel.

- **Responsabilidad ética,** es decir, ser justo, la obligación de hacer lo que está bien y es justo, el evitar el daño. No sirven atajos ilegales ni faltos de ética. Conllevan el cumplimiento de expectativas sociales no contempladas en la ley.

**Figura 8.6.- Pirámide de la Responsabilidad Social Corporativa**

### .- Evolución y situación actual

Los dos principales enfoques seguidos por los países europeos en materia de RSE son el modelo francés, intervencionista, que pretende el establecimiento de estándares RSC obligatorios, y el británico, no intervencionista y cuyo fin último es el establecimiento de incentivos de mercado.

• En Francia la RSC (denominada Responsabilidad Social y Medioambiental) está regulada dentro de la normativa de política social. Se dispone, por tanto, de una abundante legislación directa o indirectamente relacionada con la RSC que debe de ser aplicada.

• En la mayor parte de los países europeos se ha apostado por la acción gubernamental como promotora de la RSC fomentando proyectos de parternariado entre el sector público, el privado y el llamado tercer sector a través del desarrollo de un marco legal e instrumentos fiscales que promueva la transparencia y el *reporting*.

### .- Contexto internacional

A mediados de los noventa, organismos internacionales y diferentes estados acompañan a la sociedad en un llamamiento al sector privado para la asunción de un nuevo modelo de convivencia y de gestión que permita dar solución y respuesta a una nueva realidad globalizada y cambiante. Desde Naciones Unidas a la Unión Europea o la OCDE, el debate sobre la RSC se multiplica. Veámoslas:

- **La Declaración Universal de los Derechos Humanos** o las convenciones de la Organización Internacional del Trabajo tratan de marcar los mínimos para el respeto de los Derechos Fundamentales.

- **Las Directrices de la OCDE para Empresas Multinacionales** facilitan toda una serie de principios en áreas como los derechos o el medioambiente que deben ser respetados por sus países miembros.

- En **el Informe Brundtland**, publicado en 1987 por la Comisión Mundial sobre medioambiente y desarrollo, se incluye la definición de desarrollo sostenible como aquel que permite alcanzar el bienestar de las generaciones presentes sin poner en peligro la capacidad de las generaciones futuras para la satisfacción de sus propias necesidades.

- Del Foro Económico Mundial de Davos de 1999, y como consecuencia de una iniciativa presentada por Kofi Annan en el marco de las Naciones Unidas, surge el **Global Compact o Pacto Mundial** con el objetivo de promover la conciliación de los intereses empresariales con los valores y demandas sociales.

- Tras la Cumbre de la Tierra de Río de Janeiro de 1992, y la Cumbre de Río +5 de Nueva York, la **Cumbre de Johannesburgo** del 2002 gozó de una muy importante participación de la sociedad civil, siendo uno de los temas latentes la responsabilidad social corporativa abriendo el debate sobre la necesidad de un marco regulatorio y la formalización de políticas de RSC.

- En el año 2000, se produce la publicación de la versión definitiva de la primera **guía GRI** (a iniciativa PNUMA y CERES), facilitando a las empresas con el objetivo de fomentar la calidad, el rigor y la utilidad de las Memorias de Sostenibilidad.

- Las inquietudes comunitarias encuentran su reflejo en la publicación en el año 2001 del **Libro Verde de la Unión Europea**, para el fomento de un Marco Europeo para la Responsabilidad Social Corporativa.

### .- Cómo desarrollar la RSC

Existen cuatro ejes en los que hay que profundizar a la hora de plantearse la implantación de la RSC: estrategia, ejecución, comunicación y evaluación.

Estos cuatro conceptos se deben plantear siempre como una estrategia global, ya que muchas veces se cree tener muy meditada y asentada una filosofía corporativa, y generalmente las compañías dan el salto directamente a la ejecución y comunicación.

- **Estrategia.** Para definir una estrategia óptima de RSC es necesario hacer un reconocimiento exhaustivo de la compañía. Dependiendo de cómo gestionemos esta fase y la de evaluación obtendremos resultados más o menos eficientes. La estrategia y el marco en el que se enfunda es el valor añadido de cualquier empresa. Para ello debemos:
  - o Examinar nuestra razón de ser, nuestra filosofía de empresa y estudiar qué indicios encontramos de ella en todos nuestros *stakeholders*, en qué grado tienen y tenemos asimilada la cultura corporativa: tanto desde el punto de vista de la plantilla como del financiero.
  - o Analizar a nuestros clientes, proveedores, distribuidores, *partners*... y sondear nuestro ámbito de actividad y entorno. Hay que tener en cuenta que todas estas partes son la sociedad con la que debemos adquirir ese compromiso. Tras una fase de análisis con un objetivo claro de lo que se desea alcanzar, la fase de la estrategia debería concluir con las claves del proyecto.
- **Ejecución.** Una vez determinada la estrategia y establecidos los objetivos, llegamos al momento de la ejecución. Tenemos dos posibilidades a la hora de llevarla a cabo: delegar en una empresa que nos haga el trabajo y coordine todas las acciones o realizarla nosotros mismos. Aunque ambas perspectivas tienen sus ventajas e inconvenientes, se recomienda la segunda, ya que tiene un beneficio fundamental: la mayor cohesión interna que tendrán las acciones de RSC.
- **Comunicación.** La comunicación es necesaria para trasladar el compromiso. Debemos entenderla como un complemento de la ejecución y no debe ser el fin sino el medio, un vehículo válido para transmitir nuestro compromiso, cómo vamos hacia él, crear una imagen y mantenerla. Un mal uso de la misma puede suponer un grave problema para la compañía. Siempre debemos hablar de una comunicación integral que comprenda los dos ámbitos: externo e interno. Debemos conceder especial importancia a la comunicación interna, ya que nada conseguiremos externamente si los que forman parte de la empresa y su actividad lo desconocen, no están involucrados, no participan en ello... no se sienten comprometidos.
- **Evaluación.** La cuarta fase es tan esencial como la estrategia pero, desgraciadamente, no suele llevarse a cabo en la mayoría de las ocasiones. La evaluación es primordial para conocer resultados y saber si hemos acertado, pero sobre todo por la retroalimentación que nos ofrece su desarrollo. De ahí obtenemos la información más valiosa que proviene de nuestro entorno al ejecutar nuestro proyecto, de nuestros clientes, empleados... una información que nos es útil para implantar una próxima estrategia.

No poseer estas conclusiones finales de un acto comunicativo nos obligará a realizar los siguientes a ciegas, sin planificación. No seremos una organización flexible capaz de adaptarse rápidamente a los cambios que se suscitan en un entorno tan inestable como es el que rodea al mundo de las organizaciones ya que no tendremos datos en los que apoyarnos.

Como veremos, existen varios organismos que ayudan en esta fase tan importante, por ejemplo Global Reporting Initiative (GRI), que mediante indicadores clasifica a las empresas y actividades desarrolladas según valores de eficacia de responsabilidad social.

En resumen:

- La Responsabilidad Social Corporativa muestra el lado humano de las empresas.
- La sociedad y la actualidad son las que marcan las pautas, las que demandan ciertas actitudes y nos excluyen si no las adoptamos. Reflexionando vemos que no resulta tan complicado y en muchas ocasiones nos encontramos con que simplemente es un problema de adaptación al cambio.
- La RSC por tanto es llegar más lejos. Ir más allá de la ley, más allá de las responsabilidades/necesidades (primarias) de toda empresa y más allá de toda imagen. Encontrar nuestro compromiso y establecer una forma de ser coherente.
- No estamos ante una moda que caduca, ni una tendencia que vivirá un periodo de decadencia. Es la respuesta que deben dar las empresas ante el cambio social que estamos viviendo en los últimos años y que afecta al ámbito empresarial.
- La actualidad, los consumidores más sensibilizados, los clientes más informados y exigentes nos van marcando el camino. Reclaman a las empresas un mayor compromiso social.
- No es una moda pasajera, es el futuro y, cada vez más, el presente.

### 8.5.- Instrumentos de gestión

Frente a una opinión pública cada vez más sensibilizada, se está exigiendo a las multinacionales no solo ser honradas sino especialmente demostrarlo.

Las grandes empresas sufren una pesada (y frecuentemente injusta) presunción de culpabilidad que les mueve a buscar diversas alternativas que refuercen y limpien su imagen corporativa ante la sociedad. Las principales vías utilizadas en la actualidad para afrontar las obligaciones de RSC en esta vertiente social son:

- las listas de empresas socialmente responsables;
- los índices de sostenibilidad;

- el establecimiento de códigos de conducta;
- la adhesión o ratificación a declaraciones/normas internacionales;
- la emisión de informes sociales que buscan incrementar la transparencia de las actuaciones en gestión de recursos humanos;
- la certificación del respeto a determinadas normas de gestión ética de recursos humanos de manera que se consigue la acreditación de cumplimiento de forma parecida a las ya tradicionales normas de calidad o medioambientales (como las ISO 9000 ó 14000).

Aunque la responsabilidad social solo puede ser asumida por las propias empresas, las demás partes interesadas, en particular los trabajadores, los consumidores y los inversores pueden desempeñar un papel fundamental en su propio interés o en nombre de otros interesados en ámbitos tales como los de las condiciones laborales, el medioambiente o los derechos humanos, instando a las empresas a adoptar prácticas socialmente responsables. Esto requiere una verdadera transparencia sobre el comportamiento social y ecológico de las empresas.

### 8.6.- Herramientas de gestión y verificación

Parece dibujarse en el ámbito internacional la implantación de una política de RSC que tiene en el llamado diálogo multigrupo de interés un elemento fundamental. Para ello es imprescindible contar con un verdadero diálogo que solo puede emprenderse basándose en principios de confianza, transparencia y de cumplimiento responsable de los compromisos para que los diferentes interlocutores o partes afectadas puedan monitorizar y verificar la implementación de los compromisos asumidos por las empresas.

La creciente atención dispensada a los impactos y consecuencias de la actividad empresarial sobre la sociedad ha conducido, a lo largo de los últimos años, a una verdadera explosión de instrumentos para gestionar, medir, comunicar y recompensar el desempeño de la RSE. Este instrumental va desde las guías más generales y abiertas, los códigos de conducta que establecen principios para el comportamiento corporativo y las condiciones de aprovisionamiento, hasta los más complejos sistemas de gestión, herramientas de control y comunicación o metodologías de seguimiento de las inversiones.

Es indudable que estos instrumentos juegan un papel básico al ofrecer guía y puntos de referencia para la puesta en práctica de los criterios de sostenibilidad y, así, refuerzan y apuntalan una promoción efectiva de la RSE. Establecen niveles mínimos de desempeño, ayudan a las organizaciones a gestionar la calidad de sus procesos, sistemas e impactos, y alientan las mejores prácticas.

Pese a que este instrumental se está convirtiendo claramente en un elemento significativo del entorno empresarial, la proporción de organizaciones que usan alguna de las numerosas herramientas de la RSE es todavía relativamente bajo. Muchas empresas, particularmente las pequeñas y medianas, se encuentran todavía en una fase embrionaria en la práctica de la RSE. Algunas todavía aclarándose con consideraciones tales como sobre qué dimensiones de la RSE comprometerse y cómo desarrollar políticas y prácticas responsables en las diferentes áreas de la RSE.

Los beneficios potenciales de toda esa gama de instrumentos quedarían ocultos si no se ofrecen indicaciones claras sobre para qué son los diversos instrumentos, sus aplicaciones y usos, y sobre cómo pueden ayudar a mejorar el desempeño de la RSE. Y el número y la variedad de herramientas juegan también contra la claridad necesaria para los consumidores y otras organizaciones potencialmente usuarias de los mismos.

La comunidad financiera ha sido un impulsor clave para la mejora en la transparencia y en la efectividad de los mecanismos de información de las empresas. Un número creciente de inversores, tanto privados como institucionales, demandan una información más precisa sobre los aspectos social y medioambiental de las compañías para orientar sus decisiones de inversión, con la convicción de que buenas actuaciones en esas áreas pueden determinar el resultado global.

Pero la situación actual de proliferación creciente de indicadores de sostenibilidad, de responsabilidad social y medioambiental, o de respeto a derechos humanos, aunque positiva, ya que refleja el dinamismo de la preocupación por este tema, puede tener como efecto indeseado que las señales pierdan nitidez y que los esfuerzos de las empresas por adquirir un compromiso público y valorado resulten baldíos.

No se pueden establecer unos estándares complicados y que haya que revisar mucho, todo es más burocrático y a lo mejor el resultado es que en vez de producirse una nueva manera de pensar en la gestión de la empresa lo que se produce es una nueva carga burocrática.

Tienen que estar basados en la transparencia. La clave es trasladarla a la gestión de las organizaciones, y ello requiere conocer qué estándares medimos y conocer cuáles serían de interés para nuestros *stakeholders*. Cierto es que hay muchas guías, pero son guías que todavía abren un amplísimo margen a la subjetividad y de muy difícil interpretación.

Debe haber una conexión entre lo decidido estratégicamente, y que es comunicado muchas veces al mercado, y la realidad de las medidas, procedimientos y elementos de control que ha implantado la empresa. Y este es el campo a cultivar, estableciendo esos procedimientos mínimos de control, poniéndolos en vigor y marcando cuáles deben ser esos elementos mínimos de gestión y de control y cuáles son los elementos de reporte que debe haber.

| Figura 8.7.- Herramientas utilizadas en RSC | | | | |
|---|---|---|---|---|
| **Herramienta** | **Ventajas** | **Inconvenientes** | **Implantación** | **Control Externo** |
| **Listas de empresas SR** | Coste nulo. Imagen | Solo accesible a grandes empresas | Restringida a las mayores empresas | Intermedio |
| **Índices de Sostenibilidad** | Notoriedad | Solo accesible a grandes empresas | Restringida a las mayores empresas y excluidas empresas de determinados sectores | Intermedio |
| **Códigos de conducta** | Coste reducido. Fácil implantación. Flexibilidad | Difícil control de cumplimiento efectivo | Muy utilizada | Muy escaso |
| **Ratificación de normas** | Coste reducido Fácil implantación | Difícil control de cumplimiento efectivo | Reducida | Reducido |
| **Memorias sociales** | Coste moderado | Información parcial | Bastante utilizada | Reducido |
| **Certificación externa de norma** | Máxima garantía de "buenas prácticas" | Coste de certificación. Escaso conocimiento | Muy escasamente utilizada | Máximo |

Deseos que se concretan también en la formulación de una de las posibles líneas de acción de las políticas públicas: la conveniencia de homogeneizar la diversidad de medidas de información disponibles.

Los diversos estándares pueden agruparse en cuatro maneras de trabajo básicas:

- **Declaraciones y códigos de conducta:** guías que proveen métodos ampliamente acordados de desempeño básico para las empresas, pero que carecen de mecanismos de auditoría externa. Algunos pueden incluir algún elemento de autoinforme (como por ejemplo, para las empresas que se adhirieron al Pacto Global de la ONU, la Ethical Trading Inititative y los Global Sullivan Principles), mientras que otros están sujetos a algún tipo de supervisión externa, sea informal (como ocurre con el seguimiento público que las ONG realizan del código WHO/UNICEF) o formal (como el sistema de los puntos nacionales de contacto que habrían de resolver casos en los que se incumplan o violen los principios de la OCDE y que se sometan a su consideración).

- **Guías para sistemas de gestión y esquemas de certificación:** guías auditables para la implementación, revisión y certificación externa del cumplimiento del estándar. Algunos estándares de este tipo son de origen organizacional (como el EMAS), algunos se basan en el emplazamiento o lugar de trabajo (por ejemplo la SA 8000) y otros se basan en el producto (como los criterios del FSC, Forest Stewardship Council). Estos estándares permiten a las empresas mejorar sus procesos internos en línea con la RSE, así como establecer unas bases de credibilidad con los consumidores u otros grupos de usuarios, a través de la certificación o la verificación.

- **Índices de posición, usados típicamente por las agencias de inversión socialmente responsable:** son conjuntos de criterios usados por los índices de clasificación y los fondos de inversión social para identificar las empresas consideradas aceptables para la inversión socialmente responsable. Los fondos individuales tienen sus propios exámenes y monitorizaciones, fundamentados en sus propios criterios, y los inversores pueden escoger el fondo que mejor atienda sus propias preocupaciones. Un desarrollo reciente fueron los índices de inversión social desarrollados por el FTSE y las compañías del Dow Jones.

- **Marcos para la información y la rendición de cuentas:** guías para el proceso que cubren mecanismos de información y de rendición de cuentas (tales como la AA1000S y el GRI). Estos estándares no especifican qué niveles sustantivos de cumplimiento han de satisfacerse, sino que ofrecen un marco para la comunicación y la respuesta a las preocupaciones del grupo de interés en relación con el desempeño social, medioambiental y económico.

**.- Diferencia entre estándares, indicadores, índices y códigos de conducta**

Se señalarán finalmente la diferencia entre estándares, indicadores, índices y códigos de conducta.

- **Los estándares** son el campo más desarrollado hasta la fecha. Existen más de 200 normas o principios de RSE aunque no todos tienen el mismo grado de difusión y notoriedad. Algunas de estas iniciativas incluyen un proceso de certificación. Esta certificación, en este caso se denomina *Social screening* o *social rating*.

- **Los indicadores** son una herramienta práctica que permite a las empresas evaluar el grado de desarrollo de sus estrategias, políticas y prácticas en los distintos ámbitos que involucra la responsabilidad Social Corporativa.

- **Los índices éticos** son bases de datos proporcionadas por agencias independientes de certificación o calificación ética que contrastan la información proporcionada por la empresa, recurriendo a terceros agentes independientes (ONG, asociaciones de derechos humanos, de defensa del medioambiente, de defensa del consumidor, sindicatos...). La principal diferencia con los índices es quien determina los criterios excluyentes de valoración, en el primer caso es la propia empresa y en el segundo es una agencia independiente.

- **Códigos de Conducta.** Son declaraciones formales que definen los estándares de actuación de las organizaciones que lo suscriben de forma voluntaria.

El impacto empresarial de las herramientas de gestión y verificación se suele plantear sobre tres ámbitos: memorias de sostenibilidad, sistemas de medición y certificación, y autorregulación sectorial.

### .- Estándares internacionales

Mientras existe una gran cantidad de estándares externos que cubren uno o más aspectos de la Responsabilidad Social Empresarial, solo unos pocos cubren todos los ítems. Entre ellos tenemos:

- **Iniciativa de Reporte Global (GRI):** Es un estándar internacional para uso voluntario por parte de organizaciones que deseen reportar sobre las dimensiones económicas, medioambientales y sociales de sus actividades, productos y servicios. El GRI (Global Reporting Initiative) fue convocado por CERES (Coalición por Economías Ambientalmente Responsables) e incorpora la activa participación de corporaciones, organizaciones no gubernamentales, organizaciones internacionales, agencias de Naciones Unidas, consultores, asociaciones empresariales, universidades y otros *stakeholders*.

- **Principios Globales de Sullivan:** En 1977, el reverendo Leon Sullivan desarrolló los llamados Principios Sullivan, un código de conducta para los derechos humanos y la igualdad de oportunidades para compañías que operan en Sudáfrica. Los principios de Sullivan son reconocidos por haber sido uno de los esfuerzos más eficaces para acabar con la discriminación racial en los lugares de trabajo en Sudáfrica y por haber contribuido a desmantelar el *apartheid*.

- **Social Accountability 8000 (SA 8000):** Es un estándar de gestión voluntario elaborado por SAI (Social Accountability International) de las Naciones Unidas, publicado en 1997, sobre las condiciones de trabajo y un sistema de control independiente para la producción de bienes y servicios de forma ética así como con unas condiciones laborales adecuadas. Basa su sistema de control en las estrategias de los sistemas de gestión de la calidad (conjunto de normas ISO 9000) y se centra en diferentes convenciones de la Organización Internacional del Trabajo (OIT), en la Declaración de los Derechos Humanos y en la Convención sobre los Derechos del Niño. Su enfoque está dirigido a evitar la ventaja competitiva que supone menores costes de producción gracias a un nivel inferior en las condiciones de trabajo. Esta norma es muy interesante para las compañías que desarrollan sus actividades en países con un entorno social y cultural menos exigente que el occidental y por ello con un menor desarrollo que los aspectos de seguridad y salud en el trabajo.

- **Los principios de The Caux Round Table (CRT):** Son un compromiso de los líderes empresariales de Europa, Japón y Norteamérica que promueven principios de liderazgo empresarial y la creencia de que los negocios tienen un rol crucial en la identificación y promoción de soluciones sostenibles y equitativas a los temas claves a nivel global que afectan el ambiente físico, social y económico.

- **Pacto Global de Naciones Unidas:** El Pacto Global fue anunciado en el Foro Económico Mundial de Davos (Suiza), en enero de 1999, y formalmente fue lanzado en septiembre de 2000. El Secretario General de la ONU, Kofi Annan, hizo un llamado a los líderes empresariales a que voluntariamente "abrazaran y desarrollaran" un conjunto de nueve principios en sus prácticas corporativas individuales y a través de un apoyo complementario a iniciativas de políticas públicas Recientemente fue aprobado un décimo principio del Pacto, referido a la lucha contra la corrupción.

- **Recomendaciones para Empresas Multinacionales OCDE:** Esta pauta, del año 2000, contiene recomendaciones hechas por los gobiernos a las empresas multinacionales. Se trata de principios voluntarios y estándares no obligatorios legalmente. Los gobiernos adheridos a estos lineamientos animan a las empresas que operan en sus territorios a observar estas pautas en cualquier lugar en donde operen.

- **ISO RSE:** En junio de 2002, el Comité de Consumidores de la International Standards Organization (ISO) se reunió en Trinidad y Tobago con el fin de lanzar la discusión sobre el desarrollo de una ISO sobre Responsabilidad Social Empresarial (ISO 26000). Será una norma no certificable cuya publicación se espera a lo largo del año 2011.

- **SGE21.** Forética, el foro para la evaluación de la gestión ética, estableció esta norma orientada a introducir valores éticos auditables en áreas de gestión de una organización que desea asumir un compromiso social, por lo que el cumplimiento de esta norma ofrece la posibilidad de someterse a auditoría y permite una certificación.

- **Modelo de implantación ISE04.** Es un modelo de implicación social de la empresa que le permite una intervención más activa en los problemas de su entorno inmediato. Ha sido elaborado por la consultora "We're able to" como una herramienta para ayudar a las empresas a diseñar, gestionar y evaluar su Acción Social como un elemento alineado a la estrategia y creador de valor para todo el negocio. La Inversión social genera retornos (sociales, económicos y combinados) y produce impactos (directos e indirectos) y estos deben ser conocidos, medidos, evaluados y comparados.

Asimismo, existen diversos estándares que contemplan algunas de las diversas dimensiones que involucra el concepto de Responsabilidad Social Empresarial. Entre ellos, cabe destacar los siguientes:

### .- Ética Empresarial

- **Convención OCDE sobre Soborno de Funcionarios Públicos Extranjeros en las Transacciones Comerciales Internacionales:** El 17 de diciembre de 1997, en París, los países miembros de la Organización para la Cooperación y el Desarrollo Económico (OCDE) y otros no integrantes de ese organismo ratificaron la Convención para Combatir el Soborno de Funcionarios Públicos Extranjeros en las Transacciones Comerciales Transnacionales. Ese documento es actualmente conocido como "Convención de la OCDE" y compromete a la adopción de severas medidas contra el soborno transnacional.

- **Convención de la OEA contra la Corrupción:** La Convención Interamericana contra la Corrupción constituye el primer compromiso internacional para la promoción del buen gobierno y el sistema más amplio de cooperación contra la impunidad. Fue firmada por 22 países de la Organización de los Estados Americanos el 29 de marzo de 1996 en la ciudad de Caracas, después de su discusión y redacción por el "Grupo de Expertos" que funcionó en la OEA, en Washington D.C.

- **AccountAbility 1000 (AA1000):** Publicada en 1999 por el Institute of Social and Ethical Accountability, la norma AA1000 permite medir los resultados sociales y éticos de las empresas con arreglo a criterios objetivos. Abarca el modo de evaluar, respaldar y fortalecer la credibilidad y calidad del informe de sostenibilidad de una organización y de sus principales procesos, sistemas y competencia. Una de sus principales características es que se centra en la relevancia de la relación con las partes interesadas y promueve un marco de confianza cuyo fin es desarrollar los valores y los objetivos de la organización y establecer indicadores y sistemas de información. Actualmente

Accountability está elaborando una nueva versión más actualizada de esta norma que se denominará AA2000.

### .- Medioambiente

- **International Organization for Standardization (ISO) 14000:** Las normas ISO son normas o estándares desarrollados por la International Organization for Standarization (ISO), organismo internacional no gubernamental con sede en Ginebra. ISO cuenta con más de 100 agrupaciones o países miembros, y no está afiliada a las Naciones Unidas ni a ninguna organización europea. Aún cuando las normas son elaboradas para el sector privado y tienen un carácter voluntario, muchos organismos gubernamentales pueden decidir convertir una norma ISO en una disposición obligatoria o legal. Tales normas pueden convertirse en condiciones para cerrar un negocio en transacciones comerciales, haciendo así que las partes ya no puedan considerarlas como voluntarias. Las Normas ISO-14000 son una familia de normas voluntarias, que persiguen establecer herramientas y sistemas para la administración de numerosas obligaciones ambientales de una organización sin prescribir qué metas debe alcanzar. Esta serie, como un todo, busca la estandarización de algunas herramientas de análisis clave, tales como la auditoría ambiental y la evaluación del ciclo de vida. La norma base o núcleo de esta familia de normas es la ISO 14001, que entrega los requisitos que debe tener un sistema de gestión ambiental (SGA).

- **Sistema Comunitario de Gestión y Auditoría Medioambientales (EMAS):** Es el acrónimo de la expresión inglesa EcoManagement and Audit Scheme, que se ha traducido al español como Sistema Comunitario de Gestión y Auditoría Medioambientales. Nace como un instrumento de carácter voluntario dirigido a las organizaciones para que éstas adquieran un alto nivel de protección del medioambiente. El objetivo del EMAS es la mejora del comportamiento medioambiental de las organizaciones. Por tanto, se constituye en herramienta para gestionar los efectos medioambientales de las compañías y mejorarlos de forma continua. El EMAS, además de los requisitos de un sistema de gestión medioambiental, otorga especial importancia a los aspectos del respeto a la legislación, la mejora del comportamiento medioambiental, la comunicación externa y la implicación de los trabajadores.

- **The CERES Principles:** Los Principios CERES (antes llamados Principios Valdez) son un código corporativo modelo de conducta medioambiental creados por la Coalición para Economías Medioambientalmente Responsables (en inglés CERES), una coalición de inversores, fideicomisarios de pensiones públicas, fundaciones, sindicatos de trabajadores y grupos medioambientales, religiosos y de interés público. Estos diez principios incluyen la protección de la biosfera, uso sostenible de recursos naturales, reducción y deposición de desechos, conservación de la energía, reducción del riesgo, productos y servicios seguros, restauración medioambiental, información al público, compromiso del *Management*, y auditorías y reportes.

- **Forest Stewardship Council (FSC):** El Forest Stewardship Council es una organización internacional sin fines de lucro, fundada en 1993 para apoyar el manejo ambientalmente apropiado, socialmente benéfico y económicamente viable de los bosques del mundo. El Forest Stewardship Council está introduciendo un esquema internacional de mercado para productos forestales, que brinda la garantía de confiabilidad y respalda al producto como proveniente de un bosque bien manejado. Todos los productos forestales que portan este logotipo han sido certificados de manera independiente como provenientes de bosques que cumplen los Principios y Criterios de Manejo forestal del FSC reconocidos internacionalmente.

- **Norma ISO 14063.** La norma ISO 14063:2006 "Gestión ambiental. Comunicación Ambiental. Directrices y ejemplos" pretende mejorar la comunicación de la política ambiental de la empresa. Sirve de guía para la comunicación, tanto interna como externa, que afecte a los principios generales, política, estrategia y actividades relacionadas con la política medioambiental que le interesa transmitir a la empresa.

---

**Figura 8.8.- Ventajas de la implantación y generalización de estándares de conducta**

**Para los trabajadores:**
- Mejora en salarios y condiciones de trabajo.

**Para las empresas:**
- Disminución de la competencia desleal.
- Diferenciación.
- Incremento de clientes solventes.
- Mejora de las relaciones humanas.

**Para los consumidores:**
- Productos de mayor calidad.
- Bienes y servicios con garantía de producción responsable.

**Para las Autoridades públicas:**
- Garantía de cumplimiento de la normativa.

---

**.- Calidad de Vida Laboral**

- **Organización Internacional del Trabajo (OIT):** Es una agencia de Naciones Unidas que promueve los derechos humanos y laborales, y ha establecido estándares internacionales para las empresas en los países miembros. Estos estándares incluyen convenciones en más de 20 áreas, tales como: libertad de asociación, prohibición de trabajo forzado, relaciones industriales, salarios, salud y seguridad ocupacional, seguridad social, empleo de niños y jóvenes, jornada laboral, entre otros. Los países-miembro de la organización ratifican en forma individual las convenciones y las incorporan en su legislación. La OIT también ha creado la Declaración sobre los Principios y Derechos Fundamentales del Trabajo, que obliga a los países-miembro a respetarla y seguirla aun si no han ratificado las convenciones.

- **OHSAS 18000:** Primera norma del ámbito mundial para la certificación de Sistemas de Gestión de Seguridad y Salud en el Trabajo. Es una especificación que establece los requisitos de un Sistema de Gestión de la SST que permite a una organización controlar sus riesgos ocupacionales y mejorar su desempeño en esa área. Es compatible con otros sistemas de gestión (Calidad y Medioambiente), aplicable a todos los tipos y tamaños de empresas.

**.- Reportes y comunicaciones**

- **Iprogress.** Es una herramienta desarrollada por la consultora "We're able to" para facilitar a las empresas la gestión, la integración y la medición de sus avances en la implantación de los Diez Principios del Pacto Mundial de la ONU, así como dar la información sobre estos progresos, es un modelo para ayudar a las compañías a cumplir con los requisitos obligatorios de la Comunicación de Progresos (COP) establecidos por Global Compact: descripción anual del grado de avance de las acciones e iniciativas emprendidas para implantar los principios del pacto Mundial.

- **One Report.** Se trata de una herramienta *on line* originaria de los Estados Unidos y promovida por el SRI World Group que pretende facilitar a las compañías los métodos para elaborar sus informes sobre Responsabilidad Corporativa y comunicarlos a inversores y *stakeholders* con mayor eficiencia, reduciendo a un único informe la cantidad de cuestionarios y preguntas que las empresas realizan para evaluar sus actuaciones no financieras.

### 8.7.- Cómo elaborar una memoria de sostenibilidad

Uno de los grandes retos que se plantea es saber cómo comunicar esos logros.

Se conoce como **Memoria de Sostenibilidad** cualquier tipo de informe publicado por una empresa relacionado con sus resultados económicos, ambientales y sociales.

Su fin es ayudar a las organizaciones a identificar sus riesgos actuales y potenciales y a actuar sobre ellos consiguiendo ahorros de tiempo y dinero tanto a corto como a largo plazo. Sus objetivos son:

- Aumentar la fidelidad y su credibilidad ante los clientes.
- Descubrir nuevas oportunidades al analizar en profundidad la operativa diaria.
- Consolidar su ventaja competitiva identificando nuevas oportunidades de mercado.
- Actuar como un "sistema de alerta temprana" para identificar los posibles riesgos ambientales, sociales o económicos a los que se puede ver expuesta la empresa o una "herramienta de autodiagnóstico" para los procesos internos.

### .- Qué hay que informar y cómo hacerlo

Podemos dividir este proceso en cinco etapas:

- **Preparación.** La empresa debe conseguir el apoyo de la Alta Dirección, designar un coordinador del proyecto y establecer un plan y un calendario de trabajo para su elaboración.

El siguiente paso es conocer el punto de partida. Seguro que no hay que empezar de cero. Qué empresa no recoge datos sobre:

o parámetros ambientales o sociales (volumen de emisiones, bajas por enfermedad...);

o su contribución al desarrollo profesional de sus empleados;

o su apoyo a organizaciones locales, tales como equipos deportivos o asociaciones culturales.

Los principios a seguir en su elaboración son:

o transparencia y globalidad;

o neutralidad, comparabilidad y precisión. En otras palabras su calidad y fiabilidad;

o su acceso, disponibilidad y periodicidad;

o su auditabilidad, o demostración de su fiabilidad.

Al final de esta etapa deberemos tener establecido:

o un plan y un calendario de trabajo;

o el ámbito temporal de la memoria: anual, bienal, trimestral...;

o los límites de la memoria de acuerdo a los objetivos de la empresa.

- **Planificación.** En esta etapa la organización debe identificar los temas que incluirá en la memoria.
  o Debe reflejar lo que ya está haciendo la compañía.
  o Las metas empresariales presentes y futuras.
  o Los objetivos futuros, teniendo en cuenta sus retos económicos, ambientales y sociales.
  o Debe identificar los grupos de interés en la empresa y sus expectativas e iniciar el diálogo con ellos.
  o Debe identificar un conjunto de indicadores que permitan expresar de forma sencilla los aspectos considerados como clave.
  o Establecer prioridades. El objetivo debe ser equilibrar los deseos de información de los grupos de interés con lo que resulte práctico y viable incluir
- **Evaluación y comunicación.** En este apartado, se establece la necesidad de medir nuestros esfuerzos con la ayuda de indicadores. Para ello:

En primer lugar, habrá que pasar de los aspectos a los indicadores cuantificables. Los indicadores de desempeño, para facilitar el establecimiento de prioridades, se dividen en dos grupos, indicadores centrales e indicadores adicionales.

  o **Los indicadores centrales** son empleados por la mayoría de las organizaciones que elaboran memorias de sostenibilidad. Son también aquellos relevantes para la mayoría de los grupos de interés. Por ejemplo, la tasas de absentismo, accidentes laborales, días perdidos o número de víctimas mortales relacionadas con el trabajo.

  o **Los indicadores adicionales,** desarrollados últimamente pero todavía no demasiado utilizados, suministran información a un reducido número de grupos de interés pero que son particularmente importantes para la organización que elabora la memoria. También son aquellos que se consideran susceptibles de pruebas adicionales para su posible consideración futura como indicadores centrales, como, por ejemplo, sobre prestaciones sociales a los empleados no exigidas por ley.

Como principio general se debe presentar la información en cifras absolutas y utilizar cifras relativas como información adicional para establecer el contexto o proporcionar una medida de la magnitud. Ofrecer únicamente cifras relativas puede enmascarar las cifras absolutas, lo que puede llevar a los lectores a confusión.

Igualmente se deben identificar aquellos campos donde no se satisfacen las expectativas de los grupos de interés. Estamos ante el primer paso para la mejora. No olvidemos que la empresa debe ser realista pero también ambiciosa.

- **Elaboración de la memoria.** En función de la calidad de los resultados de los indicadores se decidirá cómo divulgarlos de forma que se ajuste lo mejor posible al público objetivo.

Si no resulta adecuada o posible la divulgación de algún indicador concreto, debe limitarse a explicar por qué se ha decidido no incluirlo en la memoria. Por ejemplo, señalando que carece de los procedimientos necesarios para recoger adecuadamente los datos, e indicar si prevé adoptarlo en el futuro.

Los siguientes pasos serán:

o Elegir los métodos de comunicación que se consideren más apropiados, teniendo en cuenta el público objetivo y los grupos de interés internos y externos clave.

o Definir el contenido de la memoria a redactar, sus capítulos y su estructura. En su redacción de la memoria ha de utilizarse un lenguaje simple.

o Revisión interna de su contenido previa a su publicación y proceder a su distribución y difusión.

- **Mejora continua.** Una vez difundida la memoria, el trabajo aún no ha terminado. En efecto:

o Deben recogerse los comentarios de los grupos de interés internos y externos para saber qué es lo que está bien y qué puede ser mejorado la próxima vez.

o Debe asegurarse de realizar una evaluación interna del proceso de elaboración desde el principio hasta el final pensando ya en la próxima memoria. Deberían anotarse los aspectos e indicadores que a la empresa le gustaría incluir y las acciones necesarias.

o Se recomienda que el fin de un proceso de elaboración de la memoria se convierta en el inicio del siguiente.

o Mantener un ciclo de elaboración de memoria fluido garantiza, sin duda, la continuidad de los sistemas y de los canales de comunicación que se han establecido

## 8.8.- El protagonismo de la Sociedad Civil en el impulso de la RSE

Durante las últimas décadas, el conjunto de instituciones sociales que vienen actuando fuera de los límites del Estado y del mercado ha ido en aumento y han constituido lo que se ha dado en llamar tercer sector. Su nombre proviene de que muestran una tercera forma de propiedad entre la privada y la estatal, que no persigue el lucro y cuya función se dirige a la producción de servicios sociales, sin incluir el control sobre los mismos.

Estas organizaciones están jugado un papel determinante en el planteamiento e impulso de la responsabilidad social, al ser las que primero reaccionaron y pusieron sobre la mesa las consecuencias que estaba teniendo el modelo neoliberal. Fueron las que ante el debilitamiento del Estado tomaron las riendas para dar un giro a la situación.

De hecho, por la fuerza que han tomado se viene denominado a este sector el "quinto poder", que ya factura un billón de euros en todo el mundo y emplea a 19 millones de personas.

Sus principales ventajas son su capacidad de llegar allá donde no lo hacen los poderes estatales, su ganada credibilidad y confianza entre la opinión pública así como acceso a los medios de comunicación. Estos factores las han convertido en interlocutores de peso ante el sector privado y portavoces autorizados para denunciar las malas prácticas. Veamos algunas referencias:

- En 1977, la Coalición de ONG de los EE. UU. para el Desarrollo de las Economías Responsables Medioambientalmente (CERES) y el Programa Medioambiental de Naciones Unidas impulsa la puesta en marcha de Global Reporting Iniciative (GRI) con el objetivo de fomentar la calidad y la utilidad de los informes medioambientales.

- En junio de 1995, el presidente de Shell en el Reino Unido anunció que la polémica plataforma petrolífera del Mar del Norte, Brent Spark, no sería hundida. Greenpeace había librado una dura batalla contra la multinacional y los consumidores informados hicieron modificar las conductas de esta empresa comprando el combustible en la competencia, hasta el punto de que las ventas de Shell disminuyeron en un 30% en Alemania, Suecia, Holanda y Dinamarca. Como consecuencia, Shell adoptó un código ético y se comprometió a difundir anualmente un informe de sus efectos sobre el entorno.

- En el año 2001 se creó la Plataforma Española de ONG por la Responsabilidad Social Corporativa, formada inicialmente por Intermón Oxfam, Setem, Economistas sin Fronteras y Amnistía Internacional, con el fin de sensibilizar sobre este tema a los distintos agentes sociales y a la opinión pública en general.

- Una de estas organizaciones no gubernamentales, Intermón Oxfam, lleva varios años trabajando en el fomento del comercio justo y el consumo responsable. Así, ha liderado la vigilancia del sector textil para verificar que las prendas hayan sido elaboradas en condiciones dignas de trabajo. Recordemos la denuncia de dos periodistas austriacos, Klaus Werner y Hans Weiss, que pasaron una larga temporada documentándose sobre el trabajo infantil (según datos de la OIT, en 2001 unos doce millones de niños trabajaban en lugar de cursar la enseñanza obligatoria en el Tercer Mundo) e incluso se hicieron pasar por proveedores ante alguna de las empresas para comprobar la veracidad de los hechos que más tarde denunciarían en el Libro negro de las firmas de marca, donde relatan cómo los pesticidas utilizados en algunas plantaciones han ocasionado muertes y problemas de fertilidad entre los trabajadores centroamericanos o cómo los negocios de algunas multinacionales contribuyeron a mantener en el poder a las dictaduras de Sudán y Birmania o financiar la guerra en El Congo.

- Un ejemplo mucho más reciente del papel activo que desempeña la sociedad civil es la denuncia sobre el cobro de comisiones, por parte de las entidades bancarias, en las ayudas a las víctimas del Tsunami asiático al mostrar la responsabilidad social de unas empresas capaces de lucrarse por tramitar las donaciones de particulares. El escándalo ha llegado hasta el Parlamento Europeo, donde se aprobó invitar a las instituciones financieras a una autorregulación en esta materia.

### 8.9.- Respuesta de la Unión Europea. Establecimiento de un marco de acción europeo para la RSE

La Comisión de la Unión Europea fijó en julio de 2001 las bases conceptuales de este término en su Libro Verde "Fomentar un marco europeo para la responsabilidad social de las empresas", donde define la responsabilidad social corporativa como la integración por parte de las empresas de las cuestiones sociales y medioambientales en las actividades empresariales, en sus operaciones comerciales y sus relaciones con sus interlocutores o partes interesadas (*stakeholders*): accionistas, proveedores, clientes, trabajadores, administraciones públicas y comunidades locales con base en una iniciativa de carácter voluntario.

Su objetivo era debatir cómo podría la Unión Europea fomentar la responsabilidad social de las empresas, con una perspectiva europea e internacional, aprovechando las experiencias existentes, fomentando el desarrollo de prácticas innovadoras, aumentando la transparencia y recabar opiniones de empresas a nivel europeo y global con el fin de, de acuerdo con los objetivos estratégicos establecidos en la Cumbre de Lisboa, convertirse en:
- una economía basada en el conocimiento,
- la más competitiva y dinámica del mundo,
- capaz de crecer económicamente de manera sostenible,
- con más y mejores empleos,
- con mayor cohesión social.

**.- Propuestas de la estrategia europea**

Veamos las propuestas de la estrategia europea destinadas a promover la responsabilidad social de las empresas recogidas en la "Comunicación de la Comisión relativa a la responsabilidad social de las empresas: una contribución empresarial al desarrollo sostenible, COM/2002/0347". Esta recoge los siguientes aspectos:

- **Definir el concepto de responsabilidad social de las empresas.** Aunque la RSE es un concepto con arreglo al cual las empresas deciden voluntariamente integrar las preocupaciones sociales y ecológicas en sus actividades comerciales y en las relaciones con sus interlocutores, es imprescindible fijar un enfoque unitario.

- **Un mayor reconocimiento de la responsabilidad social de las empresas.** Las empresas, los responsables políticos y otras partes interesadas reconocen la responsabilidad social como un elemento importante de las nuevas formas de gobierno, que puede ayudarles a responder a los siguientes cambios fundamentales. Así aspectos como la imagen y el prestigio desempeñan un papel cada vez más importante para la competitividad en el contexto empresarial, ya que tanto las ONG como los consumidores exigen más información sobre las condiciones de producción de bienes y servicios, así como su impacto en la sostenibilidad, y tienden a premiar con su comportamiento a las empresas social y ecológicamente responsables. Como consecuencia de estos factores, los accionistas exigen que la divulgación de información no se limite a los tradicionales informes financieros a fin de poder identificar mejor los factores de éxito y de riesgo inherentes a una empresa, así como su capacidad de responder a la opinión pública.

- **La dimensión global de la RSE.** El gobierno mundial y la interrelación entre el comercio, la inversión y el desarrollo sostenible son aspectos cruciales del debate sobre la responsabilidad social de las empresas. Las empresas multinacionales que cumplan las normas acordadas internacionalmente podrán contribuir a un funcionamiento más sostenible de los mercados comerciales internacionales, por lo que es importante que la promoción de la RSE a ese nivel se base en normas internacionales y en instrumentos consensuados.

La definición de marcos comunes para fomentar la dimensión global de la RSE constituye un reto habida cuenta de la diversidad de las políticas nacionales, la protección de los trabajadores y la reglamentación en materia de medioambiente. Varias iniciativas en las que participan empresas europeas, como Investors for Africa, World business at the global level, Council for Sustainable Development y el Pacto Mundial de las Naciones Unidas tienen por objeto definir prácticas y principios básicos.

### .- Acción de la Unión Europea en el ámbito de la RSE

En principio, la adopción de una actitud de responsabilidad social corresponde a las propias empresas en interacción dinámica con sus interlocutores. Sin embargo, puesto que todo indica que la responsabilidad social de las empresas aporta un valor a la sociedad contribuyendo a un desarrollo más sostenible, las autoridades públicas deben fomentar las prácticas empresariales responsables desde un punto de vista social y ecológico.

La acción comunitaria en el ámbito de la RSE debe apoyarse en los principios fundamentales establecidos en los acuerdos internacionales y deberá llevarse a cabo respetando plenamente el principio de subsidiariedad.

En este contexto, existen al menos dos razones que justifican la oportunidad y necesidad de una acción comunitaria:

- En primer lugar, la responsabilidad social de las empresas puede resultar un instrumento útil para reforzar las políticas comunitarias.
- En segundo lugar, la proliferación de distintos instrumentos en este ámbito (normas de gestión, sistemas de etiquetado y certificación, notificación, etc.) dificulta la comparación y puede confundir a las empresas, los consumidores, los inversores y otras partes interesadas, así como al público en general, además de provocar distorsiones en el mercado.

Por lo tanto, la acción comunitaria podría servir para facilitar la convergencia de los instrumentos utilizados a fin de asegurar un funcionamiento adecuado del mercado interno y garantizar unas reglas de juego equitativas.

### .- Estrategia para la promoción de la RSE

La Comisión propone una estrategia de promoción de la RSE basada en los siguientes principios:

- reconocimiento de la naturaleza voluntaria de la RSE;
- prácticas de responsabilidad social creíbles y transparentes;
- focalización en las actividades en las que la intervención de la Comunidad aporte un valor añadido;
- enfoque equilibrado y global de la RSE que incluya los aspectos económicos, sociales y ecológicos, así como los intereses de los consumidores;
- atención a las necesidades y características de las pymes;
- apoyo y coherencia con los acuerdos internacionales existentes (normas fundamentales adoptadas por la OIT, directrices de la OCDE para las empresas multinacionales).

Propone centrar su estrategia en las siguientes acciones:

**1.- Dar a conocer mejor el impacto positivo de la responsabilidad social en las empresas y en la sociedad**, tanto en Europa como en el resto del mundo, en particular en los países en desarrollo. La RSE puede:

- Contribuir a crear en las empresas un clima de confianza, que se traduciría en un mayor compromiso de los empleados y mejores resultados en términos de innovación.

- Estimular la confianza de los consumidores y contribuir de manera fundamental al crecimiento económico. En concreto, al asumir un comportamiento de responsabilidad social, las empresas pueden desempeñar un papel importante para prevenir y combatir la corrupción y los sobornos y evitar que las empresas se utilicen para el blanqueo de dinero y la financiación de actividades delictivas.

- Crear en las empresas un clima de confianza, que se traduciría en un mayor compromiso de los empleados, mejores resultados en términos de innovación, creando un clima similar de confianza en las relaciones de cooperación con otras partes interesadas, en esencia, estimulando la confianza de los consumidores y contribuyendo de manera fundamental al crecimiento económico.

**2.- Fomentar el intercambio de experiencias y buenas prácticas en materia de RSE entre las empresas y los países miembros.** Estos intercambios podrían resultar especialmente útiles a nivel sectorial, ya que contribuirían significativamente a definir los desafíos comunes y las posibilidades de cooperación entre competidores. Dicha cooperación permitiría reducir los costes derivados de la adopción de prácticas de responsabilidad social y contribuiría a garantizar unas reglas de juego equitativas.

**3.- Promover el desarrollo de las capacidades de gestión en el ámbito de la RSE.** Entre ellos cabe señalar las acciones que permiten a los ciudadanos comprender y apreciar los valores sociales, ecológicos o éticos y les ofrecen las herramientas adecuadas para decidir con conocimiento de causa. A este respecto, la educación y la formación en el ámbito de la administración de empresas presentan un interés particular. El impulso de un verdadero diálogo sobre este tema entre el mundo de la empresa y el de la educación contribuirá a fomentar los principios y prácticas socialmente responsables.

**4.- Fomentar la adopción de prácticas de responsabilidad social entre las pymes.** En virtud de su menor complejidad y del papel destacado que desempeña el empresario, las pymes gestionan a menudo su impacto en la sociedad de manera más intuitiva y más informal que las grandes empresas. A fin de facilitar la adopción generalizada de prácticas empresariales responsables por parte de estas empresas, conviene sensibilizar más a estas empresas sobre sus ventajas económicas y presentarlas como herramientas de gestión del riesgo.

**5.- Facilitar la convergencia y la transparencia de las prácticas y los instrumentos de responsabilidad social.** La transparencia es un componente esencial del debate sobre la responsabilidad social de las empresas puesto que contribuye a mejorar sus prácticas y su comportamiento, al tiempo que permite a las empresas y a terceras partes cuantificar los resultados obtenidos. Por consiguiente, es útil establecer parámetros de referencia que permitan medir y comparar los resultados de las empresas en el ámbito social y medioambiental a fin de garantizar la transparencia y facilitar una evaluación comparativa real y creíble. Los parámetros de referencia con respecto a la RSE deben basarse en valores fundamentales y tener como punto de partida acuerdos internacionales como, por ejemplo, las normas fundamentales de trabajo de la OIT o las directrices de la OCDE para las empresas multinacionales. Es preciso fomentar la convergencia y la transparencia en los siguientes ámbitos:

**a.- Códigos de conducta.** Constituyen instrumentos innovadores importantes para la promoción de los derechos humanos, laborales y medioambientales, así como de las medidas contra la corrupción, en especial en aquellos países en los que las autoridades públicas no aplican normas mínimas. Sin embargo, conviene destacar que estos códigos completan las legislaciones nacionales, comunitarias e internacionales, así como los convenios colectivos, pero no los sustituyen. La Comisión considera necesario que los códigos de conducta:

- tengan como normas mínimas comunes de referencia los convenios fundamentales de la OIT y las directrices de la OCDE para las empresas multinacionales,
- incluyan mecanismos adecuados de evaluación y control de su aplicación, así como un sistema de evaluación de la conformidad,
- impliquen en su elaboración, aplicación y control a los interlocutores sociales y otras partes interesadas, inclusive de los países en desarrollo,
- divulguen las experiencias y prácticas correctas de las empresas europeas.

**b.- Normas de gestión.** Las empresas, independientemente del sector en el que operan, así como de su tamaño, estructura o antigüedad, se beneficiarían del hecho de integrar los aspectos sociales y medioambientales en sus actividades diarias. En este contexto, los sistemas de gestión de la responsabilidad social, al igual que los sistemas de gestión de la calidad total, permitirían a las empresas tener una visión clara de las repercusiones de sus operaciones en el ámbito social y medioambiental, además de identificarlas y gestionarlas más eficazmente. Por ejemplo, el sistema de gestión y auditoría medioambiental (SGAM) permite la participación voluntaria en un programa de gestión medioambiental de las empresas y otras organizaciones dispuestas a asumir el compromiso de evaluar, gestionar y mejorar sus resultados económicos y medioambientales.

**c.- Medición, elaboración de informes y validación.** En el transcurso de la última década, el número de empresas que ha empezado a hacer públicos sus resultados en el ámbito social y medioambiental ha aumentado notablemente. Los informes de «triple balance» relativos a los resultados económicos, sociales y medioambientales se imponen como ejemplo de prácticas correctas. En esta fase inicial de exploración, la flexibilidad actual puede facilitar la adecuación de estos informes a cada empresa. En su Comunicación sobre una estrategia comunitaria en favor del desarrollo sostenible, de 15 de mayo de 2001, la Comisión invitó a todas las empresas con un mínimo de 500 empleados y que cotizaran en bolsa a publicar en sus informes anuales a los accionistas un «triple balance» que midiera sus resultados con arreglo a criterios económicos, ecológicos y sociales.

**d.- Etiquetas.** El derecho de los consumidores a la información está recogido en el Tratado CE. Para ser útil a los consumidores, la información debe ser precisa y accesible. El respeto de determinados criterios comunes a la hora de formular y evaluar unilateralmente declaraciones sociales o ecológicas mejoraría la eficacia y credibilidad de las mismas. En este sentido es esencial que los Estados miembros y las partes interesadas supervisen la veracidad de dichas declaraciones.

Los consumidores reciben también información a través de los sistemas de reconocimiento, tales como galardones, premios, etiquetas, etc., que identifican las prácticas correctas en determinadas categorías de productos. La etiqueta ecológica comunitaria, la flor, que se concede a productos de la máxima calidad ecológica, así como otras iniciativas y etiquetas de comercio justo, son ejemplos de sistemas de etiquetado de productos certificados por organismos independientes. Sin embargo, este tipo de etiquetas existe únicamente para un número limitado de categorías de productos y no es fácil obtener información pertinente sobre los aspectos sociales y medioambientales para la mayor parte de los productos de consumo.

La participación en los sistemas de etiquetado deberá ser voluntaria. Las etiquetas deben responder a criterios objetivos, transparentes, no discriminatorios y conformes a las obligaciones internacionales de la UE, así como a las normas de competencia en vigor. Estos sistemas deberían adoptar como nivel mínimo de referencia los convenios fundamentales de trabajo de la OIT, cuyo trabajo en favor de iniciativas voluntarias privadas ha recibido el respaldo de la UE.

**e.- Inversión socialmente responsable (ISR).** A fin de que la ISR contribuya a la promoción de la responsabilidad social, es primordial que las agencias de calificación (consultores independientes o departamentos de IRS de los bancos de inversión) establezcan criterios e indicadores que determinen los factores generadores de las ventajas competitivas y del éxito empresarial de las empresas socialmente responsables. Dado que los fondos de pensiones exigen cada vez más información a las empresas en las cuales invierten, éstas consideran ventajoso publicar datos sobre sus resultados sociales y medioambientales. Las declaraciones de registro y los folletos publicados con motivo de una oferta pública inicial (OPI) pueden constituir otra fuente útil de información sobre los riesgos sociales y medioambientales, que permite a los futuros inversores evaluar el riesgo global asociado a una empresa.

**6.- Creación de un foro multilateral europeo sobre la RSE.** La adopción de enfoques comunes y soluciones únicas y universales en todos los ámbitos no será posible en la medida en que el concepto de RSE es intangible y los distintos interlocutores tienen intereses diferentes y, en ocasiones, enfrentados.

El éxito de la acción de la Unión Europea en favor de la promoción de la RSE dependerá en última instancia de la aceptación generalizada de los principios de responsabilidad social por parte de las empresas, los interlocutores sociales, la sociedad civil y las autoridades públicas, inclusive de terceros países. Por consiguiente, la Comisión propone la creación de un Foro multilateral europeo sobre la RSE con el objeto de promover la transparencia y la convergencia de las prácticas y los instrumentos de responsabilidad social, mediante:

- el intercambio de experiencia y prácticas correctas entre los agentes a nivel europeo;
- la asociación de las iniciativas existentes en la UE y el posible establecimiento de un enfoque europeo y unas directrices comunes que faciliten el diálogo a escala internacional con terceros países;
- la identificación y exploración de los ámbitos en los que es necesario reforzar la acción a nivel europeo.

**7.- Integración de la RSE en todas las políticas de la UE.** En el marco de la estrategia en favor del desarrollo sostenible adoptada por la Unión Europea en la cumbre de Gotemburgo de junio de 2001 y de la Carta de los Derechos Fundamentales proclamada en Niza en diciembre de 2000, la Unión Europea se ha comprometido a integrar plenamente en sus políticas y acciones consideraciones de tipo económico, social y medioambiental, además de derechos fundamentales, como las normas fundamentales de trabajo y la igualdad entre hombres y mujeres, respetando su dimensión tanto interna como externa.

Las prácticas de RSE pueden contribuir a los objetivos establecidos en las políticas comunitarias, en particular en el ámbito del desarrollo sostenible, complementando los actuales instrumentos políticos, por ejemplo, los acuerdos comerciales y los acuerdos de cooperación al desarrollo.

Esta integración debe cubrir tanto la política de contratación pública como la política exterior, incluida la política comercial y de cooperación al desarrollo.

Como consecuencia de esto, la Comisión ha decidido aplicar un enfoque más integrado y sistemático de la gestión de las cuestiones sociales y medioambientales en su propia administración, y tiene la intención de integrar más las prioridades sociales y medioambientales en su gestión, inclusive en sus propios procedimientos de contratación pública así como mediante la evaluación de sus resultados sociales y medioambientales.

### 8.10.- Situación de la responsabilidad social de la empresa en España

El interés por la responsabilidad social de la empresa en España es relativamente reciente. Siguiendo la experiencia internacional y el reclamo de una sociedad con mayor preocupación social, surgen en los últimos quince años experiencias de economía social y solidaria que demuestran que es posible compatibilizar rentabilidad económica con beneficios sociales y que se pueden producir y comercializar bienes y servicios de forma sostenible económica, social y ecológicamente. Pero quizás el mayor interés por la RSC viene ligado en nuestro país al lanzamiento a finales de los noventa de productos financieros éticos (fundamentalmente fondos de inversión) promovidos por organizaciones sociales que tratan de fomentar el ahorro responsable en España siguiendo el ejemplo internacional.

Dentro de las iniciativas que se están llevando a cabo en España para impulsar la RSC hay algunas propuestas tanto en el ámbito de la normalización como en el de la certificación. Entre ellas podemos destacar:

- El "Código de gobierno de la empresa sostenible" elaborado por IESE, Fundación Entorno y PricewaterhouseCoopers.

- El modelo documental del Sistema de la Gestión Ética (SGE), elaborado por la asociación Foretica (asociación sin ánimo de lucro compuesta por empresas, consultoras, profesores universitarios y otras personas físicas y jurídicas comprometidas con la promoción de la cultura ética de la empresa), que organiza en series de normas las normas. Si se desea la acreditación, Forética extiende un certificado basado en la auditoría de una certificadora acreditada, que confiere el derecho a usar la marca de gestión ética.

- La Fundación Economistas sin Fronteras acaba de concluir un estudio sobre la RSC de la empresa española. Dicho trabajo ha consistido en la elaboración de una metodología de evaluación que ha sido aplicada a un conjunto de grandes empresas españolas que han participado en él basado en los indicadores, cuantitativos y cualitativos, más idóneos para medirlos.

Es de reseñar que, en nuestro país, a finales del 2003 se han adherido al Pacto Mundial de la ONU sobre Responsabilidad Social más de 200 empresas, incluyendo las multinacionales con actividades en España. Además de las empresas están presentes la patronal CEOE, los sindicatos CC. OO. y UGT, varias universidades, ONG y fundaciones sin ánimo de lucro. Es interesante señalar que somos uno de los países más activos.

En línea con lo que está sucediendo en otros países, por iniciativa del ministerio de Trabajo y Asuntos sociales se creó en el año 2005 un foro de expertos en RSC. En el año 2007, en su VI sesión elaboró un informe titulado "Las políticas públicas de fomento y desarrollo de la RSC en España" donde concluyen que es necesaria una política pública de fomento de la RSC ya que "los aspectos de la responsabilidad social deben ser considerados tanto de interés público como privado ya que las decisiones sobre el uso, consumo y el deterioro del capital natural, social y humano, afectan a toda la sociedad presente y venidera". Propone la creación de:

- Una **mesa de diálogo Social sobre la RSE** para valorar cuál es la política sobre RSE más adecuada.

- Un **consejo estatal sobre la RSE** formado de forma paritaria por empresas, trabajadores, organizaciones sociales y las administraciones públicas central y autonómica cuya misión sea proponer al Gobierno políticas públicas y fijar los criterios que deben cumplir las empresas para recibir la calificación de responsables. Este consejo se creó con base en el Real Decreto 221/2008, de 15 de febrero, por el que se crea y regula el Consejo Estatal de Responsabilidad Social de las Empresas.

## 8.11.- Normativa frente a voluntariedad

En la actualidad existen dos corrientes que lideran el desarrollo de la responsabilidad social corporativa, la vertiente europea y la norteamericana.

• La **vertiente europea** se caracteriza por un desarrollo y promoción del tema liderado por los gobiernos y los consumidores, con una visión más "humanista". Entre las organizaciones que lideran este desarrollo destaca CSR Europe, una red creada en 1995 por 48 empresas bajo el nombre de European Business Network for Social Cohesion. Su misión es ayudar a las compañías a lograr un crecimiento sostenido a través de la incorporación de la responsabilidad social corporativa en la estrategia de negocios.

• La **vertiente estadounidense** se caracteriza por un desarrollo y promoción del tema desde el punto de vista empresarial y con una visión más pragmática al respecto (hacer bien, hace bien al negocio). Entre las organizaciones empresariales norteamericanas que lideran este desarrollo destaca Business for Social Responsibility (BSR), que agrupa a empresas de todos los tamaños y sectores.

## 8.12.- La Responsabilidad Social Corporativa y las pymes

Este es el aspecto más preocupante. Aparentemente las pymes han quedado al margen de la RSC, bien por falta de recursos económicos o humanos, por carencia de conocimientos y herramientas, o por falta de información.

Dado que en Europa la mayoría de las empresas son pequeñas y medianas y que estas representan el 95 por ciento del empleo europeo, su participación es imprescindible.

El punto positivo es que las pymes se están dando cuenta de que estas prácticas incrementan su productividad y crean una imagen positiva de la compañía además de un impacto social, económico y ambiental positivo.

Por esa razón las pequeñas y medianas empresas están dejando de ver estas prácticas como algo exclusivo de las grandes corporaciones y están incrementando su atención en las prácticas de RSE como medio para mantener o tener acceso a nuevos mercados.

## 8.13.- Críticas contra la RSC

Quizás la opinión más escéptica relativa a la Responsabilidad Social Corporativa es la planteada por el profesor y Premio Nobel de economía Milton Friedman y que se recogen en un célebre artículo suyo publicado por la revista *New York Times* titulado "The Social Responsibility of Business is to Increase its Profits" (*The New York Times Magazine*, 13 de septiembre de 1970). Podemos sintetizar este artículo en diez puntos:

**1. Solo las personas pueden tener responsabilidades**. Cuando se habla de responsabilidad social corporativa, la gente suele referirse a los directivos de las empresas.

2. En un sistema de economía de libre mercado, **los directivos de las empresas tienen una responsabilidad frente a sus accionistas**: conseguir tanto beneficio como sea posible de acuerdo con las reglas básicas de la sociedad, es decir, respetando la legislación y los usos éticos.

3. Si el directivo tiene una "responsabilidad social" significa que **actúa de una forma distinta a los intereses de sus accionistas**.

4. Por lo tanto, **estaría imponiendo a sus accionistas un "impuesto"** y decidiendo ellos cómo invertir dicho impuesto.

5. De esta forma, el **directivo se convierte en un funcionario público**, con poderes legislativo, ejecutivo y judicial. Y sin que nadie lo haya elegido de forma democrática.

6. Por ello, la doctrina de la responsabilidad social **supone la aceptación del punto de vista socialista de que los mecanismos políticos y no los mercados** son los apropiados para determinar la distribución de recursos escasos.

7. El argumento no es muy distinto si el que asume esa responsabilidad es uno de varios accionistas, actuando frente al resto. En el caso de un **empresario individual, las cosas sí que son distintas** puesto que se trata de su propio dinero.

8. Por lo tanto, en la práctica, **la responsabilidad social corporativa es un envoltorio de acciones que se justifican en otros campos** (beneficio a largo plazo) más que la razón de esas acciones.

9. En el caso anterior, no se puede acumular mucha indignación para denunciar esa **hipocresía**.

10. Por todo lo anterior, concluye el Profesor Friedman, la responsabilidad social corporativa es una doctrina fundamentalmente subversiva.

Aun estando de acuerdo con la mayor parte de estos puntos no lo estamos con la conclusión: la forma de conseguir beneficios en el siglo XXI no debe ser la misma que en los siglos XVIII y XIX, o utilizar una calculada "hipocresía" social corporativa como un elemento de la imagen pública de la empresa.

**Tabla 8.9.- Responsabilidad social empresarial. Razones a favor y en contra**

| Razones a favor | Razones en contra |
|---|---|
| Las empresas son parte integrante de la sociedad en general | Las empresas deben dedicarse a aquello que saben hacer y es su misión: producir aquello que la gente desea de la forma más eficaz posible |
| Las empresas deben recompensar no solo a propietarios o accionistas, sino a cualquier otra persona involucrada (clientes, consumidores, proveedores, empleados) | Los recursos de la empresa deben dirigirse a lograr el principio del máximo beneficio |
| La RSE es rentable a medio y largo plazo | Solventar los problemas de la sociedad es competencia de otros órganos e instituciones |
| Las empresas tienen personas y medios técnicos cualificados para afrontar gran parte de los problemas que afectan a la sociedad | Los clientes saldrían perjudicados porque se produciría un aumento generalizado de precios |
| Las intervenciones públicas se producirían en la medida en que las empresas no asuman las responsabilidades | Las empresas tienen ya el poder económico. Si invaden otros campos acabarían poseyendo el social y político |

Y esto es posible debido a que estamos ante un asunto relativo a la ética:

• **La ética de los accionistas**, lo que los accionistas consideran que es una actuación buena o mala con respecto a sus trabajadores, el medioambiente y la sociedad en general. Esta se debe plasmar en políticas y sus objetivos deben ser explícitos, públicos y estar sometidos a revisiones y modificaciones periódicas.

• **El comportamiento ético de los directivos.** Se trata de evaluar cómo se consiguen estos beneficios evitando así que los directivos se escuden el beneficio al corto plazo de la empresa.

# 9.- Una Nueva Cultura de Empresa

La responsabilidad social de la empresa es una combinación de aspectos legales, éticos, morales y ambientales, y es una decisión voluntaria, no impuesta, aunque exista cierta normatividad frente al tema.

Orientar los esfuerzos de la empresa solamente a generar resultados basados en las teorías de producir y vender más, con el mínimo costo, sin importar el impacto social, es a medio y largo plazo el motivo de su fracaso.

Abarca aspectos internos y externos, los que se han sido objeto de tratado por expertos en el tema, los primeros orientados a los colaboradores o el equipo de trabajo, sus asociados y accionistas, y los segundos, los externos a clientes, proveedores, familia de los trabajadores, la vecindad y el entorno social, entre estos el medioambiente.

Antes de profundizar más sobre el tema, es preciso recordar que los objetivos empresariales de la empresa actual están enfocados a lograr mayor competitividad y productividad.

La productividad se entiende como la capacidad de producir y vender más, a menor costo y con una excelente calidad, lo que permite a la marca que se promociona mantenerse y crecer en los mercados a los que pertenece, sean nacionales o extranjeros, haciéndose así mucho más competitivos.

Productividad y competitividad son entonces la razón que lleva a que las decisiones gerenciales hagan una valoración del costo beneficio. No debemos dejarnos llevar por una visión a corto plazo, tenemos que saber medir las posibles consecuencias nocivas de la inversión en el futuro de la marca o la empresa misma.

## 9.1.- Puntos de encuentro

Es cierto que, en el contexto europeo, el Libro Verde y la posterior comunicación elaborada por la Comisión Europea se han convertido en referencias obligadas a la hora de ordenar este debate. Las iniciativas de la Comisión tienen su origen en el objetivo estratégico de la declaración del Consejo Europeo de Lisboa de 2000: "La Unión se ha fijado hoy un nuevo objetivo estratégico para la próxima década: convertirse en la economía basada en el conocimiento más competitiva y dinámica del mundo, capaz de crecer económicamente de manera sostenible con más y mejores empleos y con mayor cohesión social". Y en el contexto de las conclusiones de dicho Consejo, se efectúa el "llamamiento especial al sentido de responsabilidad social de las empresas con respecto a las prácticas idóneas en relación con la formación continua, la organización del trabajo, la igualdad de oportunidades, la integración social y el desarrollo sostenible".

Ciertamente, si el alcance que se le da a la expresión "marco de referencia" no pasa de ser el de unos mínimos comunes sobre los que proseguir un diálogo que se encuentra en sus comienzos, la hipótesis se puede dar por buena y, de hecho, el epígrafe anterior, centrado en los conceptos o visiones de la RSE manejados por los comparecientes, ofrece ciertas vías de convergencia. Recapitulemos algunas:

- El foco está en la empresa. Es a ella a quien toca pensarla, construirla y desarrollarla.

- Entre los actores sociales con los que se dialoga, los grupos de interés, llamados *stakeholders* son interlocutores privilegiados: se trata de personas y grupos que se juegan algo en la actuación de la empresa, que se encuentran potencialmente afectados por ella, y que tienen poder para influir en su marcha, independientemente de sus vínculos contractuales con la misma. La RSE consiste en ver la posición de las empresas en sociedades complejas y exigentes como una oportunidad.

- Parece claramente aceptado que la visión clásica de los objetivos de la empresa, reducida a la maximización de los beneficios, ha dejado de ser válida. Se ha extendido a todos los niveles la convicción de que una economía globalizada, en un contexto político y jurídico compartimentado y no estable, obliga a una actitud proactiva en la asunción de responsabilidades por parte de las empresas, si no quieren arriesgarse a perder legitimidad social y, con ella, su papel económico.

Así entendida, la RSE no solo no es una carga, sino que se convierte en factor esencial para la supervivencia misma de las empresas.

### 9.2.- Cuestiones abiertas

El término responsabilidad social de la empresa a veces crea confusión. No dice nada en concreto sino que funciona como discurso legitimador en un debate en el que cada actor tiene sus propias agendas; dependiendo de lo que se entienda por responsabilidad social se desprenden posturas, planteamientos y políticas distintas.

Se podría decir que coexisten tres aproximaciones a la RSE a partir del tipo de respuesta empresarial:

- **La RSE, respuesta a demandas y a presiones sociales.** Se puede ver la RSE como una demanda más del mercado, con la salvedad de que estas demandas son cada vez más complejas y diversificadas y no se presentan exclusivamente a través de los mecanismos de aquél, haciéndolo en clave de presión o exigencia social. La RSE se acaba reduciendo, desde esta perspectiva, a una respuesta de carácter casi meramente reactivo como resultado de un análisis de los riesgos a los que está sometida la organización empresarial. Y uno de los frentes que tiene que atender la empresa, en la contemporánea sociedad de la información, es el de la reputación. Se puede dudar razonablemente de la convicción que pueda sostener una política de RSE entendida en esta clave, así como sospechar también de la durabilidad de la misma, más allá de la percepción y constatación de la demanda.

- **La RSE, complemento de la gestión.** En segundo lugar, se puede ver la RSE como un área de gestión más, un departamento más, que complementa otras dimensiones de la acción empresarial. Se trata, esa es la clave, de complementar sin que ello suponga tocar el núcleo de la gestión. Haya o no haya RSE, la gestión empresarial no se modifica en lo esencial. Si la hay, lo que tendremos será la incorporación de una serie de actividades, las propias del nuevo departamento de RSE, que colorearán en cierta medida el conjunto de la gestión. Las visiones más filantrópicas, que ponen el acento de la contribución de la empresa a una serie de causas sociales, serían un ejemplo extremo de esta aproximación.

- **La RSE, integrada en la gestión: nuevo modelo de empresa.** Por último, puede considerarse la RSE como una forma de entender, globalmente, el modelo de empresa, una visión estratégica de un nuevo modelo empresarial. Una visión, una manera de pensar, que ha de sostenerse a través de las operaciones de negocio y en el seno de la estrategia de la compañía. No es tarea simplemente del departamento de comunicación y/o de relaciones públicas, sino que ha de empapar toda la empresa, en el desarrollo del negocio, en el *marketing*, en los recursos humanos, finanzas y demás. Una integración así es la que permitiría que la RSE desplegase todo su potencial.

### 9.3.- La RSE como dinamismo

La RSE incluye nuevas prácticas pero también mantiene antiguas maneras de hacer que siguen existiendo hoy en día. Ejemplo de ello serían ciertas formas de patrocinio y de beneficios sociales que serían versiones actualizadas de una forma tradicional de paternalismo social, especialmente en el entramado de la pequeña y mediana empresa. Lo mismo se puede decir de un tipo de RSE que se remonta a una especie de tutela social generalizada, practicada básicamente en los países de Europa del Este, antes de los años 90.

La RSE debe ser considerada como un proceso (aprendizaje gradual de lo que supone el hecho de que la gestión de la empresa se oriente sosteniblemente hacia la RSE) y no como un producto o un estado (ser o no ser socialmente responsable), lo cual nos permitirá, además de adoptar una visión más realista del asunto, incorporar el factor temporal al análisis y previniéndonos contra los excesos de entusiasmo o pesimismo cuyas huellas son perceptibles en el actual debate sobre la RSE.

Las decisiones que se hayan de tomar en cada momento, dentro de ese proceso dinámico, dependerán de la situación de la empresa y de los contextos económico, legal, cultural, etc. Precisamente también porque esos contextos son cambiantes, se puede dar por hecho que la RSE continuará evolucionando. Al menos tres elementos tienen y tendrán una especial influencia en dicho proceso evolutivo:

- **La globalización,** que modifica las maneras de hacer de las empresas y obligará, probablemente, a ir más allá de un marco europeo de referencia, abriendo y ampliando perspectivas hacia otros países, cuyos valores y contextos contribuirán a conformar la RSE. Un creciente interés por el alcance global de las corporaciones y, por ende, la dimensión internacional de la RSE, ha encendido el debate sobre las virtudes y los límites de la RSE a la hora de abordar asuntos, complejos y delicados, asociados con la globalización. Pero la práctica empresarial responsable, o sostenibilidad, son comúnmente reconocidas por todas las partes como claves para asegurar que la globalización trabaje por los más desfavorecidos y como medio de llevar beneficios a los países en desarrollo. El modo de operar de las corporaciones en los países en desarrollo y en zonas de conflicto continúa siendo objeto de atención, incluyendo la necesidad, y el valor, de una aproximación en clave más reguladora. Y en ese contexto de globalización se compite no solo con productos y servicios, sino también con modelos de empresa y de gestión.

- **La gobernanza,** que se refiere al proceso de toma de decisiones en las empresas y en la sociedad. La RSE se vincula a las nuevas formas de gobernanza social, en un contexto de nuevas interdependencias. Una gobernanza, en el caso de sociedades complejas como las nuestras, que no será posible si no se convierte la responsabilidad de los diferentes actores sociales en una conciencia de corresponsabilidad. La RSE está en el centro del proceso de gestión de los costes y beneficios de la actividad empresarial tanto para con los grupos de interés internos (trabajadores, propietarios y accionistas, inversores) como externos (otras empresas, instituciones públicas, grupos de la sociedad civil, miembros de la comunidad, el medioambiente). Establecer los límites y los procedimientos sobre cómo han de gestionarse esos costes y beneficios es una cuestión de política y estrategia empresarial, en parte, pero es también una cuestión de gobernanza pública.

- **El desarrollo sostenible**, que sitúa a las compañías ante el reto de cambiar la manera de producir bienes y servicios. Mientras que la responsabilidad social en relación con el resto de grupos de interés o afectados tiene una historia de varias décadas, la agenda de la responsabilidad medioambiental la tiene mucho más reciente. Durante los últimos veinte años se ha acrecentado la conciencia y la preocupación en relación con el impacto y las consecuencias ambientales del crecimiento y desarrollo económicos. El informe Brundtland de 1987 señaló la urgencia de unir el progreso económico a la responsabilidad medioambiental para poder evitar el agotamiento de los recursos naturales y la destrucción del medioambiente. El concepto de desarrollo sostenible llegará a tener categoría específica a partir de su utilización por la Cumbre de Río de 1992, que situó la agenda de la sostenibilidad en los primeros lugares de preocupación a través de los acuerdos internacionales sobre cambio climático, bosques o biodiversidad. Desde esos años, las empresas "ciudadanas", "solidarias", o incluso "comprometidas", van apareciendo de forma discreta pero constante.

Solo las empresas competitivas y que generan beneficios son capaces de contribuir a largo plazo al desarrollo sostenible creando riqueza y empleo sin poner en peligro las necesidades sociales y medioambientales de la sociedad. Por tanto la RSE es la contribución de la empresa al desarrollo sostenible.

### 9.4.- Qué es una empresa socialmente responsable

Tras lo anteriormente expuesto estamos en condiciones de sintetizar qué se entiende por empresa socialmente responsable. Podríamos afirmar que es una organización competitiva en términos económicos, que intenta cumplir de manera excelente sus cometidos para continuar siéndolo y asegurar su pervivencia. Pero ello obviamente no es suficiente, debe dar también respuesta satisfactoria a los siguientes seis requisitos:

- Ofrecer productos y servicios que respondan a necesidades de sus usuarios, contribuyendo a su bienestar.
- Tener un comportamiento que vaya más allá del cumplimiento de los mínimos reglamentarios, optimizando en forma y contenido la aplicación de todo lo que le es exigible.
- La ética ha de impregnar todas las decisiones de directivos y personal con mando, y formar parte consustancial de la cultura de empresa.

- Las relaciones con los trabajadores han de ser prioritarias, asegurando unas condiciones de trabajo seguras y saludables.
- Ha de respetar con esmero el medioambiente.
- Ha de integrarse en la comunidad de la que forma parte, respondiendo con la sensibilidad adecuada y las acciones sociales oportunas a las necesidades planteadas, atendiéndolas de la mejor forma posible y estando en equilibrio sus intereses con los de la sociedad. La acción social de la empresa es importante, pero evidentemente no es el único capítulo de la RSE.

Este desafío, traducido a la operativa de las empresas, representa alcanzar el reto de dar respuesta satisfactoria a metas relativas a responsabilidades económicas, sociales y medioambientales. Para ello se utilizan los informes de triple base, *triple bottom line,* en los balances anuales de las empresas que ya se empiezan a realizar por las más importantes organizaciones. Así por ejemplo, la mayor parte, por no decir prácticamente todas las grandes empresas del mundo, ya han empezado a elaborar tales informes. Pero la clave son sus garantías de objetividad.

Quizás el concepto crítico más importante de la gestión de la RS es su medida. No es fácil precisar de lo que estamos hablando dado que depende del contexto geográfico y social en que nos encontramos o la dificultad de establecer límites con otros conceptos que están en la misma línea, tales como la imagen de empresa o su reputación, y la dimensión funcional, consistente en saber cómo medir con la fiabilidad necesaria para poder compararnos interna y externamente.

Los avances venideros se supone que estarán precisamente en la estandarización y sistematización de los métodos de medición, con las correspondientes auditorías en este campo.

Finalmente señalar que el Libro Verde de la Comisión Europea manifiesta que: "Para practicar la responsabilidad social de las empresas es esencial el compromiso de la alta dirección, así como una forma de pensar innovadora, nuevas aptitudes y una mayor participación del personal y sus representantes en un diálogo bidireccional que pueda estructurar una realimentación y un ajuste permanentes. El diálogo social con representantes de los trabajadores, que es el principal mecanismo de definición de la relación entre una empresa y su personal, desempeña un papel crucial en la adopción más amplia de prácticas socialmente responsables".

Evidentemente, para actuar de manera eficaz en este campo optimizando nuestros recursos disponibles es necesario evaluar necesidades y potencialidades para establecer un plan de acción con diferentes fases.

## 9.5.- Beneficios económicos de la RSE

La realidad es que una empresa con un buen cartel social es más competitiva, vende más, debido a su buena imagen y la cobertura de los medios de comunicación, fideliza clientes y fortalece e incrementa sus ventas. No se puede olvidar que las modas corporativas también evolucionan. Antes de la responsabilidad social, el protagonismo era de la calidad y del medioambiente. En la tabla 7.1 se recogen algunas de sus ventajas.

Una buena imagen corporativa obtenida gracias a una política de responsabilidad social permite su diferenciación frente a la competencia y tiene un valor cada vez más tangible.

Hay que señalar que el medio de comunicación sobre economía más prestigioso del mundo, *The Economist,* acaba de publicar un informe, firmado por el titular de la consultora McKinsey, que reconoce la importancia adquirida por la RSE en los negocios durante los últimos años. Su título lo dice todo: "Sencillamente buen negocio".

Señala que la RSE podría ser ventajosa para el negocio, y que si bien falta mucho por lograr para integrarla a la estrategia de la empresa, la responsabilidad empresarial es "sencillamente un buen negocio".

El artículo concluye señalando que "RSE es la parte que la empresa necesita hacer para mantenerse al día con las expectativas de la sociedad (o, si es posible, estar un poco por delante). Se trata de cuidar la reputación de la empresa, manejar sus riesgos y ganar ventaja competitiva. Esto es lo que los buenos gerentes deben hacer en cualquier caso. Así, prestarle atención a la RSE puede ser un egoísmo ilustrado, algo que en el tiempo ayudará a mantener los beneficios para los accionistas".

Además, el mismo informe incluye una encuesta del Economist Intelligence Unit, efectuada entre noviembre y diciembre del 2007, que reporta que el 35% de los ejecutivos encuestados hace tres años decían que le daban una alta o muy alta prioridad a la RSE, pero que ahora lo hacen el 56% y en tres años pronostican que lo harán el 70%. Solo el 4% respondió que la RSE es una pérdida de tiempo y dinero.

**Tabla 9.1.- Beneficios de la Responsabilidad social de la empresa**

**A nivel externo:**
- Posicionamiento y diferenciación de marca
- Incremento de notoriedad
- Captación de nuevos clientes
- Fidelización de clientes
- Mejora de imagen de marca
- Mejora de imagen corporativa
- Mejora de relación con el entorno (nuevas estrategias de comunicación, atracción de medios, etc.)
- Incremento de la influencia de la empresa en la sociedad
- Mejora de las relaciones con sindicatos y administración pública
- Descuentos publicitarios
- Apoyo al lanzamiento de nuevos productos
- Acceso a líderes de opinión que influyen en la decisión de compra de los consumidores.
- Acceso a nuevos segmentos de mercado

**A nivel interno:**
- Fidelidad y compromiso de los trabajadores
- Mejora del clima laboral, redundado en la mejora de productividad y calidad
- Mejora de la comunicación interna
- Fomento de una determinada cultura corporativa
- Realización de ensayos para el desarrollo de innovadoras estrategias comerciales
- Obtención de desgravaciones fiscales
- Proporcionar valor añadido a los accionistas

Las prácticas responsables son buenas para el negocio, pero su problema es que no se reflejan "inmediatamente" en el precio de la acción en bolsa dado que estos precios tienen una visión relativamente cortoplacista y las prácticas responsables tienen sus rendimientos en el mediano o largo plazo y a veces de forma intangible.

Por otra parte, un estudio elaborado por Mercer y The Asset Management Working Group de Naciones Unidas (ONU) y su programa UNEP FI, analiza los elementos comunes entre las diferentes aproximaciones a la inversión responsable y la rentabilidad de las inversiones. El informe demuestra que invertir en fondos socialmente responsables (ISR) no implica obtener un impacto negativo en la rentabilidad.

El estudio se basa en una revisión de 20 trabajos académicos y 10 estudios de gestoras de inversiones globales, los cuales investigan el impacto de los factores de Inversión Socialmente Responsable. De los trabajos académicos revisados, 10 encontraron una relación positiva entre factores ISR y rentabilidad, 7 una relación neutral y 3 de ellos una relación negativa.

El informe concluye que tener en cuenta factores más amplios en el proceso de inversión, como por ejemplo factores ISR, no supone una penalización en el rendimiento de las inversiones. El resto de factores del proceso de inversión, tales como las habilidades de los gestores, el tipo de inversiones y el plazo de la inversión, siguen siendo básicos para la obtención de la rentabilidad de las inversiones financieras. Además, el informe también subraya que la inversión responsable se puede realizar de distintas maneras y va mucho más allá de la exclusión automática de determinadas inversiones.

En el mercado español de pensiones, se empieza a observar que algunas Comisiones de Control de Fondos de Pensiones empiezan a plantear en sus reuniones periódicas con las entidades gestoras la inclusión de los factores ISR, por lo que este aumento de demanda por parte del inversor institucional podría provocar una aceleración en la consideración de estos factores en nuestro país

### 9.6.- La sostenibilidad como sinónimo de calidad

Más de una vez hemos pensado por qué el consumidor no premia a las empresas sostenibles como nos gustaría.

La respuesta es simple, como consumidores todavía no hemos asociado la sostenibilidad a calidad y esta es la clave. Todo consumidor, sea cual sea su actitud frente a la compra (precio o diferenciación), siempre incorpora la variable calidad, representa la balanza en la que pesa el precio, la marca o reputación o el simple deseo... y finalmente toma una decisión.

Cuando hablamos de calidad, desde un punto de vista industrial, debe significar ser respetuoso con el cliente, con el medioambiente y con la sociedad.

Pero el consumidor, en la actualidad, no tiene interiorizada la sostenibilidad. Pero llegará, y no tardando mucho, el día en que de forma inconsciente entendamos que un producto sostenible es un producto de mayor calidad.

Recapacitemos:

* En los años 80 del siglo XX surgió el concepto de calidad, y fue la Calidad (y la medíamos con las ISO 900x).

* En los años 90 vino la Excelencia (y el EFQM nos ayudó a concretar las ideas).

- Hoy hablamos de la Sostenibilidad y la RSC, mañana serán otras siglas y otros modelos.

Todo el proceso responde a la búsqueda de la mejora continua en la gestión de las organizaciones, y todo evoluciona a partir de lo anterior; nada se inventa de la nada.

Calidad, Excelencia y Sostenibilidad caminan unidas. Lo importante es entender a tiempo las necesidades y expectativas de quienes valorarán las estrategias empresariales y tomarán sus propias decisiones en consecuencia.

### 9.7.- ¿Podemos competir siendo socialmente responsables?

Veamos algunas indudables ventajas específicas que, a pesar de no contar con un entorno normativo favorable ni con un reconocimiento social generalizado, se derivan de un comportamiento responsable en el ejercicio de la actividad productiva y de los negocios:

- Beneficios derivados del cumplimiento de normativas ya existentes a la hora de contratar con las administraciones y concurrir a concursos públicos. Todo apunta a que esta exigencia se extenderá, a corto plazo, a las empresas concertadas con la administración, principalmente en el campo sanitario, de las obras públicas y de la enseñanza.

- Beneficios derivados de la integración de la Prevención de Riesgos Laborales, en grado excelente, con los que vienen dados por la mejora de la calidad y la disminución del absentismo, obteniendo progresos tanto en la mejora del ambiente de trabajo como de excelencia en la producción.

- Facilidades para el cumplimiento de demandas provenientes de los clientes. Por ejemplo su exigencia de contratación con empresas que cumplan determinados niveles de RSC derivados de convenios sectoriales o de empresa firmados con los sindicatos.

- Hacer frente, en igualdad de condiciones, a competidores que sí aplican criterios de RSC y que se benefician de sus resultados.

- Beneficios derivados de la mejora del clima laboral en la empresa, la interlocución con los sindicatos (de empresa y sector) y las mejoras en la atracción, motivación y retención del talento.

- Beneficios ligados a la imagen externa ante accionistas, en el caso de empresas que cotizan en Bolsa, la comunidad local, los consumidores y los clientes.

## 9.8.- RSE y crisis. Cada vez más empresas alinean la RSE con su estrategia de negocio

Las actuaciones de RSE son un elemento reputacional muy importante. Hay que darse cuenta de que la RSE atiende a las expectativas de los grupos de interés y la reputación es la percepción que de la empresa tienen sus grupos de interés. Conjugando acciones responsables y gestión reputacional se fortalece la imagen y se revalorizan de forma notable los activos intangibles de la empresa.

Responsabilidad Social Corporativa es algo más que una imagen, una comunicación y una marca. Es una deontología del comportamiento futuro sobre la base de nuestra cultura corporativa. Con el fin inicial de una empresa y sin perderlo de vista, se fundamenta en completar el ciclo empresarial.

Hay una importante crisis en el sector financiero mundial. El crédito escasea, la morosidad está al alza y los precios de activos e inversiones se desploman. Es un panorama ante el que se puede pensar que todo aquello que no tenga que ver con el beneficio "puro y duro" dejará de tener importancia. O quizás, no.

Las grandes compañías, en Estados Unidos, mantienen su interés por la responsabilidad corporativa, y la mayoría cuentan con un claro alineamiento entre la sostenibilidad y sus estrategias de negocio, según un informe elaborado por la consultora Deloitte.

Las empresas están aprendiendo a producir y a consumir de otra manera, con valores que tienen que ver más con la responsabilidad y la sostenibilidad, ya que favorece la capacidad de innovación, de tener ideas y su aplicación. Observan cómo la integración de las consideraciones de sostenibilidad en la estrategia de la empresa y las operaciones mejora el valor del negocio y permite obtener ventajas competitivas.

Veamos algunas razones:

- En un momento de miedos y falta de credibilidad, la RSE o RSC es por definición una evaluación de los valores de la empresa y como tal sitúa su posición dentro de los mercados y de la sociedad. La transparencia es su base de partida.

- Los consumidores están demandando cada vez más información y una mayor transparencia sobre las actuaciones de empresas y administraciones públicas en materia de responsabilidad.

- Su estructura se basa en el respeto por los valores éticos, hacia las personas, la sociedad y el medioambiente y persigue, entre otros, la mejora en el clima de trabajo, mejora de los resultados de la empresa, personal motivado, imagen y reputación, entre otros. Aunque resulte paradójico no persiguen la mejora en seguridad y salud o ambiental, sino la productiva. No pretenden producir menos o peor para dañar menos, sino producir mejor y más disminuyendo el impacto generado. Y no olvidemos un detalle, cuanto más eficientes seamos, más competitivos seremos.

### .- La transparencia empresarial es obligada y obligatoria

Aunque la RSC sea voluntaria, la transparencia es obligada y obligatoria. Veamos su complementariedad:

• La RSC responde a una cultura empresarial, a una actitud de sus dirigentes, a un espíritu que caracteriza a un proyecto empresarial.

• La transparencia es una obligación de las empresas cotizadas para con la sociedad económica y financiera en la que operan.

La transparencia se manifiesta, entre otras cosas, a través de una Memoria que radiografía a la empresa ante los observadores, analistas, accionistas, agencias y agentes de evaluación, ofreciendo datos precisos de su comportamiento en los tres grandes órdenes de su actividad: económico y financiero, sociolaboral y medioambiental.

Esta información debería, y a medio plazo lo será, ser obligatoria para todas las empresas que cotizan en Bolsa y están por ello sometidas a escrutinio público: accionistas ciudadanos, Medios de Comunicación, Fondos de Pensiones, Fondos de Inversión, etc.

La cuestión no es si los informes de sostenibilidad deben ser obligatorios por Ley, sino qué debe exigir la Ley en dichos informes. En otras palabras, lo que deben recoger las legislaciones en ley es aproximar y homologar el contenido de los informes de sostenibilidad de las empresas cotizadas para que la evaluación de estos informes pueda resultar universalmente conocida y homogéneamente comparada.

### 9.9.- Evolución de la formación o capacitación de los trabajadores

La gestión de la formación ha evolucionado grandemente en los últimos años. Podemos mostrar su evolución en tres etapas:

• Hasta los años 90 del siglo pasado la capacitación era reactiva, en función de las solicitudes de los demandantes. Las empresas invertían enormes cantidades de dinero, sin una claridad estratégica, es decir, sin alinearse claramente con los objetivos organizacionales.

• Posteriormente las empresas empiezan a darse cuenta de que el capital humano es un elemento estratégico como generador de valor. Por tanto, además de estar alineada a los mandamientos empresariales, debe generar una mejor utilización de los recursos con el fin de obtener ahorros, de generar competitividad. Surge la Gestión por Competencias y Evaluación del Desempeño. La formación se vuelve proactiva, en vez de reactiva, basada en planes de capacitación y otras alternativas de desarrollo. Se considera que la capacitación es una inversión y se convierte en estratégica.

- En la actualidad estamos en una tercera etapa, cuyo origen se fundamenta en la responsabilidad individual, siendo la empresa un asesor o consultor interno que apoya al desarrollo integral del empleado. La Empresa ya no es el gran promotor de que su personal se capacite, pasa a ser un facilitador de recursos, y cada individuo es absolutamente responsable de su formación. La persona se autodesarrolla. Es el empleado, con base en evaluaciones de competencias y en función de su desarrollo de carrera, quien traza en consenso con su supervisor inmediato su propio plan de desarrollo, para modelar las conductas que la organización requiere estratégicamente y agregar valor a la empresa.

En resumen,

- La formación debe generar valor y generar una respuesta en línea de lo que la empresa espera de ella.

- Hemos pasado de una capacitación con un alto coste en la primera, a una eficiente inversión en la segunda para finalmente llegar a una moderada inversión en la tercera.

- Sin duda el grado de compromiso del trabajador será tanto mayor cuando le es "impuesta" o promovida por la organización.

### 9.10.- Niveles de buenas prácticas comerciales sostenibles
### .- Nivel básico

- La relación comercial se fundamenta en:
o El estricto cumplimiento de las leyes tanto del país comprador como del país vendedor si fueran distintos.
o El principio de Buena Fe por ambas partes.
o La costumbre y tradiciones existentes, sean del mercado, del país, de la cultura, religión, etc.
- Se incluyen algunas cláusulas y condiciones:
o Convenciones de la OIT en trabajo infantil o forzoso.
o Respeto y defensa de los Derechos Humanos contenidos en la Declaración Universal de los Derechos Humanos.
o Restricción en el uso de materias primas tóxicas y peligrosas. Responsabilidad en la gestión de recursos

### .- Nivel medio

- A lo indicado en el nivel básico, se incorpora:
- o La adhesión a todas las convenciones principales de la OIT, las directrices de la OCDE y la UE para empresas internacionales, y otras normas en este sentido.
- o Se forma parte de, y valoran, iniciativas como los 10 principios del Pacto Mundial, las certificaciones y normas como la ISO 14001, la SA8000, OHSAS 18000, etc.
- o Se fomenta la transparencia y comunicación pública a través de sistemas y directrices como las GRI, las AA1000, etc.
- A nivel de producto:
- o Se exigen y/o valoran sellos y certificaciones como el FSC para la madera, el Eco-label, Öko-Tex, etc.
- o Se establecen pautas tanto interna como externamente para reducir algunos consumos como papel, electricidad, agua, etc.
- o Se tiene en cuenta el ciclo de vida de los productos y otros aprovisionamientos, así como las posibilidades de reciclado.

### .- Nivel avanzado

- La compra sostenible forma parte de la estrategia y, por tanto:
- o Existe un código ético de conducta público con relación a las compras, a disposición de los proveedores, que explica y detalla los principios y valores de la empresa.
- o Se establecen procedimientos y protocolos de compra que garanticen el cumplimiento de tales principios, así como la transparencia y materialidad.
- o Existe una persona o equipo responsable de la implantación y supervisión de todos los procesos referidos, con acceso directo a la dirección.
- o Se establecen objetivos en este ámbito, así como indicadores de seguimiento, que serán analizados periódicamente.
- **Además, en relación con los proveedores y otros grupos de interés:**
- o Se diseñan planes de apoyo a los proveedores para facilitar su alineamiento con la empresa, con objetivos y tiempos.
- o Se establecen sistemas de consulta con los principales grupos de interés para determinar impactos y posibilidades de mejora.
- o Se firman acuerdos de colaboración con ONG y otras entidades independientes, para auditar procesos, resultados, impactos y objetivos a largo plazo.

# 10.- Ámbitos y estímulos de actuación

En este punto nos ocupamos de aquellos ámbitos temáticos o de actuación que, sin constituir áreas de la gestión empresarial como los abordados anteriormente, ocupan un lugar fundamental en la agenda de la RSE ya sea como:
- palancas o motores de la misma como son la inversión y el consumo socialmente responsables,
- marco institucional de demanda, conformado por el conjunto de iniciativas internacionales en torno a la RSE,
- paradigma de una cultura de gestión empresarial muy próxima a la RSE, materializado en las empresas de economía social,
- un nuevo escenario emergente para la RSE, dibujado por el valor de la sostenibilidad y el mercado y las demandas que lleva aparejados.

## 10.1.- Inversión socialmente responsable

En los últimos años ha aumentado mucho la popularidad de la inversión socialmente responsable (ISR) entre los grandes inversores. Las políticas responsables en los ámbitos social y ecológico son para los inversores un indicador de buena gestión interna y externa. Dichas políticas contribuyen a minimizar los riesgos anticipando y previendo crisis que pueden dañar la reputación y provocar caídas espectaculares del valor de las acciones.

La ISR es aquella que fundamenta sus decisiones sobre cómo invertir sus recursos con criterios responsables socialmente, considerando por tanto aspectos sociales y medioambientales junto con los económicos en la toma de decisiones.

Un fondo de inversión socialmente responsable es, por tanto, un fondo en que a las inversiones, aparte de tratar de ofrecer la máxima rentabilidad y liquidez con el mínimo riesgo, se les exige además que estén de acuerdo con la moral, valores y sistema de creencias de cada uno. La inversión ética es, por consiguiente, un concepto muy sencillo; es una filosofía de inversión que mezcla objetivos éticos, medioambientales y sociales con objetivos puramente financieros.

Veamos algunas de sus definiciones:

- El United Kingdom Social Investment Forum las define como "aquellas inversiones que permiten a sus inversores combinar los objetivos financieros con sus valores sociales, vinculados a ámbitos de justicia social, desarrollo económico, paz y medioambiente".

- Para SIRI una inversión y en concreto un fundo de inversión es ISR cuando establece unos criterios éticos, sociales o medioambientales en la selección de sus inversiones. Además estos criterios deben estar publicados y accesibles por los particulares.

- Una de las principales instituciones estadounidenses que más años lleva trabajando en la promoción y difusión de la ISR, el Social Investment Forum, define la ISR como "la integración de valores personales y preocupaciones sociales en las decisiones de inversión".

Este concepto ha evolucionado en los últimos cuarenta años. En un principio, las inversiones socialmente responsables se caracterizaron por la exclusión de determinadas actividades. Primero, la política del *apartheid* de Sudáfrica, y luego, la guerra de Vietnam, provocaron que determinadas personas no quisieran invertir en empresas que tenían algún tipo de relación o implicación en estos hechos. De este movimiento de protesta nació la idea de inversión socialmente responsable: los inversores "votaban y elegían" a las empresas en las que querían invertir o al menos en las que no querían invertir.

Este concepto de exclusión, asociado a la idea de discriminación negativa, sigue siendo una de las características diferenciadoras de estas inversiones. Evidentemente, los motivos de la exclusión han variado considerablemente y no son homogéneos entre países: mientras en Estados Unidos la industria tabaquera es penalizada por casi el 100% de los Fondos ISR (FISR), en el Reino Unido, la fabricación de armas o las pruebas con animales son la primera causa de censura por los FISR.

La evolución de la ISR condujo a la idea de considerar no solo excluir determinadas actividades, sino también de incluir empresas modélicas. Esta idea premia a las empresas que adoptan una serie de buenas prácticas, tanto en su gestión financiera (de otra forma no serían escogidas por los gestores de los fondos de inversión) como en la de los temas medioambientales y/o sociales.

Tanto los índices como los fondos socialmente responsables que nacen en la actualidad tienen más en cuenta a la hora de confeccionar sus carteras las buenas prácticas de las empresas que los criterios de discriminación negativa. Estas buenas prácticas se engloban en las áreas económica, social y medioambiental. En el ámbito económico, además del análisis financiero al que están sujetas todas las empresas para formar parte de un fondo de inversión, en estos últimos años se está analizando y valorando especialmente la calidad del gobierno corporativo como un indicador de la buena gestión de la empresa.

En función de la discriminación positiva o negativa, los fondos se dividen en:

- **Fondos de primera generación.** Únicamente aplicaban la discriminación negativa en sus carteras.
- **Fondos de segunda generación.** Se combina la discriminación positiva y negativa.
- **Fondos de tercera generación.** En ellos ya no se habla de discriminación negativa (aunque no es incompatible), sino que tan solo se habla de discriminación positiva. La preocupación es ahora escoger a las mejores empresas de cada uno de los sectores de actividad en todas las áreas. Por tanto se basa en premiar la sostenibilidad de las empresas.
- **Fondos de cuarta generación.** Entre los fondos de cuarta y la tercera generación, la diferencia no es conceptual, sino metodológica. Lo que se pretende ahora es validar la información obtenida durante el proceso de investigación mediante, por ejemplo, su verificación externa e independiente.

Por último, vamos a comentar que además de la pura selección a la hora de invertir, existe otro tipo de estrategia ligada a la ISR, que en inglés recibe el nombre de *shareholder advocacy*, que se ha traducido al castellano como *activismo accionarial*. En este caso, los inversores, como accionistas, ejercen su derecho a voto e intentan cooperar y/o presionar para que la empresa adopte una postura clara en su política respecto a los temas del desarrollo sostenible. Especial relevancia cobran en este contexto los inversores institucionales.

### .- Criterios y metodología de selección de empresas

Una de las preguntas que inmediatamente surgen es qué criterios se siguen a la hora de escoger a las empresas que forman parte de los índices socialmente responsables o sostenibles. Uno de los índices sostenibles más representativos es el Dow Jones Sustainability Index3 World (DJSI World). Además, su metodología de evaluación, realizada por la división de investigación del grupo Sustainable Asset Management (SAM), ha sido considerada como la de mayor calidad por un estudio independiente de Sustainability y Mistra4 tras revisar las prácticas de 35 analistas de ISR.

La división de investigación de SAM invita cada año a las 2.500 mayores empresas incluidas en el Dow Jones World Index (DJWI) a participar en la valoración del DJSI. Cada año se analiza una media de 1.000 empresas. SAM selecciona aquellas empresas que están mejor gestionadas desde un punto de vista económico, social y medioambiental. Los aspectos incluidos en estas tres áreas son los siguientes:

**Económico**

- Códigos de conducta.
- Gobierno corporativo.
- Gestión de relación con clientes.
- Solidez financiera.
- Relaciones con inversores.
- Gestión de riesgos y situaciones de crisis.
- Sistemas de medición y cuadros de mando.
- Planificación estratégica.

**Medioambiental**

- Política y gestión medioambiental.
- Resultados medioambientales.
- Informe medioambiental.
- Social.
- Diálogo con las partes interesadas.
- Desarrollo del capital humano.
- Gestión del conocimiento.
- Indicadores de prácticas laborales.
- Atracción y retención de talentos.
- Estándares para proveedores.
- Actividades de filantropía.
- Informe social.

SAM envía anualmente un cuestionario, que recoge todos estos criterios, a las empresas interesadas en participar en el proceso de selección del índice DJSI World. Este análisis se complementa con información pública de la compañía, noticias, entrevistas con directivos de la empresa y otros grupos o personas externas a la misma.

Conjuntamente con estos criterios de valoración comunes, también se realizan otros análisis en función del sector de actividad de la empresa. Cada uno de estos criterios tiene un peso, y la suma ponderada de los mismos ofrece la puntuación final de la empresa. Únicamente el 10% de las empresas con mejor puntuación en cada uno de los grupos sectoriales del índice son las que finalmente forman parte del DJSI World. Por último, este proceso es verificado externamente por PricewaterhouseCoopers para asegurar que la valoración de sostenibilidad de las compañías se realiza siguiendo las pautas y normas establecidas.

Este análisis del proceso de evaluación de las empresas permite observar que la ISR se está decantando cada vez más por la discriminación positiva, ya que su cartera de valores se compone principalmente de aquellas empresas que destacan en su gestión del área económica, medioambiental y social.

### .- El activismo accionarial

Como ya avanzamos anteriormente, el activismo accionarial es una política bastante extendida en países anglosajones que permite a determinados colectivos de accionistas ejercer su derecho a voto con el fin de cooperar y/o presionar para que la empresa adopte ciertas medidas concretas o defina, por ejemplo, una postura clara con relación a su política de sostenibilidad.

En el ámbito internacional es bien conocido el caso de CalPERS, uno de los mayores fondos de pensiones del mundo, que solicitó al consejero delegado de la compañía farmacéutica GlaxoSmithKline una revisión urgente de los programas humanitarios de la empresa acerca del acceso a los medicamentos contra el sida en los países en desarrollo. Glaxo respondió reduciendo un 47% el precio de sus fármacos contra el sida. En otra ocasión, esta misma empresa vio cómo el 50,72% de los accionistas votó en contra de su informe de remuneración de 2003.

En España se ha aprobado un nuevo reglamento, el Real Decreto 304/2004, que supondrá un avance sustancial en esta materia (aunque no se mencione explícitamente la noción de RSC ni sostenibilidad). Según esta normativa, el ejercicio del activismo accionarial va a ser obligatorio, ya que la comisión de control del fondo, con participación de la entidad gestora, deberá elaborar una declaración de principios de su política de inversión referida, al menos, a:
- Métodos de medición de los riesgos inherentes a las inversiones.
- Procesos de gestión del control de dichos riesgos.
- Colocación estratégica de activos respecto a la naturaleza y duración de sus compromisos.

Con este reglamento los fondos de pensiones deberán formalizar su política de inversión, lo que obligará a una reflexión sobre la inclusión de aspectos éticos y criterios de sostenibilidad, temas hasta ahora únicamente considerados de forma tácita.

De igual modo, el activismo accionarial implica una variación considerable en la práctica del ejercicio de derecho de voto. Tradicionalmente, la postura era dejar de comprar un título cuando hay un desacuerdo con la gestión de la empresa. La práctica del activismo accionarial obliga a valorar más a fondo la gestión de la empresa y permite establecer un diálogo directo entre inversores y empresas. En consecuencia, los conceptos de ética y responsabilidad empresarial tendrán más oportunidades de ser debatidos y las empresas podrán modificar su actuación y políticas en el caso de saber que existe un desacuerdo en alguna de sus acciones.

Según una encuesta realizada por Economistas Sin Fronteras en España en el último trimestre del año 2007:

- El 64% de los inversores estaría dispuesto a vender acciones de una empresa que esté relacionada con un desastre ecológico o que vulnere los derechos humanos, incluso a costa de una pérdida de rentabilidad.

- Más del 57 por ciento de los ciudadanos están interesados en conocer información social y medioambiental de las empresas antes de invertir en ellas, aunque solo el 2,8 por ciento la recibe.

### .- El crecimiento de la ISR y sus causas

El crecimiento de la ISR en los últimos años ha sido espectacular. Hay cuatro posibles argumentos que pueden ayudar a entender la evolución positiva de la ISR:

- **La buena evolución bursátil.** En los últimos años ha habido un desplazamiento de la inversión hacia la renta variable dados sus buenos resultados. Grandes flujos monetarios han buscado esta mayor rentabilidad y las gestoras financieras han visto cómo aumentaba espectacularmente la demanda de sus productos.

- **Mayor conciencia social y medioambiental.** Un dato significativo al respecto es el porcentaje de fondos en Estados Unidos que excluían empresas por su impacto ambiental o por no respetar los derechos humanos. En 1997, estos porcentajes eran del 37% y 23%, respectivamente. Solo dos años más tarde, este porcentaje se había incrementado hasta el 79% en el primer caso, y el 43% en el segundo.

- La ISR **ofrece la misma rentabilidad** que la inversión convencional. Este argumento es muy significativo, ya que permite a los inversores potenciales decantarse por la ISR sin tener que "pagar" un precio por ello. En términos nominales, la rentabilidad de la ISR suele ser superior a la inversión convencional; cuando se realizan los cálculos ajustando el nivel de riesgo, esta diferencia se compensa ya que la ISR suele presentar índices de volatilidad algo superiores.

Veamos datos que muestran su auge:

- Solo en Australia, por ejemplo, desde el 2001 al 2006, las carteras manejadas por ISR crecieron sobre 3600%, a 12000 millones de AUD.

- En los Estados Unidos, en los diez años desde 1995 a 2005, el volumen de fondos de ISR creció alrededor de 360% a más de 2,290 billones de USD.

- En EE. UU. cerca de un billón de dólares es controlado por inversores que son accionistas activos en responsabilidad social y las ISR representan cerca de un 10% de los activos invertidos en los mercados.

- En Europa, es el Reino Unido el país donde el mercado de la ISR se encuentra más maduro con un crecimiento espectacular desde 1989. El volumen de ISR no llega al 1% de los fondos financieros que hoy se invierten en España.

### .- Apoyo de la Administración a la ISR

Existe un creciente compromiso por parte de los distintos Gobiernos europeos para promover la ISR en los mercados financieros.

El Gobierno del Reino Unido fue el primero en introducir reformas legislativas favorables a la ISR. En 2000 se aprobó la Ley de Fondos de Pensiones que obligaba a los planes de pensiones a publicar su política de inversión, especificando si se tienen en cuenta criterios éticos, sociales y medioambientales a la hora de seleccionar valores cotizados. El ejemplo del Reino Unido fue seguido por varios países, como Bélgica, Alemania y Francia. En este último, además, las empresas que cotizan en los mercados financieros están obligadas a publicar un informe de sostenibilidad.

En otros lugares, como los Países Bajos, existen también deducciones fiscales para determinados productos de ahorro e inversión que tienen en cuenta criterios ecológicos. Todas estas políticas han favorecido considerablemente el desarrollo de la ISR en estos países. Por otra parte, otros países se encuentran más rezagados en materia legislativa. Es el caso de Italia, donde todavía está en proceso de estudio la implantación de una reglamentación similar a la del Reino Unido.

Asimismo, en España el Ejecutivo ha establecido un Consejo de Responsabilidad Corporativa en el que se reúnen distintos expertos del ámbito gubernamental, empresarial, académico y social con el objetivo de elaborar una ley de responsabilidad corporativa en la que se incluirán reglamentaciones que favorezcan la transparencia de los planes de pensiones y el activismo accionarial.

En el ámbito europeo, la Administración también pretende impulsar la ISR. Para ello, la Comisión Europea participó en la creación del Eurosif (European Sustainable Investment Forum) en 2001. Con este organismo se ha logrado crear una red de foros sobre la ISR en los distintos países europeos. El Eurosif pretende, entre otras misiones, recoger información sobre la ISR en cada país para aportar datos a las reflexiones llevadas en el proyecto *multistakeholder* Forum 2004, con el fin de legislar u optar por la autorregulación del mercado.

### .- Un estímulo imparable para la Responsabilidad Social Empresarial

Hace tan solo diez años era impensable que inversores institucionales presionasen a favor de un acuerdo sobre el cambio climático como los inversores de Europa y Australia, con un patrimonio de más de 4 billones de euros, hicieron con los Jefes de Estado de las delegaciones presentes en la Conferencia de Bali, demandando que se avance en el Tratado Post-1012 para que puedan invertir en proyectos a largo plazo para reducir las emisiones de $CO_2$ y contrarrestar el cambio climático.

Lo que realmente está comenzando a ocurrir es que la globalización entendida como la internacionalización y liberalización de los mercados, sobre todo en los mercados financieros, está llevando a un proceso cada vez más intenso de flujos de capitales que viajan de un lado a otro y que tienen una capacidad de influencia directa sobre el desarrollo socioeconómico de la humanidad.

Hay un capitalismo financiero que compra y vende con fines especulativos con una voracidad ilimitada. Pero hay también, y afortunadamente cada vez más, una parte creciente de la inversión y de los flujos financieros que se mueve por motivaciones a largo plazo, que valoran parámetros no solo financieros sino extrafinancieros, como la reputación, el buen gobierno de las empresas y su responsabilidad social y medioambiental.

De esta forma, los mercados financieros constituyen un plano esencial para la actividad responsable de las empresas y, a su vez, la Inversión Socialmente Responsable se ha convertido en uno de los principales agentes dinamizadores de la RSE a través de la aplicación de los criterios de Inversión Socialmente Responsable (ISR en adelante).

La ISR en su origen tuvo una motivación básicamente moral, religiosa, ideológica o social. En un principio, se centró en el boicot o la exclusión de determinados sectores o empresas de las carteras de inversión y tuvo un alcance limitado.

Sin embargo, la nueva corriente que se va imponiendo en los últimos años trata de incorporar de forma integrada criterios económicos, medioambientales y sociales en la gestión de las carteras de acciones de los inversores institucionales, seleccionando las mejores empresas de cada sector. También, bajo este enfoque amplio de la ISR, se incluyen hoy aquellas organizaciones que sin discriminar positiva o negativamente la cartera, tienen como fin mantener un diálogo con las compañías en las que invierten acerca de su impacto social y medioambiental, tratando de influir en su comportamiento, llegando incluso a ejercer un activismo accionarial haciendo uso de los derechos de voto en las juntas anuales de accionistas.

Tres de los índices éticos más conocidos son:

- El índice Citizens (www.citizensfunds.com) se compone de 300 compañías seleccionadas del índice general SP 500.

- El índice Domini (unido a la entidad KLD) se compone de 400 compañías de todo tamaño y sectores.

- El índice Calvert social index (www.calvert.com) recoge 1.000 compañías de todo tamaño y sectores.

## 10.2.- Índices globales

Actualmente existen varias agencias de *rating* social y medioambiental que se dedican a realizar un análisis de las empresas, conducente a la inclusión de las mismas en estos índices bursátiles. Veamos algunas:

### .- Dow Jones Sustainability Indexes (DJSI)

En 1999, Dow Jones & Company, con la colaboración de SAM Sustainability Group, creó una familia de índices bajo el nombre de Dow Jones Sustainability Indexes (DJSI). Actualmente esta familia de índices está formada por un conjunto de índices globales (DESI World) y europeos (DJSI STOXX). SAM es la agencia de *rating* encargada de evaluar a las empresas que pasan a formar parte del índice, es el SAM Group (Sustainability Asset Management).

Además, estas dos compañías decidieron crear un conjunto de subíndices derivados de éstos que permitieran excluir empresas que participaran en el negocio del alcohol, tabaco, juego y fabricación de armas.

El objetivo de estos índices es servir de referencia a fondos de inversión y derivados que centren su inversión en empresas sostenibles y, de esta forma, ofrecer a los inversores una mayor rentabilidad a largo plazo.

El primero de estos índices, el DJSI World, nació en septiembre de 1999. Está compuesto por más de 300 valores, que cubren 64 sectores en 33 países que, a principios del año 2005, alcanzó una capitalización de 3.000 millones de euros. Esta cifra puede incrementarse fácilmente, ya que el número de licencias vendidas de este índice no ha parado de crecer desde su fundación. Entre las empresas españolas que forman parte de este índice se encuentran Abertis Infraestructuras, Amadeus, BBVA, BSCH, Endesa, Grupo Ferrovial, Iberdrola, Inditex y Telefónica.

La división de investigación del grupo SAM realiza anualmente una valoración ponderada en las áreas económica, medioambiental y social de las 2.500 mayores empresas del Dow Jones Global Index (DJGI) clasificadas por sectores: solo el mejor 10% de cada sector se incluye en el DJSI World.

Algunos de los aspectos más concretos que se tienen en cuenta para valorar a las empresas son: visión estratégica, innovación sostenible, buen gobierno corporativo, gestión medioambiental, cadena de aprovisionamiento, prácticas de recursos humanos y satisfacción de las partes interesadas.

Esta valoración anual está acompañada de un control constante durante todo el año de la sostenibilidad de las empresas seleccionadas. De este modo, si se produjeran acontecimientos que rebajaran de forma sustancial la calificación de alguna empresa, ésta sería excluida del índice.

Está integrado por aproximadamente 300 empresas que representan el 10% de las 2.500 mayores empresas en capitalización bursátil y que cumplen mejor que sus homólogas con criterios económicos, medioambientales y sociales. A finales de agosto de 2005, la capitalización bursátil del DJSI World representaba 7,8 trillones de dólares. Entre ellas se encuentran, actualmente, las empresas españolas Abertis Infraestructuras, BBVA, BSCH, Endesa, Grupo Ferrovial, Iberdrola, Inditex, Telefónica, Gas Natural y Red Eléctrica Española.

En octubre de 2001 se creó el DJSI STOXX. Es una réplica del anterior pero centrado en empresas europeas (junto a este índice se ha creado también el índice DJSI EURO STOXX, solo con empresas de la zona euro). En este caso, el grupo SAM selecciona, con los mismos criterios anteriormente mencionados, al mejor 20% de las empresas clasificadas por sectores del índice Dow Jones STOXX 600. Diez empresas españolas están incluidas en este índice: repiten Abertis Infraestructuras, Amadeus, BSCH, Endesa, Grupo Ferrovial, Iberdrola, Inditex y Telefónica, y se añaden Gas Natural e Iberia.

### .- FTSE4Good

La ISR está en plena expansión, y el lanzamiento de una nueva familia de índices basados en los principios de la ISR por parte de Financial Times Stock Exchange (FTSE) así lo confirma.

En asociación con EIRIS, una organización independiente encargada de realizar la evaluación de las empresas, FTSE inauguró en el verano del año 2001 los FTSE4Good Índices.

Esta familia está compuesta por un conjunto de índices clasificados según su cobertura geográfica: el Reino Unido, Europa, Estados Unidos y Global.

El criterio de selección se basa en escoger aquellas empresas que, una vez superados los criterios de exclusión, demuestren estar ejerciendo las mejores prácticas en tres ámbitos: respeto y protección de los derechos humanos, relaciones con las partes interesadas y sostenibilidad medioambiental de su actividad.

Tanto el diseño de los criterios de selección como la gestión del índice son realizados por un consejo de administración totalmente independiente de FTSE.

### 10.3.- La valoración de las empresas responsables por los mercados financieros

Este nuevo componente en la estrategia empresarial se refleja también en los mercados financieros a través de la denominada inversión socialmente responsable. La inversión socialmente responsable se conoce como el proceso de toma de decisiones de inversión que tiene en cuenta, a la hora de invertir, consideraciones sociales y medioambientales que van más allá de las puramente financieras.

Así, prestigiosos índices bursátiles, como el Dow Jones y el FTSE, han empezado a clasificar a las empresas que los constituyen teniendo en cuenta su comportamiento desde un punto de vista económico, social y medioambiental. De esta forma, las que obtengan mejor puntuación pasan a formar parte de los selectivos Dow Jones for Sustainability Index o del FTSE4Good Index, lo que lógicamente hace aumentar su prestigio y valoración.

Las compañías son seleccionadas o excluidas de los índices en virtud de sus actividades corporativas, inversiones e historial sobre su comportamiento en áreas como la protección del medioambiente o los derechos humanos.

La evaluación de la sostenibilidad para seleccionar a las empresas que entran a formar parte de este índice se basa en un análisis de varios factores, tanto sociales y medioambientales como económicos. Los criterios de selección son tanto generales para el conjunto de las empresas como específicos de cada tipo de industria. Tras la aplicación de estos criterios, y su valoración ponderada, se le otorga una puntuación a cada una de las empresas y se elabora el *ranking* de sostenibilidad por industrias.

Actualmente, parece que este modelo de gestión es positivo porque las empresas que forman parte del Dow Jones Sustainability Index evolucionaron en los últimos años mejor que el resto. No obstante, dichos índices apuestan por resultados a largo plazo, debido a que por definición una empresa responsable y sostenible es capaz de limitar sus potenciales riesgos sociales y medioambientales futuros mejor que el resto de las empresas.

Del mismo modo, ha surgido recientemente la construcción de índices bursátiles de buen gobierno que, en lugar de valorar todos los componentes de la sostenibilidad de la empresa, se centran en el análisis de su evolución financiera y de sus prácticas de buen gobierno.

FTSE Group, en cooperación con la compañía de servicios de gobierno corporativo International Shareholder Services (ISS), ha lanzado una nueva familia de índices que valorarán el buen gobierno de las empresas: FTSE ISS Corporate Governance Index (CGI). De esta forma, los inversores podrán tener una evaluación de la rentabilidad de las empresas relacionada con cuestiones como los sistemas de retribución de los directivos ejecutivos y no ejecutivos, la participación accionarial de estos últimos, la independencia del consejo de administración o la integridad de los procesos de auditoría. Por parte española, han sido incluidas en este índice las compañías Abertis Infraestructuras, Acerinox, BBVA, Banco Popular, Grupo Santander, Bankinter, CEPSA, Mapfre, Iberdrola, Inditex, Telefónica, Unión Fenosa y Zardoya Otis.

Por otro lado, muchas instituciones financieras han comenzado a generar productos de inversión éticos que incluyen criterios de sostenibilidad en su diseño. Destacan entre éstos los fondos de inversión éticos, o también llamados socialmente responsables, que además de procurar ofrecer la máxima rentabilidad y liquidez con el mínimo riesgo, tratan de invertir en empresas que combinen objetivos financieros con objetivos sociales y medioambientales.

### 10.4.- Inversión ética e inversión solidaria. Su diferencia

• La **Inversión ética** (por ejemplo fondos éticos) es aquella que incluye en su documento de gestión los criterios sobre los que basa la selección de su cartera de inversiones, indicando qué comportamientos se excluyen de la misma (industria armamentística, pornografía, tabaco, alcohol, energía nuclear, etc.) y cuáles son las prácticas empresariales a las que se intenta apoyar (protección del medioambiente, fomento de la contratación estable y sin discriminación, obra social, transparencia, etc.).

• La **Inversión solidaria** (por ejemplo fondos solidarios) es aquella que otorga recursos a terceros como ONG o entidades de carácter social para que éstas lo inviertan según sus propios criterios. Por tanto no adopta un criterio de inversión previo, sino que la inversión la decide el receptor, cuyo objetivo sí que debe tener carácter social o medioambiental. Simplemente dan un pequeño porcentaje de las comisiones de gestión del fondo a entidades no gubernamentales.

El sector de los fondos éticos y solidarios es relativamente incipiente y desconocido en España. Esta corriente ya ha cobrado popularidad en los países anglosajones y se está abriendo paso en el sector de la inversión colectiva europeo.

El origen de los mismos se remonta al Pax World Found de Estados Unidos, que surge en 1971, con el objeto de excluir empresas estadounidenses vinculadas económicamente con el apoyo a la guerra de Vietnam. En España, el primer fondo de características similares fue el Iber Fondo 2020 Internacional, cuya finalidad era incluir a las empresas cuyas inversiones eran respetuosas con la religión católica.

El proceso de inclusión de las empresas en un fondo ético normalmente se basa inicialmente en criterios de exclusión, rechazando de forma generalizada la inversión en empresas cuya actuación social es inaceptable, tales como empresas relacionadas con armamento, tabaco, energía nuclear, juego, alcohol y pornografía. Posteriormente se valoran las seleccionadas de acuerdo a otra serie de criterios tales como: protección del medioambiente y de los animales, protección de los derechos humanos, obras con fines sociales, relaciones laborales, etcétera.

Adicionalmente a los productos financieros citados, la inversión social- mente responsable presenta una amplia gama de mecanismos, tales como bonos solidarios, préstamos verdes, microcréditos, cuentas corrientes cuya remuneración se asocia a algún proyecto específico, etcétera. En definitiva, la banca ética suele ofrecer los mismos servicios que la banca tradicional, salvo que adicionalmente a un objetivo financiero existe un objetivo ético y social. Por ejemplo, los microcréditos tratan de facilitar un préstamo a una causa social que probablemente no hubiera concedido un banco tradicional y que suele ser más caro que otro tipo de préstamos debido a que requieren realizar estudios de viabilidad previos. Entre las principales instituciones que forman parte de la banca ética, se pueden citar las siguientes, entre otras: Triodos Bank (Países Bajos), Cooperative Bank (Reino Unido), Banca Ética (Italia) y South Shore Bank (Estados Unidos).

En España, destaca la acción social que tradicionalmente han venido realizando las cajas de ahorros. Algunas de ellas están incluso empezando a introducir mecanismos de decisión dependientes de sus clientes, como por ejemplo Caja Navarra, que permite seleccionar a sus clientes la tipología de los proyectos de acción social a los que desean destinar parte de los beneficios derivados de su inversión en la entidad.

### 10.5.- Productos financieros asociados al Protocolo de Kioto

Por cambio climático se entiende "un cambio de clima atribuido directa o indirectamente a la actividad humana que altera la composición de la atmósfera mundial y que se suma a la variabilidad natural del clima observada durante periodos de tiempo comparables" (párrafo 2 del artículo 1 de la Convención Marco de las Naciones Unidas sobre el Cambio Climático, CMNUCC / UNFCCC, en sus siglas inglesas).

La Convención nace en el marco de la Segunda Conferencia Mundial sobre el Clima (1990), donde se exige un tratado internacional sobre el cambio climático.

Los países, o partes en el argot de esta convención, acordaron reunirse anualmente en conferencias o COP (conferencia de las partes). En la tercera de ellas, en 1997, la COP 3 celebrada en Kioto se adoptó el Protocolo de Kioto. En este texto los países se comprometen a estabilizar las emisiones de gases de efecto invernadero en un nivel que evite una interferencia peligrosa en el sistema climático terrestre.

Los gases de efecto invernadero que se incluyen en el Protocolo de Kioto son los siguientes:

- Dióxido de carbono ($CO_2$).
- Metano ($CH_4$).
- Óxido nitroso ($N_2O$).
- Otros gases en cantidades menores son el Hexafluoruro de azufre ($SF_6$) y los Carbonos hidrofluorados (HFC) y perfluorados (PFC).

Aun siendo los más peligrosos estos últimos, se decidió, por su importancia en cantidad, utilizar como única unidad de referencia el $CO_2$, transformando el resto de los gases a su equivalente.

Después de dos años y medio de intensas negociaciones, en 1997 se adoptó el Protocolo de Kioto, el cual entró en vigor el 1 de enero de 2008. Su objetivo es reducir, estabilizar o limitar el crecimiento de los seis tipos de gases de efecto invernadero, responsables del calentamiento global del planeta.

Los países desarrollados y las economías en transición se comprometen a reducir sus emisiones de estos gases hasta situarlas, en promedio, un 5,2% por debajo de los niveles del año base (1990) durante el período 2008-2012, referidos a su equivalente en $CO_2$, con cuotas diferentes. Si bien la obligación de alcanzar los objetivos de la convención es responsabilidad compartida entre todas las partes que la forman, éstas tienen diferentes compromisos de acuerdo con sus niveles de desarrollo económico.

El Protocolo de Kioto sugiere mecanismos para la estabilización de las emisiones de gases de efecto invernadero, que a la vez persiguen los siguientes objetivos:

- Facilitar a los países desarrollados y a las economías en transición el cumplimiento de sus compromisos de reducción de emisiones.
- Apoyar el crecimiento sostenible en los países en desarrollo a través de la transferencia de tecnologías limpias.

Los mecanismos de flexibilidad que propone el Protocolo de Kioto son tres: el Comercio Internacional de Emisiones (CE), el Mecanismo de Desarrollo Limpio (MDL) y el Mecanismo de Aplicación Conjunta (AC). Los dos últimos son mecanismos basados en proyectos y están plenamente operativos.

- **El comercio de derechos** es uno de los mecanismos de flexibilidad contemplados en el Protocolo de Kioto para facilitar a los países más desarrollados la consecución de sus objetivos de reducción y limitación de emisiones de gases de efecto invernadero. Estos límites de emisión serán gradualmente reducidos a través de autorizaciones de emisión cada vez más restrictivas. Mediante este sistema, una compañía únicamente podrá sobrepasar las emisiones que inicialmente tenía autorizadas, si adquiere los derechos o unidades de Kioto equivalentes a su nivel de contaminación. Asimismo, una compañía que desee reducir sus emisiones podrá negociar el exceso de que disponga, o bien mantenerlo en su inventario.

- **El Mecanismo de Desarrollo Limpio** consiste en la realización de proyectos en países en desarrollo, que generen un ahorro de emisiones adicional al que se hubiera producido en el supuesto de haber empleado tecnología convencional, o no haber incentivado la capacidad de absorción de las masas forestales. Este ahorro de emisiones debe ser certificado por una Entidad Operacional Designada (EOD), acreditada por la Junta Ejecutiva del Mecanismo de Desarrollo Limpio.

- **Las Reducciones Certificadas de Emisiones** (CER por sus siglas en inglés) así obtenidas pueden ser comercializadas y adquiridas por las entidades públicas o privadas de los países desarrollados o de las economías en transición para el cumplimiento de sus compromisos de reducción con el Protocolo de Kioto.

Existen empresas como Climate Change Capital, una de las pioneras en el diseño e implementación de los mecanismos de flexibilidad del Protocolo de Kioto desde sus inicios, que desarrolla y gestiona Fondos que invierten en empresas y en proyectos que suponen una reducción de emisiones de gases de efecto invernadero.

El objetivo de estos Fondos es la consecución de retornos financieros atractivos que demuestren la oportunidad económica que supone la transición hacia una economía baja en carbono.

Existen siete distintos tipos de derechos/unidades definidos en los textos internacionales. Cada derecho/unidad representa o es equivalente a una tonelada de $CO_2$, calculada bajo la base de la potencia calorífica de los 6 gases que establece el Protocolo de Kioto:

- **Unidades de Derecho Europeas (UDE),** son las cuotas convertidas de las unidades de cantidad atribuida (UCA). Solo las unidades de derecho europeas pueden ser utilizadas para el cumplimiento.

- **Unidades de Cantidad Atribuida (UCA)** o *Assigned Amount Unit* (AAU), los Estados miembros expedirán en sus Registros nacionales unidades de la cantidad atribuida correspondientes a sus niveles de emisión determinados con arreglo a la Decisión 2002/358/CE y el Protocolo de Kioto.

- **Unidades de Absorción (UDA)** o *Removal Unit* (RMU), son las unidades generadas en las cuentas de haberes de los Estados miembros como consecuencia de la absorción de gases de efecto invernadero obtenidas a partir de proyectos de sumideros domésticos.

- **Unidades de Reducción de Emisiones (URE)** o *Emision Reduction Unit* (ERU), son créditos concedidos en virtud de un proyecto de aplicación conjunta o un proyecto llevado a cabo en alguno de los países incluidos en el Anexo B del protocolo de Kioto. Estas URE son exclusivamente creadas a través de la conversión de cuotas ya existentes.

- **Reducciones Certificadas de Emisiones (RCE)** o *Certified Emision Unit* (CER) son créditos entregados en virtud de un proyecto del Mecanismo para un Desarrollo Limpio (MDL). Un Comité Ejecutivo realiza el seguimiento MDL de un proyecto de un país no incluido en el Anexo B del protocolo de Kioto.

- **RCE temporal (RCEt)** o *Temporary Certified Emisión Reduction Unit* (tCER). Es una RCE expedida por un proyecto del Mecanismo para un Desarrollo Limpio (MDL) que caduca al término del período de compromiso siguiente a aquel en el que se expidió.

- **RCE a largo plazo** (RCEl) o *Long term Certified Emision Reduction Unit* (lCER). Es una RCE expedida para un proyecto de forestación o reforestación que expira al término del período de acreditación del proyecto.

Los cuatro mecanismos de encuentro entre compradores y vendedores son:

- **Directo:** se compran derechos directamente al vendedor, requiriéndose una relación contractual entre las dos partes. Pueden utilizarse o no los servicios de un intermediario para facilitar la operación.

- **Bolsa:** un mercado organizado donde se cotizan y comercializan contratos estándares de EUA (*spot* o futuros). La bolsa actúa como contraparte a cada transacción. Cada miembro o cliente del miembro tiene que cumplir con las condiciones de adhesión (solvencia, cuotas, liquidación de posiciones, etc.).

- **Minorista:** un operador en los mercados de $CO_2$ ofrece lotes parciales según sus propias condiciones (precio, crédito, plazo, etcétera) a clientes finales. El operador es la contraparte de las operaciones mayorista y minorista.

- **Fondos:** instrumentos financieros o mercantiles de inversión colectiva o adquisición agrupada de $CO_2$, normalmente créditos de Kioto, que dan derecho a un reparto del $CO_2$ en la parte proporcional a la inversión realizada.

Existen cinco clases de operaciones de títulos de $CO_2$:

- *Spot:* la compraventa al contado, con entrega inmediata y pago en el momento.
- *Forward:* un contrato mercantil de compraventa que contempla la entrega en un plazo definido con pago a la entrega.
- **Futuros:** un contrato de entrega futuro (cantidad y plazo estandarizado) que cotiza en una bolsa. Siendo un instrumento financiero, está regulado por la autoridad financiera competente.
- **Estructurado:** un contrato mercantil de compraventa que contempla varias entregas en distintos momentos con sus condiciones de pago.
- **Internacional:** parecido al estructurado, pero se orienta hacia los proyectos que generan créditos de Kioto, cuyo contrato es conocido por sus siglas en inglés, ERPA.

En las operaciones regidas por contratos mercantiles, han de negociarse entre las partes todos los términos comerciales, además del aseguramiento de crédito y otras representaciones.

Actualmente, los compradores de $CO_2$ pueden elegir entre un amplio abanico de posibilidades de mecanismos de contratación de $CO_2$. Por ejemplo, ya existen cinco bolsas que están plenamente operativas: European Climate Exchange (Ámsterdam), Nordpool (Oslo), EEX (Leipzig), Powernext (París) y EXAA (Viena).

La mayoría de las bolsas europeas de $CO_2$ operan contratos de futuros. En nuestro país, las instalaciones afectadas por el esquema ya disponen de sus derechos en las cuentas del registro electrónico español, el cual se encuentra operativo desde el 20 de junio de 2005 y ya dispone de legislación que lo regula, mediante la asignación de derechos de emisión adjudicadas por Real Decreto en el año 2005 y 2008.

La Administración española ha querido motivar y ayudar a la pyme a convertir el Protocolo de Kioto en una oportunidad, tenga o no obligaciones, y ha dispuesto toda una estrategia al efecto. España ha creado dos fondos propios, el Fondo Español del Carbono (FEC) en el Banco Mundial, la Iniciativa Interamericana del Carbono (IIC) en la Corporación Andina de Fomento (CAF), y participa en cuatro fondos del carbono multidonante. Además tiene abiertas sendas líneas de asistencia técnica en el BM y en el BID y está estudiando participar en dos nuevos fondos del BID.

Cabe señalar que la compensación voluntaria de emisiones es un negocio que movió durante el año 2006 en los mercados voluntarios 300 millones de euros, cuatro veces más que el año anterior y cuatro veces menos que en 2007, por lo que ya supera los 1.000 millones.

España calcula que tendrá que invertir 3.000 millones en cupos de emisión y en mecanismos de desarrollo limpio para cumplir Kioto, hay que señalar que en España las emisiones actuales son un 49% superiores a las de 1990 y el Gobierno central va a tratar de situarlas en el +37% en el período de cumplimiento de Kioto, 2008-2012.

### 10.6.- Principales iniciativas a nivel internacional

Entre las principales iniciativas que han surgido a nivel internacional se encuentran las siguientes:

- **Organización de las Naciones Unidas**
  - **Pacto Mundial:** destinado a cualquier tipo de organización, propone 10 principios a seguir por las entidades firmantes en sus actividades cotidianas en áreas de sostenibilidad (Derechos Humanos, Derechos Laborales, Medioambiente, Anticorrupción).
  - **UNEP-FI** es la Iniciativa Financiera del Programa de Naciones Unidas para el Medioambiente para promover en el sector financiero privado las mejores prácticas medioambientales y de sostenibilidad en las operaciones de las entidades financieras.
  - **UNPRI** son los 10 principios que establecieron las 2 anteriores iniciativas para los grandes inversores institucionales.
- **Banco Mundial - IFC**
  - **Principios de Ecuador** son los 10 principios a seguir por los proyectos que quieran beneficiarse de la financiación de las Entidades Financieras firmantes del documento de los EP 10.
- **Banco Interamericano de Desarrollo (BID)**
  - **Fondo Multilateral de Inversiones (FOMIN),** que, en el ámbito de la RSE, viene a complementar otra serie de iniciativas de producción limpia, aplicación de sistemas de gestión ISO, normas internacionales de auditoría y contabilidad e iniciativas relativas a la salud y la seguridad en el empleo.

### .- Orígenes y visión del Pacto Mundial de la ONU

La idea de un Pacto Mundial de las Naciones Unidas en materia de responsabilidad social de las empresas fue promovida por el Secretario General de la ONU, Kofi Annan, ante el World Economic Forum en Davos, en enero de 1999, como una iniciativa internacional, el Pacto Mundial o Global Compact en inglés, que uniría a las empresas con las agencias de la ONU, a las organizaciones laborales, las ONG y otros agentes de la sociedad civil en la necesidad de adoptar una serie de medidas consensuadas para perseguir un importante reto: una economía global integral y sostenible. Supone el reconocimiento de la necesidad de ayudar a las empresas en el desarrollo y la promoción de un tipo de gestión enfocada hacia la mundialización de la economía y basada en valores éticos universales.

Su puesta de largo tuvo lugar en la sede de la ONU el 26 de julio de 2000 en una reunión, presidida por el Secretario General con altos directivos pertenecientes a 50 grandes corporaciones y a dirigentes de organizaciones de trabajo, derechos humanos, medioambiente y desarrollo.

El décimo principio contra la corrupción se incluyó el pasado 24 de junio de 2004, durante la Cumbre de Líderes de Global Compact en Nueva York.

Está basado en diez principios (ver figura 1) que gravitan en torno a los derechos humanos, los derechos laborales y el medioambiente. Quizás el objetivo primordial es incorporar estos principios, y por lo tanto la responsabilidad social corporativa, en la estrategia de dirección de las corporaciones y a los órganos de toma de decisiones.

---

**Figura 10.1.- Los diez principios del Pacto Mundial**

**Derechos humanos.** Las empresas deben:
1. Apoyar y respetar la protección de los derechos humanos fundamentales a nivel internacional dentro de su esfera de influencia.
2. Asegurarse de que sus propias corporaciones no actúan como cómplices en la violación de los derechos humanos.

**Condiciones laborales.** Se pide que las empresas apoyen:
3. La libertad de afiliación y el reconocimiento efecto del derecho a la negociación colectiva.
4. La eliminación de todo tipo de trabajo forzoso u obligado.
5. La erradicación del trabajo infantil.
6. La eliminación de la discriminación con respecto al empleo y la ocupación.

**Medioambiente.** Se pide a las empresas que:
7. Fomenten los enfoques preventivos ante los desafíos medioambientales.
8. Lleven a cabo iniciativas para fomentar una mayor responsabilidad medioambiental.
9. Faciliten el desarrollo y la divulgación de medios tecnológicos respetuosos con el medioambiente.

**Corrupción.** Se pide a las empresas que
10. Trabajen contra la corrupción en todas sus formas, incluidas extorsión y soborno.

---

Estos principios se derivan del consenso universal basado en:

- La Declaración Universal de los Derechos Humanos
- La Declaración de la Organización Mundial del Trabajo sobre Principios Fundamentales y Derechos laborales
- La Declaración de Río sobre Medioambiente y Desarrollo
- El Convenio de las Naciones Unidas contra la corrupción

En la figura 10.2 se muestran los Objetivos de Desarrollo del Milenio de las Naciones Unidas que los 189 Estados Miembros de la ONU han prometido cumplir en el año 2015.

Como se muestra en la figura 10.3, el pacto no es ni un instrumento regulador que plantea normas legales de conducta, ni un instrumento que concede una certificación a las empresas que cumplen con determinados requisitos. La empresa que se adhiere al pacto asume los compromisos de ir implantando sus principios en sus actividades diarias e ir dando cuenta a la sociedad, con transparencia, de los progresos que realiza. En la figura 4 se muestra cómo se participa.

## Figura 10.2.- Objetivos de Desarrollo del Milenio de las Naciones Unidas

**Erradicar la pobreza extrema y el hambre**
- Reducir a la mitad el número de personas que viven con menos de un dólar diario
- Reducir a la mitad el número de gente que pasa hambre

**Conseguir una educación primaria universal**
- Garantizar que los niños y niñas del mundo completen un curso de educación primaria

**Favorecer la igualdad de oportunidades entre sexos y otorgar poder a la mujer**
- Eliminar la discriminación sexual en la educación primaria y secundaria preferiblemente antes de 2005 y a todos los niveles en 2015

**Reducir la mortalidad infantil**
- Reducir en dos tercios el índice de mortalidad en niños menores de cinco años

**Mejorar la salud maternal**
- Reducir en tres cuartos el índice de mortalidad maternal

**Combatir el VIH/SIDA, la malaria y otras enfermedades**
- Frenar y cambiar la tendencia de la transmisión de VIH/AIDS
- Frenar y cambiar la tendencia de la incidencia de malaria y otras importantes enfermedades

**Garantizar la sostenibilidad medioambiental**
- Integrar los principios del desarrollo sostenido en las medidas y programas político-sociales de cada país; cambiar la tendencia en el uso de recursos medioambientales
- Reducir a la mitad la proporción de gente que carece de acceso al agua potable
- Mejorar las condiciones de vida de al menos 100 millones de personas que viven en condiciones de chabolismo, objetivo para 2020

**Desarrollar una alianza global para el desarrollo**
- Profundizar en el desarrollo de un sistema comercial y financiero regulado, fiable y no discriminatorio
- Esto conlleva un compromiso de buen gobierno, fomento del desarrollo y reducción de la pobreza, tanto a nivel nacional como internacional
- Prestar atención a las necesidades especiales de los países menos desarrollados. Esto implica liberarles de aranceles y medidas de protección de sus exportaciones; aliviar la enorme deuda externa de los países pobres; cancelar la deuda bilateral oficial y prestar ayuda oficial generosa para la ayuda al desarrollo en los países comprometidos a reducir la pobreza.
- Prestar atención a las necesidades especiales de estados situados en enclaves con dificultades de acceso y pequeñas islas
- Dar un tratamiento integrador a los problemas de deuda de los países en desarrollo mediante medidas nacionales e internacionales para que la deuda sea sostenible a largo plazo
- En colaboración con los países en desarrollo, crear puestos de trabajo decentes y productivos para los jóvenes
- En colaboración con las compañías farmacéuticas, facilitar acceso a fármacos esenciales a buen precio en los países en desarrollo
- En colaboración con el sector privado, mejorar el acceso a las nuevas tecnologías –especialmente las de información y comunicaciones.

---

**Figura 10.3.- El Pacto Mundial de la ONU**

**El Pacto Mundial es:**
- Una iniciativa voluntaria
- Un marco de trabajo para promover el desarrollo sostenible para la buena ciudadanía corporativa.

**El Pacto Mundial no es:**
- Un instrumento obligatorio o regulatorio
- Un código de conducta o estándar con vinculación contractual

---

**.- UNPRI. Principios de Naciones Unidas para la Inversión Responsable**

El proceso de elaboración de los principios para la inversión responsable es una iniciativa de adhesión voluntaria por parte de los inversores.

En palabras de Kofi Annan, ex presidente de la ONU:

"Los Principios para la Inversión Responsable responden a esta necesidad (la ausencia de directrices a seguir por los inversores). Desarrollados por importantes inversores institucionales en un proceso supervisado por la Iniciativa Financiera del Programa Ambiental de Naciones Unidas y el Pacto Mundial de Naciones Unidas, los Principios incluyen criterios ambientales, sociales y de gobernanza empresarial, y proporcionan un marco estructural para lograr mejores rendimientos a largo plazo de las inversiones y un mayor número de mercados sustentables.

»Es mi esperanza que los Principios ayudarán a alinear las prácticas de inversión con los principios de las Naciones Unidas, de esta forma contribuyendo a una economía global más integral y estable. Extiendo una invitación a los inversores institucionales y a sus socios financieros en todo el mundo a adoptar estos Principios y a darles vida en sus actividades y toma de decisiones cotidianas. Actuando colectivamente con base en los Principios para la Inversión Responsable, podemos ayudar a proteger todos los activos valiosos del mundo".

Estos principios:
- Surgen como consecuencia de la falta de conexión entre las prácticas de gestión responsable de las entidades y el comportamiento real de los mercados financieros. Así, mientras cada vez más entidades han adoptado la responsabilidad empresarial en sus actuaciones, los mercados no han recompensado, en general, dicho tipo de actuaciones.
- Buscan establecer una serie de directrices que permitan a los inversores individuales e institucionales evaluar los riesgos y oportunidades de forma integral, considerando los medioambientales y de sostenibilidad.

- Recogen los valores a seguir por el grupo de grandes inversores con horizonte temporal de largo plazo y cuyas carteras suelen estar muy diversificadas, pero están abiertos también a todos los inversores institucionales y gestores de carteras de inversión y proveedores de servicios profesionales de inversión.

Estos principios son:

Principio 1.- Incorporar las cuestiones ASG (Ambientales, Sociales y Gobierno Corporativo) en nuestros procesos de análisis y de adopción de decisiones en materia de inversiones.

Principio 2.- Ser propietario de bienes activos e incorporar las cuestiones ASG a nuestras prácticas y políticas.

Principio 3.- Pedir a las entidades en que invirtamos que publiquen las informaciones apropiadas sobre las cuestiones ASG.

Principio 4.- Promover la aceptación y aplicación de los Principios en la comunidad global de la inversión.

Principio 5.- Colaborar para mejorar nuestra eficacia en la aplicación de los Principios.

Principio 6.- Informar sobre nuestras actividades y progresos en la aplicación de los Principios.

## .- Principios de Ecuador

Los Principios del Ecuador forman un compromiso voluntario, originado en una iniciativa de la Corporación Financiera Internacional (International Finance Corporation o la IFC), una Agencia del Banco Mundial para el fomento de las inversiones sostenibles del sector privado en los países en desarrollo.

Su misión consiste en fomentar la inversión sostenible del sector privado en los países en desarrollo, para así ayudar a reducir la pobreza y mejorar la calidad de vida de la población otorgando préstamos, capital, financiamiento e instrumentos de gestión de riesgos, y asesoría para fortalecer el sector privado en los países en desarrollo.

Está conformada por 179 países miembros, que en forma colectiva determinan sus políticas y aprueban sus inversiones.

Las entidades financieras que adoptan estos principios se comprometen a evaluar y tomar en consideración los riesgos sociales y medioambientales de los proyectos que financian en países en desarrollo y, por lo tanto, a conceder créditos solo para aquellos proyectos que puedan acreditar la adecuada gestión de sus impactos sociales y medioambientales, como la protección de la biodiversidad, el empleo de recursos renovables y la gestión de residuos, la protección de la salud humana, y los desplazamientos de población...

En el marco de los Principios de Ecuador, los prestatarios se seleccionan sobre la base del proceso de selección ambiental y social de la ICF.

Los bancos clasifican los proyectos como A, B o C (riesgo social o ambiental alto, mediano y bajo) con la ayuda de una terminología común.

Para los proyectos A y B (riesgo social o ambiental alto y mediano), los prestatarios deben:

- Realizar una evaluación ambiental que aborde los temas ambientales y sociales identificados durante el proceso de clasificación.

- Tras la pertinente consulta con las partes interesadas afectadas por el proyecto a nivel local, deben preparar Planes de Gestión Ambiental que encaren la mitigación y monitoreo de los riesgos ambientales y sociales.

Los proyectos "**Categoría A**" son aquellos que implican uno de estos cuatro puntos:

- impactos significativos sobre la población (por ejemplo, contacto con pueblos indígenas, reasentamiento involuntario, desplazamiento de actividad económica o pérdida de medios de subsistencia sin consulta o compensación),

- pérdida o degradación significativa de hábitats naturales (una zona de tierra o agua u otro ecosistema que, con anterioridad al proyecto, no habría sido materialmente modificada por la actividad humana),

- impactos adversos sobre sitios de patrimonio cultural, o

- impactos sustanciales diversos (cuando varios impactos significativos concomitantes justifican el tratamiento de "A").

Los proyectos de "**Categoría B**" incluirán actividades en hábitats naturales en donde el impacto del proyecto se circunscriba al lugar, pueda ser mitigado y no precipite los problemas asociados con la "Categoría A". Por lo general, los proyectos dentro de áreas industrializadas caen en la "Categoría B".

Los proyectos de "**Categoría C**" serán en general transacciones financieras como el aseguramiento de préstamos de proyectos. Las refinanciaciones de proyectos existentes que no requieran expansión o construcción, o de proyectos de construcción muy limitada, son los más plausibles para esta categoría.

El prestario debe demostrarle al banco que el proyecto cumple con las leyes del país receptor y con las directrices de mitigación y prevención de la contaminación del Banco Mundial y la CFI para el sector industrial pertinente. Para proyectos en los mercados emergentes, el prestario también debe demostrar que la evaluación ambiental ha considerado las Políticas de Salvaguarda de la CFI, las cuales entregan una guía en temas como hábitats naturales, pueblos indígenas, reasentamiento voluntario, seguridad de represas, explotación forestal y propiedad cultural.

Veamos sus principios:

- **Valor añadido. Añadir valor en nuestros países miembros en desarrollo:**

- Tras estudios detenidos, asumimos riesgos a los que el sector privado no se expondría por sí solo.

- Abrimos oportunidades en sectores y países con economía de frontera, para maximizar el efecto de demostración y la función catalizadora de nuestros proyectos.

- Innovamos mediante el desarrollo de nuevos productos y servicios para atender mejor las necesidades de nuestros clientes.

- Prestamos servicios de asesoría de buena calidad cuando el sector privado no desea o no está en condiciones de hacerlo.

- Compartimos conocimientos para fomentar la inversión privada exitosa, el espíritu empresarial y las condiciones propicias para los negocios.

- Integramos plenamente en todas nuestras actividades las prácticas óptimas en materia ambiental, social y de dirección empresarial.

- Atendemos puntualmente las necesidades de nuestros países miembros en desarrollo y de nuestros clientes del sector privado.

- **Integridad. Actuamos con integridad en nuestras transacciones y actividades cotidianas:**

- Respetamos y hacemos que nuestros clientes respeten los más elevados principios profesionales y éticos.

- Reconocemos, en todas las inversiones, la importancia y el valor de una acertada dirección empresarial.

- Procuramos actuar con responsabilidad, transparencia y equidad.

- Somos honestos, abiertos y justos en el trato que nos dispensamos recíprocamente y en las relaciones con nuestros clientes y las comunidades locales.

- **Sostenibilidad ambiental y social. Estamos firmemente dedicados promover el desarrollo sostenible:**

- Nos aseguramos de que nuestros proyectos observen las más estrictas normas ambientales y sociales.

- Consultamos a las comunidades locales sobre las oportunidades y las repercusiones ambientales y sociales específicas de cada proyecto.

- Trabajamos con otros prestamistas, ONG locales y clientes responsables.

- Escuchamos atentamente a los interesados y actuamos para satisfacer sus inquietudes.

Entre las primeras entidades firmantes se encuentran: ABN Amro, Banco

Itau, Banco Itau BBA, Bank of America, Barclays, **BBVA**, Calyon, CIBC, Citigroup, Credit Suisse Grp, Dexia, Dresdner Bank, Export Kredit Fonden (CEA de Dinamarca), HSBC, HVB Group, ING, KBC, Mediocredito Centrale, Mizuho Corporate Bank, Rabobank, Royal Bank of Canada, Royal Bank of Scotland, Standard Chartered, Unibanco, WestLB y Westpac.

Las entidades financieras españolas adheridas a diciembre de 2009 son: BBVA, Banco Santander, Caja Navarra, Banco Galicia y La Caixa.

### .- Fondo Multilateral de Inversiones (FOMIN) del Banco Interamericano de Desarrollo (BID)

En reconocimiento de los retos a los que se enfrentan las empresas de la región de Latinoamérica y El Caribe para competir más eficazmente en los mercados globales, el Fondo Multilateral de Inversiones (FOMIN) del Banco Interamericano de Desarrollo (BID) ha hecho un importante esfuerzo por ayudar a las empresas en el ámbito de la RSE, que viene a complementar otra serie de iniciativas de producción limpia, aplicación de sistemas de gestión ISO, normas internacionales de auditoría y contabilidad e iniciativas relativas a la salud y la seguridad en el empleo.

Aunque el área de la RSE es particular respecto al resto porque se trata de un esfuerzo más amplio que llega a abarcar múltiples facetas para mejorar los resultados de las empresas.

Es por ello que el FOMIN propone tratar de una forma más sistemática la demanda regional de asistencia técnica y formación para la adaptación y la puesta en marcha de métodos y actividades de RSE a las necesidades que aparezcan.

En este sentido en 2004, el FOMIN creó el Clúster bajo el nombre Promover la competitividad a través de la Responsabilidad Social Empresarial (RSE). El objetivo de este Clúster consiste en fomentar y facilitar la utilización de la RSE como un instrumento por parte de las empresas de toda la región. Desde la perspectiva del desarrollo económico esta es una de las formas que se ha mostrado más efectiva para el desarrollo del sector privado, por lo que una gran parte de este grupo de proyectos busca ayudar a las empresas de menor tamaño a mejorar su competitividad a través de la aplicación de medidas de RSE.

### 10.7.- La inversión socialmente responsable en España

Aunque en nuestro país en teoría hay un interés positivo respecto a la inversión socialmente responsable (ISR), la situación en España dista mucho de la de otros países europeos. La ISR es todavía relativamente desconocida y su existencia se reduce a muy pocos fondos.

Según el VI Observatorio de la Inversión Socialmente Responsable de la Escuela de Negocios ESADE y Caixa Sabadell, que han analizado diez países, incluyendo Estados Unidos, nuestro país ocupa el último puesto, según explica el estudio, que se hizo público a finales del año pasado.

La cifra de inversión responsable ascendió en 2005 en España a 1.013 millones de euros, lo que supuso el 0,49 por ciento del conjunto del patrimonio en fondos de inversión en el país, con una cuota de partícipes que representa el 0,67 del global, con un aumento del 2,3 por ciento respecto al año anterior. En cuanto a Europa, el crecimiento alcanzó en 2005 el 27 por ciento.

El patrimonio invertido en Reino Unido fue en 2005 siete veces superior al de España, el de Francia tres veces superior, el de Italia 2,5 veces superior y el de Bélgica el doble. En estos países, los crecimientos en ISR son superiores incluso a los fondos de inversión tradicionales.

Este tipo de fondos registró en España un descenso del 6,7 por ciento, mientras la inversión tradicional aumentó un 8,4 por ciento. Y, aunque pueda sorprender, 21 de lo 35 fondos de inversión responsable que existen en España han demostrado tener rentabilidades superiores a sus equivalentes tradicionales.

Otro estudio sobre la inversión en España, el "Estudio Europeo de ISR 2006" de Eurosif, concluyó que el mercado europeo de la ISR se sitúa en un billón de euros, lo que representa un crecimiento del 36 por ciento desde el 31 de diciembre de 2005 hasta septiembre de 2006, lo que supuso cerca del 10 por ciento de los fondos totales europeos.

La investigación revela que los tres factores claves del crecimiento en ISR son la credibilidad, la regulación de servicios de negocio —que requiere más transparencia— y la incorporación de principios sociales, ambientales y éticos.

Entre los miembros afiliados de Eurosif se incluyen fondos de pensiones, entidades financieras, institutos académicos, asociaciones de investigación y ONG. Entre sus socios se encuentran, entre otros, Economistas Sin Fronteras (EsF), Amnistía Internacional, WWF, ABN Amro Asset Management, BNP Paribas, Oikocredit, Dexia Asset Management, Pioneer Investments, SAM (Sustainable Asset Management), SiRi Company, ESADE, Ethical Investment Research Service (EIRIS), Fundación Ecología y Desarrollo (Ecodes), Ethos, Vigeo, Calvert, Triodos Bank, FTSE o Global Exchange for Social Investment (GEXSI).

Cabe señalar, como aspecto positivo, que en España existen en estos momentos alrededor de siete fondos de pensiones de empleo que han empezado a plantearse incorporar estrategias de inversión responsable. La Caixa y Telefónica, por ejemplo, ya lo hacen.

Las principales causas de la escasa relevancia de la ISR podrían ser:
- Son productos novedosos y por tanto con menor experiencia.
- La ausencia de regulaciones que promuevan este tipo de inversión.
- La inexistencia de una apuesta decidida por este tipo de productos por parte de cajas de ahorros, bancos y entidades de gestión. No mantienen un papel activo para promocionar estos fondos. Nadie hace llegar a los ciudadanos la información de que este tipo de fondos existen.
- Una cierta confusión sobre el término "inversión socialmente responsable", al que se le asocian otras etiquetas como solidario, ético o ecológico.
- La falta de canales de diálogo formales entre las partes interesadas.
- La ausencia de inversores institucionales nacionales interesados en este tema y la configuración del sistema bancario, que está basada en un modelo de "banca de proximidad" en el que cuenta más la extensión de la red bancaria que la oferta de productos.
- La legislación actual no es favorable a este tipo de fondos. No se exige, por ejemplo, que los fondos de pensiones tengan que informar de si cumplen o no criterios sociales, lo que podría beneficiar a quienes sí lo hicieran.
- La falta de ejemplo por parte de las administraciones públicas, las fundaciones, instituciones religiosas y las ONG.
- Que los gestores de carteras han desarrollado algunos tipos de fondos ISR poco atractivos para el mercado, con excesiva renta fija o que no siguen las nuevas tendencias del mercado.

A pesar del peso residual de las cifras de ISR, existen varias sociedades y organizaciones que están trabajando en su desarrollo. Destacaron por su papel precursor las iniciativas de ONG como la Fundación Ecología y Desarrollo o Intermón Oxfam, que participaron en el lanzamiento de los primeros fondos en 1999 utilizando la metodología reconocida de Eiris o SiRi Group.

Según una encuesta realizada por Economistas Sin Fronteras en el último trimestre del año 2007:
- Las inversiones socialmente responsables son una "gran desconocida en España", que representa solo el 1,43 por ciento del volumen total de fondos éticos de Europa.
- Un índice elaborado por esta organización con empresas éticas ha registrado una rentabilidad 8 puntos superior a la acumulada por el principal selectivo de la bolsa española, el IBEX-35, en un período de casi tres años, que terminó el pasado mes de septiembre.
- La mitad de los consultados no ha depositado sus ahorros en inversiones socialmente responsables porque no conoce este tipo de productos, lo que

denota el "largo recorrido y alto potencial en España" de valores y fondos éticos.

En el ámbito académico, el IPES de Esade recoge anualmente estadísticas sobre los FISR españoles y permite un seguimiento del mercado. Paralelamente, numerosas organizaciones, entre ellas el Club de Excelencia en Sostenibilidad y la Fundación Entorno, estudian y promueven la ISR por el impacto que ésta tiene en el desarrollo sostenible aplicado a las empresas cotizadas.

Quienes están impulsando con más éxito la ISR en España son los inversores institucionales extranjeros, que empiezan a otorgar valor a las prácticas de responsabilidad social por ser un buen indicador de la calidad en la gestión y del gobierno corporativo.

De hecho, un amplio número de instituciones de inversión colectiva socialmente responsables extranjeras han empezado a comercializar en España sus productos, ya que han visto en el mercado español una buena oportunidad debido a las expectativas de crecimiento de este tipo de productos.

Por tanto, aquellas empresas españolas que sienten más cerca la presión de estos inversores institucionales están iniciando las acciones necesarias para pertenecer a FISR. Además, dado el interés mediático que despiertan los índices bursátiles como el DJSI o el FTSE4Good, cada vez son más las empresas del IBEX 35 interesadas en pertenecer a estos selectos índices, ya que su inclusión es una forma de aumentar su reputación, aspecto clave del que se hablará más adelante.

Prueba de este interés es el estreno que el pasado 9 de abril del 2008 del índice de sostenibilidad 'FTSE4Good IBEX', creado por Bolsas y Mercados Españoles (BME) y la compañía proveedora de índices FTSE Group como parte de la familia de índices 'FTSE4Good' y como un nuevo indicador de inversiones socialmente responsables compuesto por compañías españolas cotizadas en los mercados operados por BME.

Hay que señalar que el 'FTSE4Good' es actualmente uno de los índices de sostenibilidad de referencia a escala mundial, especialmente para aquellos inversores que desean identificar empresas con prácticas de negocio responsables. Excluye de sus inversiones las industrias tabacaleras, las de comercio o fabricación de armas y están en debate las relacionadas con la energía nuclear.

Están en el FTSE4Good IBEX (ruego se me disculpe si falta alguna empresa): BBVA, Telefónica, Santander, Repsol YPF, Inditex, Banco Pastor, Banco Sabadell, Bankinter, Bolsas y Mercados Españoles (BME), Caja de Ahorros del Mediterráneo, CIE Automotive, Corporación Dermoestética, Enagás, Ercros, Gamesa, Gas Natural SDG, Gestevisión Telecinco, Grupo

Ferrovial, Grupo Empresarial Ence, Iberdrola Renovables, Ibex m, Mecalux, Huarte Lain, Promotora de Informaciones, Prosegur, REE, Sol Meliá, Vidrala y Vocento.

**EVOLUCIÓN DEL FTSE4GOOD IBEX A 5 AÑOS (EURO, SERIE DE PRECIOS)**

● FTSE4Good IBEX Index        ● IBEX 35 Index

Fuente: FTSE Group y Bolsas y Mercados Españoles (BME) datos hasta 31 de marzo de 2008

**PRIMEROS 5 COMPONENTES DEL ÍNDICE FTSE4GOOD IBEX**

| | Nombre | ICB Supersector | Capitalización (mil €) | Ponderación % |
|---|---|---|---|---|
| 1 | Telefonica | Telecommunications | 3.665 | 10,00 |
| 2 | Banco Santander | Banks | 3.299 | 9,00 |
| 3 | Banco Bilbao Vizcaya Argentaria | Banks | 2.932 | 8,00 |
| 4 | Repsol-YPF | Oil & Gas | 2.566 | 7,00 |
| 5 | Inditex | Retail | 2.199 | 6,00 |
| | Total | | 14.661 | 40,00 |

Fuente: FTSE Group y Bolsas y Mercados Españoles (BME), datos del 19 de marzo del 2008

En cuanto a la representación por sectores, el índice ha arrancado con una amplia representación de ellos: la mayor representación es para la banca, seguido del sector de las '*utilities*' y de bienes y servicios industriales.

Las cinco empresas que forman el Top 5 suman una ponderación en el Índice de un 40%. Telefónica lo hace con un 10%, en primera posición; después le sigue Santander, con un 9%, BBVA, con un 8%, Repsol YPF, con un 7%, e Inditex, cerrando el grupo, con un 6%.

Estamos ante un índice "ponderado por capitalización" (los valores más grandes ponderan más), aunque hay un máximo del 10% para cada componente que no se puede superar. El número de integrantes está abierto, puesto que la idea es la diversificación. Desde la pasada semana FTSE4Good IBEX está cotizando en tiempo real. De las 27 empresas que lo componen, 16 pertenecen al IBEX 35, 14 al IBEX Medium y 7 son lo que se llama *small companies*.

En cuanto a la rentabilidad de este índice, supera a la del IBEX 35. La rentabilidad media del FTSE4Good IBEX en el periodo 2000-2008 es del 149%, frente al 120% del IBEX 35. Salvo en el año 2007, todos los años el FTSE4Good superó al IBEX. En cuanto a riesgo o volatilidad en el mismo periodo 2000-2008, el FTSE4Good alcanzó un 14,87%, mientras que la del IBEX 35 fue del 16,35%.

### 10.8.- La banca ética

Igual que la Inversión socialmente responsable ha crecido de forma significativa en el ámbito de la inversión en bolsa, la banca ética o sostenible se ha desarrollado paralelamente. De la misma forma que los inversores en bolsa empezaron a vigilar los aspectos intangibles de sus inversiones, hubo otros que quisieron aplicar la misma filosofía a todas sus inversiones: cuentas corrientes, depósitos...

Al mismo tiempo, ciertos proyectos de carácter social o medioambiental encuentran dificultades para conseguir financiación por parte de las entidades bancarias tradicionales.

Quizás el banco ético consolidado más famoso es el Grameen Bank de M. Yunus en la India. El primer banco alternativo europeo nació en Holanda en 1980, el Triodos Bank, totalmente dedicado a la tutela medioambiental y sostener empresas empeñadas en producciones ecocompatibles además de adelantarse en el campo de la investigación y de la utilización de fuentes alternativas de energías renovables. Años después surge en Alemania el Okobank (banco verde) cuyo fin será apoyar actividades relacionadas con la protección medioambiental, pero también con el comercio justo, solidario y con la protección de la salud. En 1990 surge el suizo Alternatice Bank Suisse con idénticos fines, del banco Okovakla Banca Alternativa BAS en Ginebra, el Triodos Bank en Holanda o el Okobank en Alemania. Existen experiencias similares en otros países como Italia, Reino Unido.

La inversión socialmente responsable (ISR) pretende combinar los objetivos financieros de los inversores con sus preocupaciones sociales, éticas o medioambientales.

En función de los dos tipos básicos de inversores se suelen distinguir dos mercados de ISR: el de **los inversores individuales** (por ejemplo los planes de pensión individuales) que aplican sus ahorros en función de sus particulares preocupaciones, y el de **los inversores institucionales**, que englobaría las inversiones realizadas dentro de un marco de ISR por instituciones como fondos de pensiones, fundaciones, bancos, compañías aseguradoras o de gestión de capital.

Los inversores institucionales disponen de dos fórmulas básicas para hacer un seguimiento de sus valores sociales y medioambientales: el escrutinio de las compañías en las que invertir, o el compromiso o activismo accionarial.

- En primer lugar, **el escrutinio** atiende a la inclusión o exclusión de acciones o valores en las carteras de inversión en función de criterios éticos, sociales o medioambientales. Los procesos de exclusión o de evaluación demandan una investigación exhaustiva y los llevan a cabo grupos de investigación especializados, departamentos de ISR de las entidades financieras, compañías de gestión de capital u otras instituciones financieras.

- En segundo lugar, los inversores socialmente responsables pueden aprovechar su papel como accionistas para defender sus inquietudes sociales o medioambientales y para intentar influir en el comportamiento empresarial a través del diálogo con la dirección o la gerencia empresarial, presentando resoluciones o propuestas en las juntas de accionistas o, en el caso extremo, a través de la desinversión.

Al integrar los compromisos de sostenibilidad en las decisiones inversoras, la ISR pretende conjugar, como se apuntaba, los objetivos financieros del inversor (la rentabilidad y la seguridad de la inversión) con las preocupaciones por el impacto de la inversión en la sociedad y el medioambiente.

En tanto que la presión viene directamente de los accionistas de las empresas, la ISR se convierte en un instrumento poderoso para provocar cambios en los comportamientos empresariales, transformando los valores en acciones efectivas y promoviendo el progreso social y medioambiental.

### 10.9.- Consumo responsable. El comercio justo

Tradicionalmente los consumidores comprábamos productos o servicios principalmente en función de su precio. Más adelante empezamos a fijarnos también en su calidad, y a rechazar determinados productos que no cumplían unos estándares mínimos, o a preferir aquellos de mejor calidad, aunque tuvieran un precio mayor.

Recientemente los consumidores hemos comenzado a cambiar en una nueva dirección con un enorme potencial de transformación social, valorando determinadas conductas y actitudes empresariales no únicamente relacionadas con los productos o servicios. Estamos empezando a exigir un comportamiento ético por parte de las empresas productoras y comercializadoras, relacionado con la sostenibilidad y calidad de vida de la sociedad y del planeta.

Los consumidores tenemos un verdadero poder a través de nuestra capacidad de elección, y podemos transformar por lo tanto nuestro acto de consumo en un verdadero acto de ciudadanía y de transformación social. De esta manera, el consumidor responsable o consciente puede a través de sus gestos cotidianos contribuir a un cambio significativo de las reglas y patrones de producción y consumo de la sociedad.

Además de poder castigar a determinadas empresas malas, los consumidores tenemos a nuestro alcance la posibilidad de premiar a las mejores, discriminándolas positivamente. Para ello necesitamos información sobre el comportamiento empresarial, primando aquellos valores que para cada uno de nosotros sean más importantes.

Puede ser la no experimentación con animales, en el caso de una empresa de cosméticos, o la compra de sus materias primas a comunidades rurales desfavorecidas de países del sur, en el caso de un tostador de café.

Es fundamental que las empresas más responsables vean recompensados sus esfuerzos a través de los mecanismos de mercado. Así, los consumidores podemos permitir, a través de la valorización de determinadas empresas con relación a otras, que el cambio de los valores empresariales se refleje verdaderamente en las relaciones internas y externas con todos sus públicos. Un ejemplo de esto es la compra de productos de comercio justo.

Los objetivos principales del comercio justo son los siguientes:

• Trabajar prioritariamente con los productores y trabajadores más desfavorecidos para facilitarles salir de una situación de vulnerabilidad y alcanzar la autosuficiencia económica.

• Capacitar a los productores y trabajadores como sujetos activos, responsables de sus propias organizaciones.

• Buscar jugar un mayor papel en el escenario mundial para lograr mayor justicia en el comercio internacional.

Basándose en esta definición y objetivos estratégicos, el movimiento del comercio justo ha ido definiendo una serie de principios o criterios de actuación:

• Garantía a campesinos y productores de un salario y unas condiciones laborales justas. Debe tenerse en cuenta no solo el precio de la mano de obra, o del producto final que se comercializa, sino tratar de garantizar un salario o precio que tenga en cuenta la situación familiar y permita el acceso a los derechos humanos básicos, como la salud y la educación. Las organizaciones productoras deben destinar una parte de sus beneficios a las necesidades básicas de sus comunidades: sanidad, educación, formación laboral, etcétera. Se trata de garantizar así que el comercio justo contribuya al desarrollo de toda la comunidad, y no genere "islas de riqueza" en poblaciones con unos niveles de renta muy bajos.

- Relaciones comerciales a largo plazo, garantizando una parte del pago de los productos por adelantado. Estas dos condiciones son fundamentales para la continuidad de los proyectos productivos, en una situación de comercio internacional muy cambiante. Gracias a este principio, el pequeño productor no tiene que recurrir a la financiación local, con condiciones financieras muy duras.

- No a la explotación infantil. Los niños en algunos países trabajan, pero es indispensable que lo hagan en condiciones que no pongan en riesgo su desarrollo, su educación ni el descanso y ocio propios de su edad. Si trabajan niños, no deberán ejecutar tareas que sean, debido a su edad, peligrosas para ellos.

- Promoción de la participación en la toma de decisiones y el funcionamiento democrático; la igualdad entre mujeres y hombres.

- Protección del medioambiente en el proceso de producción del producto.

- Elaboración de productos de calidad. Los productos que llegan al consumidor han de ser de calidad comparable al resto de productos del mercado.

Si tomamos como referencia los productos de comercio justo con el sello Fairtrade, en el año 2004 se facturaron casi 1.000 millones de euros, experimentando un crecimiento del 43% con respecto a 2003. Estos productos se pueden comprar en un número creciente de supermercados y tiendas de comercio justo y consumir en más de 100.000 hoteles, cafeterías, restaurantes y máquinas de *vending* de establecimientos, públicos y privados, que comparten los principios del comercio justo.

En España la venta total de productos de comercio justo en 2008 superó los 25 millones de euros, con un crecimiento de más de un 50% con relación a 2001.

Gracias al comercio justo, los productores del sur percibieron unos 80 millones de euros más que los que hubieran obtenido a través del comercio tradicional.

### 10.10.- Etiquetas sociales y ecológicas

Las encuestas muestran que los consumidores no solo quieren productos buenos y seguros, sino también tener la seguridad de que se producen de manera responsable desde el punto de vista social. Para la mayoría de los consumidores europeos, el comportamiento social de una empresa influye en las decisiones de compra de un producto o servicio.

En respuesta a esta tendencia, cada vez es más corriente la creación de etiquetas sociales por parte de distintos fabricantes (marcas autodeclaradas), sectores industriales, ONG o administraciones. Se trata de incentivos que tienen su origen en el mercado (no normativos) y que pueden contribuir a un cambio social positivo de las empresas, los minoristas y los consumidores. En el anexo 9 se muestran alguna de ellas.

Esto crea perspectivas comerciales interesantes, ya que un número considerable de consumidores afirma estar dispuesto a pagar más por tales productos, aunque por el momento solo lo haga efectivamente una minoría.

Por lo general, las etiquetas sociales y ecológicas, que conllevan la garantía de que en la fabricación de los productos no ha habido explotación o abusos, adolecen de falta de transparencia y sus afirmaciones no son objeto de verificación independiente. A diferencia del etiquetado relativo al contenido o que incluye advertencias de seguridad, la información no puede verificarse probando el propio producto.

Para ser creíbles, las etiquetas sociales y ecológicas requieren un control continuo de los lugares de trabajo efectuado con arreglo a normas acordadas.

### 10.11.- Economía Social

La Economía Social es una forma específica de hacer empresas, que tiene una incuestionable presencia en la sociedad.

La Confederación Empresarial Española de la Economía Social (CEPES) acuñó una definición del concepto de "Economía Social", aprobada en su Asamblea Extraordinaria de 2001, según la cual el concepto comprende cualquier forma empresarial que integre a todas las novedades organizativas y sus correspondientes figuras jurídicas, surgidos como respuesta a las diversas necesidades que plantea la cohesión social. Entre estas formas empresariales integradoras se encontrarían las siguientes: cooperativas, sociedades laborales, mutualidades, fundaciones laborales, centros especiales de empleo y empresas de inserción.

La misma CEPES enumera diversas virtualidades de las acciones de Economía Social:

- **En creación de empleo,** las empresas de economía social crecen normalmente cuatro puntos porcentuales por encima de lo que crece la población ocupada, creando empleo estable en mayores proporciones que el generado por el mercado.

- **Regula y equilibra sectores económicos y sociales** (difícilmente se concibe la agricultura nacional sin las cooperativas agrarias) o enraíza a las personas en sus territorios naturales, provocando una lucha contra flujos migratorios (una empresa de economía social no se va del territorio donde está); genera riqueza allá donde el inversor tradicional no tiene motivaciones para existir. Los yacimientos de empleo serían prueba de ello.

- **Tiene una actuación anticíclica** (las sociedades laborales y las cooperativas nacen a veces como recurso imprescindible para el reflotamiento de las empresas).

- **Desarrolla el espíritu emprendedor** (las cooperativas, las sociedades laborales son la demostración de la existencia de emprendedores colectivos).

- **Genera activación en la participación de la gestión económica** formando para la gestión empresarial, y son escuelas de democracia económica.

- **Aporta prestaciones sociales complementarias**, las mutualidades serían una prueba de ello, o crean empresas para cubrir nuevas necesidades sociales, las cooperativas de iniciativa social son otra expresión de ello; genera inclusión e inserción laboral de colectivos de difícil empleabilidad.

- **Integra personas con discapacidad** (no se entendería el sector de la discapacidad sin la explícita acción de determinadas instituciones de la economía social).

- **Da acceso a la vivienda en condiciones óptimas** (las cooperativas de vivienda son una oportunidad de acceder a la propiedad de la vivienda).

- **Genera servicios educativos cubriendo precariedades laborales** (las cooperativas de enseñanza son una fuerza importante en la comunidad educativa concertada).

- **Crean infraestructuras y dotaciones sociales** generando, por ejemplo mediante empleo, cooperativas de consumo, estructuras sociales importantes allá donde no las había.

Como vemos, las diferentes iniciativas de la Economía Social se sitúan en clara sintonía con la RSE: la posibilidad de simultanear la viabilidad económica y la responsabilidad social. Además, las organizaciones de Economía Social estarían, en muchas ocasiones, detrás de las demandas de productos financieros éticos.

### 10.12.- Nuevos mercados y sostenibilidad

La conservación ambiental en general (y de la biodiversidad en particular) y el desarrollo sostenible se han convertido en dos grandes preocupaciones sociales en las últimas décadas que se han situado en el centro de las agendas de buena parte de los gobiernos de países desarrollados.

Se podría plantear una alternativa basada en mecanismos de mercado, sustentados en derechos de propiedad, que a su vez constituyen un conjunto de derechos que afectan al uso de los recursos, a los ingresos derivados de su uso, etc., y a la capacidad de transferir una parte o la totalidad de estos derechos a otros usuarios.

Estos derechos, como por ejemplo los asociados al Protocolo de Kioto, cuentan con una enorme flexibilidad que puede permitir su adaptación a diferentes contextos.

# Parte 4.-
# Ejemplos reales

## 11.- Ejemplos prácticos
### 11.1.- Catástrofe de la plataforma petrolífera Deepwater Horizon

Noticia: *El 20 de abril de 2010 la Plataforma que perforaba el pozo de petróleo "Macondo" otorgado a BP y cuya prospección subcontrató a la firma suiza Deepwater Horizon, explotó y se hundió, muriendo 13 personas, está vertiendo unos 800.000 litros diarios de petróleo a las aguas del Golfo de Méjico hasta que se pudo cerrar el pozo a mitad de agosto de 2010.*

El vertido de crudo en el Golfo de México provocado por la explosión de la plataforma Deepwater Horizon ha sido, hasta la fecha, el mayor de la historia.

El mayor de los acaecidos accidentalmente por lo menos, ya que sus cifras solo se ven superadas por el masivo vertido voluntario perpetrado por el régimen de Saddam Hussein durante la primera Guerra del Golfo.

Se han derramado en torno a cinco millones de barriles, es una cantidad devastadora que supera con creces unas estimaciones que ya lo eran.

El derrame ha causado una catástrofe ambiental y económica en la costa estadounidense del Golfo de México. En efecto:

- El daño ecológico causado es enorme y de momento incalculable, porque al daño causado por el petróleo en sí hay que añadirle el de los dispersantes químicos utilizados en unas proporciones nunca intentadas antes.

- El daño económico y social es tremendo afectando el sustento de pescadores y operadores de turismo.

### .- Secuencia de los hechos

- Con un importante coste de popularidad, el presidente Obama autorizó nuevas explotaciones petrolíferas en el Golfo de Méjico.

- BP obtuvo la concesión para la explotación de uno de estos campos. El incidente ocurrió en un pozo denominado Macondo.

- BP subcontrató la prospección a la firma Transocean que usó la plataforma bautizada como Deepwater Horizon. BP no tenía a ningún inspector que verificase el cumplimiento de su normativa ni de las políticas de BP.

- Encontraron petróleo. El siguiente paso era "entubar" el tubo por el que circulaba la taladradora sellando con cemento la "holgura" entre el tubo y la roca madre.

- La compañía encargada de la inyección de cemento y otros fluidos era Halliburton. Nueva subcontratación.

- El pasado 20 de abril ocurrió la catástrofe. La plataforma explotó hundiéndose dos días después dejando abierto un pozo que está derramando unos 800.000 litros diarios de petróleo a las aguas del Golfo y lo que es peor, en la explosión fallecieron 13 trabajadores de la plataforma.

- Y estuvo vertiendo petróleo, contaminando la costa y afectando a la fauna marina, aparentemente, hasta el pasado mes de agosto de 2010 tras varias infructuosas operaciones de ingeniería submarina. Recordemos que el pozo estaba a 1200 metros de profundidad.

- Las pruebas parecen demostrar que esta tragedia fue previsible y resultado directo de decisiones y acciones, aparentemente, irresponsables de BP.

### .- Investigación preliminar del incidente

La Cámara de Representantes de EE. UU. inició en la primera mitad del mes de mayo una serie de audiencias para determinar las circunstancias que ocasionaron el desastre.

Según informó Bart Stupak, jefe del subcomité de Supervisión e Investigaciones de la Cámara de Representantes:

- Aparentemente el mecanismo diseñado para impedir explosiones (BOP) tenía una filtración en su sistema hidráulico y carecía de potencia para sellar el conducto de prospección. Paralizar la prospección supondría una pérdida de 500.000 euros/día.

- Este dispositivo para prevenir explosiones había funcionado perfectamente en las pruebas. Posiblemente los fallos en su funcionamiento pudieran haber sido causados por una obturación con cemento o algún otro fluido inyectado por otra empresa contratista.

- El dispositivo para impedir una explosión en la plataforma había sido modificado, lo que impidió ponerlo en funcionamiento.

- Se había detectado un fallo en una prueba de presión antes de la explosión. Esa prueba indicó que la presión estaba aumentando en el pozo, lo que indicaba una filtración de crudo o gas, lo que podía causar una explosión.

- Es decir, aparentemente la seguridad de toda la operación descansaba en el funcionamiento de un mecanismo aparentemente defectuoso.

Según el diario *The New York Times*, los trabajadores de la plataforma petrolera habían **expresado su preocupación sobre el estándar de seguridad en la planta.** Comentaron haber presenciado con frecuencia prácticas inseguras en la planta e indicaron que **temían represalias si reportaban errores o problemas**.

Según el diario The New York Times, los trabajadores de la plataforma petrolera habían expresado su preocupación sobre el estándar de seguridad en la planta. Comentaron haber presenciado con frecuencia prácticas inseguras en la planta e indicaron que temían represalias si reportaban errores o problemas.

### .- BP y Halliburton conocían los fallos en el cemento del pozo antes del vertido pero minusvaloraron el riesgo

La comisión presidencial para el desastre, liderada por el exsenador estadounidense Bob Graham, en sus conclusiones preliminares presentadas en Washington en noviembre de 2010, señaló que la petrolera BP y la contratista Halliburton sabían semanas antes de la explosión que causó el vertido de petróleo en el Golfo de México que la mezcla de cemento que reforzaba el pozo era inestable.

En efecto, tres de las cuatro pruebas que Halliburton hizo en marzo a la mezcla de cemento para reforzar la base del pozo indicaban que esta no cumplía los requisitos industriales que su mezcla podría ser inestable, pero ninguno de ellos actuó ante esos datos.

Sin embargo, la comisión no tiene constancia de que Halliburton explicara a BP las implicaciones de los datos sobre la estabilidad del cemento, o de que el personal de la compañía británica hiciera preguntas sobre ello.

### .- Parece que esta plataforma tenía la alarma desactivada

Aunque el sensor funcionaba y estaba comunicado a un ordenador, este no estaba preparado para que se activase la alarma en situación de emergencia, en caso de fuego o alta concentración de productos tóxicos. Los responsables de la plataforma habían ordenado desactivar el sistema porque ante las continuas falsas alarmas "no querían despertar a la gente a las tres de la madrugada con falsas alarmas".

Un fallo letal que provocó no solo la pérdida de vidas sino el mayor desastre ecológico de EE.UU. En otras palabras, el sistema que utiliza señales luminosas y sonoras para alertar de fuego o alta concentración de productos tóxicos estaba programada para no sonar.

Según el técnico jefe de sistemas electrónicos, de haber estado operativo el sistema, éste habría detectado el incremento en la acumulación de gas, y habría alertado a los trabajadores de la necesidad de evacuar la plataforma antes de la primera de las dos explosiones.

### .- Veamos el cúmulo de errores

• Una auditoría en la plataforma siete meses antes de la explosión reveló que la contratista suiza Transocean tenía al menos 26 elementos y sistemas de la planta que estaban en condiciones "malas" o "pobres". Un portavoz de Transocean comentó que la mayoría de los elementos que estaban en malas condiciones eran menores y que el mecanismo para prevenir explosiones había sido inspeccionado dentro de los plazos establecidos por el fabricante.

• A pesar de ello BP no paró la prospección ni, aparentemente, llevó a cabo un seguimiento adecuado de la auditoría.

• La plataforma tuvo continuos problemas los días anteriores de la explosión, desde fallos de suministro eléctrico a caídas en el sistema informático.

• El sistema de seguridad no estaba en un buen estado y, además, muchos de sus detectores eran defectuosos.

### .- Coste económico

Sin duda BP está pasando su peor momento:

• Está obligada a pagar una multa de entre 1.100 y 4.300 dólares por barril vertido. Al ritmo de desastre que se estima ahora mismo eso supone una multa de 33.000 millones de dólares; es decir, 25.000 millones de euros.

• Ha aceptado a pagar una indemnización de 75 millones de dólares por el vertido provocado por la explosión y posterior hundimiento de esta plataforma petrolífera en el Golfo de México.

• Ha suspendido el pago de dividendos a sus accionistas por lo menos hasta el primer trimestre del próximo año (unos 10.000 millones de dólares) para invertir el dinero en solventar la crisis y crear un fondo de 20.000 millones de dólares (16.300 millones de euros) para indemnizar a los afectados, incluso quizás se enfrente a su "desaparición". Igualmente prevé la venta de activos en Alaska y Argentina.

• BP ha anunciado pérdidas financieras de 19.973 millones de dólares (15.363 millones de euros) en el segundo trimestre de 2010. Se trata de los peores resultados financieros de la historia empresarial del Reino Unido, que la petrolera atribuyó en buena parte a los 32.200 millones de dólares (24.770 millones de euros) en costes para afrontar la limpieza del vertido en el Golfo de México.

• Para hacer frente a la reparación de los daños provocados por la marea negra, la petrolera británica ha anunciado a los analistas que venderá hasta 30.000 millones de dólares en activos (23.000 millones de euros) en el próximo año y medio.

- Su capitalización bursátil ha descendido 60.000 millones de euros desde el accidente y no se espera que haya tocado fondo dado que, aunque en menor cantidad, el vertido continúa. Sus acciones han bajado de 642,5 peniques (19.04.10) a 355,45 peniques (14.06.10).

- Este descenso está dañando seriamente las perspectivas económicas de las futuras jubilaciones cuyos fondos de pensiones poseen estas acciones.

- No se conoce aún la cifra final de compensaciones económicas a pagar.

- El bajo precio de estas acciones puede "comprar las ganas" a sus competidores por "engullirla" a buen precio. Prueba de ello es la estrategia de BP para defenderse de una eventual amenaza de compra por parte de empresas como ExxonMobil o Royal Dutch Shell.

### .- Relación con los *stakeholders* o partes interesadas. La doble catástrofe de BP

A la vista de la magnitud de la catástrofe, sorprende la errática y desafortunada política de comunicación de BP, que bien podría ser calificada, sin ánimo de establecer comparaciones inoportunas, como una segunda catástrofe.

La cadena de despropósitos empezó un par de semanas después del accidente, cuando Tony Hayward, consejero delegado de BP, en lugar de ofrecer una disculpa convincente, directa y sin ambages al público norteamericano, intentó descargar a esta compañía de responsabilidades aduciendo que era Transocean, una subcontratada, la que manejaba los mecanismos de perforación del lecho marino.

Días después, el 14 de mayo, Hayward, lejos de mantener una actitud más humilde y coherente, sostuvo que "el volumen de petróleo y dispersante que estamos vertiendo en el océano es pequeño si lo comparamos con el total de agua del golfo". Cuatro días más tarde añadió que "el impacto medioambiental de este desastre será, probablemente, muy, muy modesto".

Preguntado el 30 de mayo sobre si tenía algún mensaje para los habitantes de Luisiana, cuyas costas se han visto particularmente afectadas por la marea negra, Hayward indicó: "A nadie le gustaría más que a mí que esto hubiera terminado ya. Me apetecería recuperar mi vida anterior". Tales palabras fueron muy mal recibidas por los familiares de las víctimas mortales, que jamás podrán recuperar ningún tipo de vida.

Pero la cosa no acabó aquí. El 3 de junio Hayward protagonizó una campaña televisiva, presupuestada en 50 millones de dólares, que le valió críticas incluso del presidente Obama, en cuya opinión esos recursos deberían haberse empleado en las tareas de limpieza.

Y, el 19 de junio, Hayward se dejó ver participando en una regata alrededor de la isla de Wight.

Tras estos episodios, la sensación más extendida en medios políticos y empresariales oscila entre la incredulidad y el enfado.

Parece inverosímil que se despache como lo ha hecho el portavoz de una compañía que:

- ha indignado a los vecinos de la costa sur estadounidense (se han cursado ya 64.000 demandas contra BP) y a la Administración Obama,
- ha sido acusada por empresas colaboradoras de grave negligencia,
- ha empobrecido a sus accionistas, y
- tiene en vilo a cuantos se preocupan por el medioambiente.

Claramente las múltiples campañas "verdes" de BP no encajaban con la estrategia de reducciones drásticas en los costes de producción y extracción como la mostrada.

Incluso, tras taponar la fuga, BP sigue en el punto de mira. Ahora se investiga si los dispersantes químicos que usó para contener el vertido puedan acabar dañando el ecosistema del Golfo más que el mismo petróleo.

Ante los evidentes daños al ecosistema, el Gobierno de México, aunque aún no hay presencia de crudo en territorio mexicano, al existir **"un daño claro al ecosistema"** mostrado por la muerte de tortugas y aves, así como daños a mariscos, atún y a otro tipo de especies migratorias de la zona de Golfo de México va a exigir una reparación a BP tanto por este daño como por las actividades de vigilancia que ha llevado a cabo.

**.- Este accidente le cuesta el puesto al Presidente ejecutivo de BP a fin de restablecer la reputación de BP**

Ante la batalla legal y mediática que se avecina, BP:

- ha relevado a Hayward como gestor de los esfuerzos contra el vertido y ha dimitido de su cargo por su mala gestión de la crisis por el derrame de crudo en el Golfo de México siendo sustituido por el estadounidense Bob Dudley, actualmente a cargo de las operaciones de limpieza de BP en el golfo y
- ha contratado nuevos servicios de relaciones públicas. Pero está todavía por ver si estos sabrán responder a las preguntas pertinentes. Por ejemplo, a esta: ¿cómo se ha convertido BP, una de las grandes petroleras, orgullo británico desde su fundación, en una firma capaz de edificar una catástrofe comunicacional sobre una catástrofe medioambiental?

La conclusión es clara, no se deben buscar beneficios récord reduciendo el gasto de mantenimiento de las infraestructuras e ignorando una serie de buenas prácticas recomendadas por la industria y del bienestar de los trabajadores.

## .- BP y buen gobierno corporativo

El buen gobierno corporativo (BGC) es considerado como la facultad de compartir la responsabilidad de la administración y la toma de decisiones en una empresa, lo que entre otras cosas incluye resultados económicos, el desarrollo del recurso humano, el control interno y la protección de todas las partes interesadas, llámense accionistas, proveedores, empleados, comunidad. Esta tarea tan importante debe realizarse con criterios de transparencia y equidad para generar confianza y atraer inversión.

El caso de la explosión de la plataforma Deepwater Horizon mostró las graves deficiencias de la compañía BP en la práctica de los principios del Buen Gobierno Corporativo. Los principales daños son:

- Una catástrofe ambiental difícil de remediar.
- Pérdidas por más de 15.000 millones de euros, lo que constituye un récord en empresas británicas.
- Reducción de un 40% del valor de la compañía.
- Una afectación en su reputación que hasta el momento no se ha medido.

A pesar de lo acontecido, su consejero, Tony Hayward, percibirá unos 14 millones de euros por concepto de despido y pensiones. Que cada uno establezca sus conclusiones.

## .- Repercusiones

Antes de seguir, hay que reconocer que Obama ha usado la demagogia contra la petrolera para mejorar su caída de popularidad.

Ciertamente la Administración Obama no ha podido tener una actuación más errática en este tema. Desde el primer día ha puesto de manifiesto la incapacidad del Gobierno para velar por la seguridad de las perforaciones petrolíferas y para multar a las compañías que incumplan la ley.

La revista *Grist*, Biblia de los verdes norteamericanos, acusa a la prensa estadounidense, incluida la más liberal, de haberse lanzado a una especie de contubernio para minimizar la catástrofe. Quizás para echarle una mano al presidente en las elecciones al Congreso y Senado que tendrán lugar a mitad del mandato Obama (noviembre de 2010). Parece que, por fin, ya ha llegado la hora de pedir explicaciones.

El consejero delegado de BP fue acusado por el Congreso de EE. UU. de dirigir una empresa en la que prima la rentabilidad sobre la seguridad. Los congresistas estadounidenses coincidieron de forma casi unánime en que BP tomó decisiones "arriesgadas" en el diseño del pozo que explotó y en ignorar las señales de advertencia que precedieron al accidente.

Algo que empezó como un accidente industrial se ha transformado en un conflicto de mayor alcance, en un asunto de reputación, un apretón económico para BP y un asunto político.

El secretario del Interior de EE. UU. les ha pedido 75 millones de dólares de indemnización y han aceptado, "les hemos pedido transparencia para que muestren en su página web un vídeo en directo sobre el vertido y han aceptado". Esto es, de acuerdo con la Ley de Contaminación Petrolera promulgada en 1990 tras el derrame causado por el buque Exxon Valdez en Alaska, lo máximo que podía pagar BP como indemnización, aunque algunos legisladores sugirieron que, dada la magnitud del vertido, el monto pudiera ser bastante mayor.

Sin duda, BP está expuesto a una cadena de reclamaciones por daños por parte de las autoridades locales e individuos estadounidenses.

### .- Problemas políticos. Afección al presidente Obama

La popularidad del presidente Barack Obama ha caído a su nivel más bajo desde que llegara a la presidencia. **Los estadounidenses confían cada vez menos** en su liderazgo, según una encuesta publicada este miércoles.

• Su popularidad cayó hasta un 45% en la encuesta de Wall Street Journal/NBC News, 5 puntos menos que hace un mes. Por primera vez en el sondeo, es mayor el número de gente, 48%, que dice que **desaprueba el trabajo de Obama**.

• Una mayoría de quienes respondieron a la encuesta, el 62%, piensa que **el país va por el mal camino**. Mientras, un 49% de los encuestados califica positivamente a Obama por sus "firmes cualidades de liderazgo", un descenso con respecto al 70% que recibió cuando se convirtió en presidente y 8 puntos menos desde enero.

• La encuesta también mostró la preocupación sobre el derrame de petróleo de BP en el Golfo de México y la disminución de la confianza en la gestión de Obama del desastre ambiental que ha cerrado ricas áreas pesqueras y ha manchado las costas de cuatro estados estadounidenses.

• En los dos meses desde que comenzó el derrame, Obama ha realizado cuatro visitas a la zona del desastre y ha presionado a BP para que acepte crear **un fondo de 20.000 millones de dólares** para ayudar a pagar los daños ocasionados.

• La mitad de los encuestados desaprueba la gestión de Obama respecto al derrame, incluido uno de cada cuatro demócratas. Un 40% **lo calificó positivamente por su "capacidad para manejar la crisis"**, un 11% menos que en enero.

• El derrame ha cambiado ligeramente la actitud de los estadounidenses acerca de la explotación petrolera en alta mar, según mostró la encuesta. En mayo, el 60% respondió que estaba a favor de más exploración petrolera frente a las costas de Estados Unidos. En esta encuesta, **el apoyo retrocedió al 53%** y casi dos tercios de los encuestados dijeron que querían más regulación para las petroleras.

**.- ¿Podría haber ocurrido este problema en la Unión Europea?**

En mi opinión creo que la probabilidad es mínima. Repasemos la normativa comunitaria.

En primer lugar hay que señalar que la preservación de la ecología marina es responsabilidad directa de la Comisión Europea, por lo que legisla mediante Reglamentos europeos, máximo rango de la legislación comunitaria, que obligan directamente a los ciudadanos sin necesidad de incorporarlos a la legislación nacional. En otras palabras, no precisan ser transpuestos a la legislación nacional.

**A.- El desarrollo sostenible como objetivo de la Unión Europea**

El desarrollo sostenible es uno de los objetivos de la Unión Europea (UE). En efecto, en su Título I "Disposiciones comunes", artículo 3, establece: "obrará en pro del desarrollo sostenible de Europa basado en un crecimiento económico equilibrado, en una economía social de mercado altamente competitiva, tendente al pleno empleo y al progreso social y en un nivel elevado de protección y mejora de la calidad del medioambiente".

Este párrafo se vuelve a repetir en el artículo 191, dentro del título XX, "Medioambiente", donde recoge que las políticas de la Unión integrarán y garantizarán con arreglo al principio de desarrollo sostenible un alto nivel de protección del medioambiente y mejora de su calidad. Este principio de integración de las exigencias ambientales en las demás políticas de la UE fue introducido en el Acta Única Europea y ha ido adquiriendo cada vez una mayor importancia.

**B.- Política de medioambiente**

Se recoge en su tercera parte "Políticas y acciones internas de la unión", título XX, "Medioambiente".

**B.1.- Objetivos.-** El artículo 191, en su apartado 1 recoge con gran amplitud los objetivos de la política de la Unión de protección del medioambiente, lo que la legitima para actuar en cualquier ámbito sectorial o geográfico. Y abarcar todo tipo de medidas de protección, desde los tradicionales como el tratamiento de residuos o la lucha contra la contaminación a los más novedosos como la evolución de la biotecnología. Estas son:

- preservar, proteger y mejorar la calidad del medioambiente;
- proteger la salud de las personas;
- utilizar los recursos naturales de forma prudente y racional;
- fomentar y promover medidas a escala internacional destinadas a hacer frente a los problemas regionales o mundiales del medioambiente y en particular a luchar contra el cambio climático.

**B.2.- Los principios y condiciones de la acción ambiental.-** El artículo 191, en sus apartados 2 y 3 recoge los parámetros que han de regir la acción de la Unión en materia de medioambiente, que pueden subdividirse en dos bloques:
- los principios que han de regir la actuación ambiental de la Unión,
- las condiciones o factores externos a la política ambiental (de tipo técnico, económico o político) que la Unión ha de tener en cuenta en su actuación.

Recordemos que los Principios de la acción ambiental son:
- **Necesidad de alcanzar un nivel de protección elevado.** Este párrafo surgió por las presiones de los países con legislaciones más avanzadas en la protección del medioambiente, los cuales temían, tras la sustitución de la regla de la unanimidad por la de la mayoría en la adopción de normas ambientales, la imposición de estándares inferiores. Este párrafo viene matizado por la necesidad de tener en cuenta "la diversidad de situaciones existentes en las distintas regiones de la Unión", lo que permite una diferenciación de los estándares de protección en determinadas regiones de la Unión.
- **Principios de cautela y acción preventiva.** La política de la Unión se basará en los principios de cautela y acción preventiva.
  - **El principio de acción preventiva** significa que la Unión Europea ha de tomar medidas de protección medioambiental aun antes de que se haya producido un daño o lesión al mismo, por el mero riesgo de que esta tenga lugar. Por tanto, la Unión puede adoptar una medida de protección sin que se haya producido el daño ambiental y sin que se pueda esgrimir en su contra los principios de subsidiariedad o de proporcionalidad, que rigen el ejercicio de las competencias de la UE, siempre que se constate científicamente la existencia de un riesgo real y la contribución de la medida para evitarlo. Estas se han demostrado como las medidas de protección ambiental más eficaces (autorizaciones para actividades industriales contaminantes o la evaluación de los impactos o los estudios de impacto ambiental).

o **El principio de cautela**, introducido por el tratado de Maastricht para reforzar la acción preventiva, excluye la necesidad de que exista la plena certeza científica sobre la efectividad de las medidas adoptadas para la reducción de los riesgos ambientales, en otras palabras, no precisa estar respaldada por, en muchas ocasiones imposibles, bases científicas incontestables. Esto afecta a las medidas de protección para la prevención de daños ambientales, por ejemplo derivados del cambio climático o de los organismos modificados genéticamente. Este principio de cautela afecta sobre todo a la gestión del riesgo y proporciona una base para la acción cuando la ciencia no está en condiciones de dar una respuesta clara, proporcionando un marco razonado y estructurado para la acción.

• **Principio de corrección de los atentados al medioambiente preferentemente en la fuente misma.** Este principio responde a la filosofía preventiva comentada en el punto anterior y exige dar prioridad a las medidas que atajen la contaminación antes de su emisión al ambiente (por ejemplo límites de emisión de sustancias contaminantes al agua o a la atmósfera) frente a las que actúan sobre la contaminación ya producida (por ejemplo los estándares de calidad ambiental).

• **Principio de "Quien contamina paga".** Este principio, introducido en el primer programa de acción ambiental comunitario (1973-1976) y que desde entonces rige la acción comunitaria, significa que los costes de la contaminación han de imputarse al "agente contaminante", entendiendo este como la persona física o jurídica sometida a derecho privado o público que directa o indirectamente deteriora el medioambiente o crea las condiciones para que este deterioro se produzca. Entre estos tendríamos los impuestos ecológicos o ambientales que gravan las actividades contaminantes. Es de señalar que, hasta la fecha, su aplicación práctica ha sido muy reducida.

### .- Principales diferencias respecto a la limpieza del Prestige

Solo dos detalles que considero suficientemente significativos:

• En Galicia, los trabajadores de Tragsa estaban contratados por la Xunta de Galicia y había una marea de voluntarios (327.476), pero todo estuvo controlado por las administraciones. La empresa BP dirige unilateralmente las labores, aunque parece que con una cierta participación del Gobierno americano. No hubo la coordinación, colaboración y ayuda que aquí hubo.

• En Galicia, como precaución sanitaria, se prohibió la pesca de inmediato evitando así que se consumiesen productos extraídos del mar hasta que se dieron por finalizadas las operaciones de limpieza y las autoridades sanitarias lo permitieron. Allí no. Es más, en Louisiana se siguen cogiendo y ofreciendo los *sea foods* como atractivo turístico.

### .- Reacciones de su competencia

Aunque hasta ahora sus competidores (Shell, Chevron-Texaco, Exxon) mantienen "la boca cerrada" pensando que "un accidente le puede ocurrir a cualquiera", hay una buena razón para que los directivos de esas empresas petroleras estén ansiosos por hacer declaraciones culpando a BP. En efecto: si no culpan a BP de negligencia, asumen que es inevitable este tipo de accidentes, se podría confirmar la moratoria del Presidente Obama a las prospecciones en el Golfo de México.

### .- Recomendaciones de la Comisión de expertos

La comisión de siete expertos designada por el presidente Barack Obama para esclarecer el caso, dirigida por el exsenador Bob Graham y el ex administrador de la Agencia de Protección Ambiental, William Reilly, para estudiar, esclarecer y proponer un conjunto de recomendaciones que servirán de base para:

- modificar las regulaciones de la industria de perforaciones en alta mar, tras la moratoria impuesta tras el desastre.
- cifrar la multa que el Gobierno estadounidense exigirá a BP y sus subcontratas, Transocean y Halliburton, y determinar el destino de ese dinero, una decisión que los estados del Golfo de México esperan impacientemente, con la esperanza de recibir una inversión que dé un impulso a su economía.

Señala en sus conclusiones que:

- estamos ante "un accidente evitable" causado por:
  - las compañías encargadas de explotar el yacimiento de Macondo no establecieron un sistema de gestión que garantizase la seguridad de la exploración y posterior extracción. Por ello, muchas de las decisiones que tomaron BP, Halliburton y Transocean incrementaron el riesgo de la explosión con la intención de ahorrar tiempo y de dinero "en detrimento de varias opciones disponibles y menos arriesgadas";
  - "una serie de fallos y errores de gestión" atribuibles por igual a las tres compañías responsables: BP, Transocean y Halliburton a las que acusa de haber incurrido en "pasos en falso y descuidos";
  - la total permisividad de los organismos reguladores de la propia administración estadounidense hacia la industria del petróleo. En

su opinión ni reguló ni controló la seguridad de esta instalación como debiera.

- Mientras no se corrijan este conjunto de "riesgos sistémicos" detectados en las prácticas de la industria y en las regulaciones gubernamentales, un accidente similar puede ocurrir en cualquier momento.

### .- Causa del accidente para los expertos

El accidente ocurrió en la transición de la fase de exploración a la de explotación del pozo, cuando se estaba procediendo al sellado temporal de la obca a más de mil metros de profundidad en el fondo marino.

La comisión ha deteminado que:

- no se instalaron los suficientes mecanismos para estabilizar el pozo,
- se procedió a la extracción precipitada de barro y fluidos antes de sellarlo con cemento y
- se ignoraron los resultados de una prueba que demostró un fallo en la presión horas antes del accidente.

### .- Responsabilidad de BP y de sus subcontratistas

El informe de la comisión identifica nueve decisiones erróneas que elevaron innecesariamente e irresponsablemente el riesgo de vertido, presumiblemente para ahorrar tiempo y dinero sin considerar los riesgos. Y, por lo menos, siete de ellas se tomaron en el seno de BP.

Pero los expertos dan la razón a BP cuando denuncia que Halliburton no informó convenientemente de que las pruebas de calidad del cemento utilizado para asegurar el pozo indicaban que este podía ser inestable.

Si a eso se le añade que BP usó solo 6 centralizadores para estabilizar el pozo, en lugar de los 15 recomendados, tenemos una acumulación de riesgos abusivos que llevó a la pérdida de once vidas humanas e incontables daños materiales.

Recoge que:

- el estallido se debió a "una serie de errores humanos y descuidos evitalbes por parte de BP", "pasos en falso y descuidos" de sus subcontratas, y "fallos sistmémicos" de la industria petrolera. Las tres empresas hicieron un mal trabajo al evaluar los riesgos de las operaciones de esta plataforma.
- "Halliburton y Transocean ignoraron las regulaciones de las autoridades, así como los recursos necesarios y la experiencia técnica para la prevención", dice un capítulo del informe. El informe habla de "errores evitables" por parte de BP.

- Sin embargo, considera que la explosión "no fue el resultado de una serie de decisiones aberrantes de una industria pícara o por parte de unos funcionarios que no pudieron ser capaces de preverlo".
- Al revés, entiende que las causas son, en cambio, "más bien sistémicas", de una industria, la de la exploración petrolífera en alta mar, que funcona con una escasa supervisión de la administración y condicionada por el ahorro de costes.
- El desastre "podría volver a repetirse ni no se reforman tanto las prácticas de la industria como las políticas gubernamentales".

En efecto:

- "Basado en la evidencia disponible no hay nada que surgiera que el equipo de ingeniería de BP realizó un análisis formal y disciplinado del impacto combinado de estos factores de riesgo", indica el informe.
- La propia Halliburton reconoció que no efectuó una prueba clave relacionada con el estado del cemento antes de la explosión, sin embargo, señaló que la BP no comprobó este aspecto.
- "Ya sea intencional o no, muchas de las decisones de BP, Halliburton y Transocean, hicieron que se incrementara el riesgo de la explosión de Macondo. Claramente, ahorraron a las empresas mucho tiempo", especifica el texto.

Para estos expertos:

- BP no tiene controles adecuados y seguros para garantizar la toma de decisones clave en los meses previos al derrame o una perspectiva de la ingeniería.
- Nada sugiere que el equipo de ingeniería de BP haya realizado un análisis formal y disciplinado del impacto combinado de estos factores de riesgo.
- Una preocupante "falta de comunicación" entre los responsables de las operaciones.
- Una "insuficiente atención a los problemas detectados en el pozo".

A BP le recrimina que no utilizara ningún instrumento para evaluar el estado del cemento. El "error fundamental" de la británica habría sido su confianza en que el cemento sería una barrera eficaz frente al avance del crudo y del gas.

Asimismo, el desplazamiento de barro en el tubo de perforación antes de poner un tapón de cemento u otra barrera "incrementó sustanciosa e innecesariamente el riesgo de un vertido", prosiguen los investigadores.

Sobre Halliburton, algunos documentos de la empresa sugieren que los técnicos no esperaron a conocer el estado del material antes de comenzar la cimentación.

Por su parte, Transocean, la compañía que operaba la plataforma, no instruyó a su personal para hacer frente a peligros que ya se conocían y, en especial, sobre las lecciones aprendidas en un accidente similar que había ocurrido cuatro meses atrás en el mar del Norte.

El informe concluye señalando que se pudo haber evitado el desastre.

### .- Responsabilidad de la Administración Estadounidense

El informe también arremete contra el Gobierno, pues considera que le faltó la autoridad, los recursos y la experiencia necesaria para prevenir las carencias de las empresas en materia de seguridad.

Claramente, se señala que sin una reforma significativa en los controles y legislación gubernamental, se puede volver a producir un accidente similar. Curiosa y dura conclusión hacia el Gobierno de EE. UU., que ha querido aparecer como una víctima del vertido cuando, en parte, es también culpable del mismo.

Se observó:

- la existencia de regulaciones duras sobre el papel pero laxas en la práctica,
- con multas desfasadas para quien incumpliera las condiciones de seguridad y
- con unas funciones de vigilancia reducidas al mínimo.

Sin duda, una legislación similar a la autorización ambiental integrada o europea de accidentes graves ayudaría a evitar este tipo de incidencias y daños.

### .- Recomendaciones principales de la Comisión de expertos

- **Elevar el máximo de multa para una compañía negligente,** actualmente fijado en 75 millones de dólares (unos 58 millones de euros), y reinvertir al menos el 80% de las multas impuestas a las compañías en la **rehabilitación del Golfo de México.** El problema de esta medida es que un aumento de las multas podría disuadir a las pequeñas empresas o empresas independientes de operar en el Golfo.
- **Modificar la forma en la que EE. UU. se enfrenta a los desastres ecológicos.** El informe habla de "errores evitables" por parte de BP, "pasos en falso y descuidos" de sus subcontratas, y "fallos sistémicos" de la industria petrolera, y pide acción al Congreso y al Departamento del Interior para cambiar.
- **Mayor supervisión.** La comisión también exige al Departamento del Interior que cree una agencia de seguridad independiente exclusiva-

mente dedicada a supervisar las perforaciones en alta mar, y recomienda aumentar los fondos para las agencias federales que relacionadas con la respuesta a vertidos.

- **Exigir la incorporación de prácticas de seguridad para evitar negligencias.** Exige que las regulaciones de la industria petrolera estadounidense sean, al menos, tan severas como las de otras naciones productoras de crudo, y que las compañías que operan en el Golfo incorporen prácticas de seguridad de las que carece y que sí son comunes en otras regiones.

### .- Conclusiones

- Las compañías no suspendieron las operaciones y ahora 13 trabajadores están muertos y el Golfo se enfrenta a una catástrofe ambiental.

- Las empresas tratan de transmitirse la responsabilidad por el incidente, matizando si fueron fallos en el pozo, en la plataforma misma o en el dispositivo para prevenir explosiones, lo que en última instancia desencadenó la filtración.

- Claramente se observa la falta de una representación de BP que "tomase" las riendas siguiendo su protocolo. En su lugar, aparentemente, y según Halliburton, las órdenes de BP eran que querían sacar material pesado del pozo antes de obturarlo con cemento.

- Quizás un exceso en la optimización económica puede generar, incluso, la desaparición de la compañía debido tanto al descenso de ventas por la presión pública como a las indemnizaciones a las que debe hacer frente. Esto no es nuevo, ya le ocurrió a Union Carbide tras producirse una fuga de 42 toneladas de isocianato de metilo en una fábrica de pesticidas propiedad de esta compañía estadounidense tras el incidente de Bhopal (India).

Recordemos que el incidente de Bhopal (India) se generó al no tomarse, para ahorrar costes, las debidas precauciones durante las tareas de limpieza y mantenimiento de la planta con el agravante de que el sistema de refrigeración de los tanques y el catalizador de gases previo a la salida a la atmósfera se habían desactivado por ahorro de costes. Al entrar en contacto con la atmósfera, el compuesto liberado comenzó a descomponerse en varios gases muy tóxicos (fosgeno, monoetilamina y especialmente ácido cianhídrico, también conocido como ácido prúsico o cianuro de hidrógeno) que formaron una nube letal que, al ser más densos los gases que la formaban que el aire atmosférico, recorrió a ras de suelo toda la ciudad.

- Un acceso más caro a la financiación. Así, por ejemplo, la gestora de fondos noruega KLP ha anunciado, en su revisión semestral, que ha puesto a la petrolera BP bajo supervisión, con el fin de tomar una decisión sobre su futura exclusión o no del porfolio inversor debido al derrame de petróleo que tuvo lugar en el Golfo de México la pasada primavera. KLP ha iniciado un proceso de diálogo con la multinacional, puesto que la investigación de las autoridades norteamericanas ha encontrado limitaciones en la información facilitada por la compañía y, sin embargo, esta ha dado a conocer su propio informe sobre el accidente en el que admite debilidades y fallos de directrices.

### 11.2.- Eclipse "ecológico" en China. Los efectos de una revolución industrial

**Escrito por Pablo M. Diez y publicado en el diario *ABC* de fecha 15.08.2010**

*Reproduzco este excelente artículo que me ha recordado la época en la que Avilés y La Felguera, en Asturias, eran las ciudades más contaminadas de Europa. No se podía tender la ropa porque aparecía negra y se limpiaba con la ventana cerrada.*

*Ahora Avilés y La Felguera respiran, pero han perdido población, sobre todo por culpa de la reconversión industrial, y, como en toda Asturias, se percibe el envejecimiento de la población.*

Un vertido de petróleo en el mar Amarillo que podría ser tan grave como el del Exxon Valdez y que, sin embargo, ha sido minimizado por el Gobierno chino mientras miles de pescadores recogen el crudo, literalmente, "a pelo" y con sus propias manos.

Otro derrame químico en el río Songhua, donde ya en noviembre de 2005 se vertieron 100 toneladas de benceno que obligaron a cortar el agua en Harbin, una ciudad de cuatro millones de habitantes, después de que las autoridades lo ocultaran una semana.

La presa de las Tres Gargantas convertida en un gran vertedero del que cada día se retiran 3.000 toneladas de desperdicios y donde islotes de basura de hasta 60 centímetros de grosor flotan sobre 50.000 metros cuadrados del embalse. Y, para terminar, más de un millar de muertos por los corrimientos de tierra que han provocado las inundaciones en la provincia de Gansu. Este verano, la naturaleza ha dicho basta en China, que ha basado su extraordinario crecimiento de las tres últimas décadas en una industrialización frenética y totalmente a espaldas del medioambiente.

**Los efectos de una revolución industrial**
- **Aguas contaminadas.** El 70% de los ríos y grandes lagos están seriamente deteriorados y la lluvia ácida afecta a la mitad de las 696 grandes ciudades y a un tercio de la superficie nacional.
- **Elevado coste.** La contaminación genera unos gastos que ascienden al 10% de PIB. No de extrañar, por ejemplo, el 70% de la electricidad que se consume proviene del carbón.
- **Riesgos para la salud.** Unas 400.000 personas mueren cada año a causa de la polución. Cáncer de pulmón, bronquitis y neumonías son las patologías más frecuentes.

Como consecuencia, el gigante asiático es más rico que antes y, en términos brutos, aspira a desbancar a Japón como segunda potencia económica del planeta y a relevar a Estados Unidos en los próximos años. Pero ese progreso se ha producido a costa del entorno natural y la contaminación ya es uno de los principales problemas que sufre China, donde la polución se cobra cada año unas 400.000 vidas y genera unos gastos que ascienden al 10 por ciento del Producto Interior Bruto (PIB).

**.- El precio del progreso**

Según cifras oficiales, el 70% de los ríos y grandes lagos del país están seriamente deteriorados y la lluvia ácida afecta a la mitad de sus 696 grandes ciudades y a un tercio de superficie nacional, incluyendo vastas extensiones de cultivos. Con los cielos de la industrializada costa permanentemente cubiertos por una pesada nube gris que oculta al sol, el 27% de las 341 mayores urbes y 116 millones de personas padecen unos niveles de polución en el aire "muy peligrosos".

Eso es lo que ocurre en Linfen, que arrastra desde 2007 el sambenito de ser la ciudad más contaminada del mundo. Enclavada a orillas del degradado río Fen, en la provincia minera Shanxi, en el centro del país, Linfen padece los efectos de la revolución industrial que está transformando a China en pleno siglo XXI.

Como en el Londres de Dickens, sus cuatro millones de habitantes son víctimas de la polución que provoca el carbón, ya que este mineral genera el 70% de la energía eléctrica que se consume en el país, donde la demanda no hace más que crecer espoleada por su imparable desarrollo.

Rodeada por decenas de minas, siderurgias y centrales térmicas, una espesa neblina gris que impide ver más allá de unos pocos metros suele cubrir Linfen, donde los niveles de dióxido de azufre y otras partículas tóxicas superan los límites aceptables para la salud. Por si fuera poco, el río Fen esta tan sucio que los cortes de agua son frecuentes, sobre todo en invierno, cuando funcionan a pleno rendimiento los pozos y las caldeas de la calefacción, sus habitantes se asfixian en una nube de carbón letal para su salud.

### .- Enfermedades

«Entre cáncer de pulmón, bronquitis y neumonías, las enfermedades respiratorias causadas por la contaminación copan el 70 por ciento de mis consultas», explica a este periódico un médico de Linfen que prefiere ocultar su identidad por miedo a represalias del Gobierno. Como siempre, los más afectados son ancianos y niños, muchos de los cuales deben acudir a los respiradores artificiales instalados en los seis hospitales de la ciudad y hasta recibir medicación por vía intravenosa.

Aunque el régimen de Pekín ha cerrado cientos de minas ilegales para frenar la contaminación y su alta siniestralidad y ha invertido miles de millones en mejorar la calidad del aire, los habitantes de Linfen siguen pagando el alto precio del desarrollismo por decreto.

"Estamos preocupados por nuestra salud porque han proliferado las enfermedades y ahora hay mucha gente que sufre cáncer de estómago o tumores cerebrales", teme Lu Jiang, una mujer de 73 años que vive en la cercana aldea de Bei Lu. Prácticamente cada mes, su censo de 1.700 vecinos se ve reducido por nuevas muertes por los más diversos tumores.

En un plano más mundano, las amas de casa se quejan de que la ropa vuelve a ponerse negra en cuanto la cuelgan para secar tras lavarla. En la nueva China de la inflación disparada y la burbuja inmobiliaria, los constructores han visto cómo los precios de los pisos caían en picado porque, según dicen, "nadie quiere vivir en Linden".

Y el problema no acaba ahí; la contaminación también tiene un alto coste medioambiental. "El tiempo era antes mucho mejor y se veía el cielo azul, pero la polución es ahora muy grave", critica Lu Jiang, quien confiesa que el pueblo de Bei Lu sigue abasteciéndose del río Fen para regar sus cultivos de arroz, maíz y trigo. Como las minas y fábricas vierten sus residuos en sus sucias aguas. Zhang Yunxia, de 20 años, denuncia que "la tierra ya no es verde y las cosechas son cada vez más pequeñas".

### .- El desarrollo avanza

A su alrededor, el entorno es desolador. Como islotes flotando a la deriva, unos diminutos campos de cultivo sobreviven en medio de un paisaje de tierra removida, montones de arena, zanjas abiertas, descamisados albañiles con cascos amarillos tostados por el sol, desvencijados camiones y hormigoneras.

Como en el resto de China, las afueras de Linfen están plagadas de obras. En construcción, este gigantesco país en vías de desarrollo aprovecha su crecimiento económico para llevar a cabo su más radical transformación urbanística construyendo autopistas de varios niveles, levantando puentes con futuristas diseños y edificando nuevas colmenas de viviendas sobre las antiguas casas de ladrillo de los campesinos y las derruidas fábricas de la época comunista.

En medio de charcos marrones de barro sobre los que salpican una y otra vez destartalados y ruidosos motocarros, un anciano con gorra revolucionaria arregla con parches el pinchazo de una bicicleta en su puesto callejero. A su lado, unos niños con mocos colgándoles de la nariz corretean entre el fango ante la puerta de una tienda de comida. Unos metros más allá, una familia celebra un convite de boda bajo las humeantes chimeneas de las centrales térmicas que impiden ver el sol. La vida sigue un día más bajo el eclipse ecológico de China.

### 11.3.- ¿Afectan a nuestra competitividad las energías renovables? ¿Y el Protocolo de Kioto?

En España, el precio medio del KWh es aproximadamente un 20% mayor que la media de la Unión Europea. Para no afectar en exceso a la competitividad de nuestras empresas, no se repercute en su totalidad el precio del KWh en el recibo generando un déficit tarifario que asume el gobierno y nos "retorna" mediante un % fijo en el recibo de la luz.

En 2009, este déficit superó los 4.000 millones de euros y, en cinco años, acumula ya la friolera cifra de 20.000 millones.

Se considera que para eliminar este déficit debería incrementarse la factura, para reflejar los costes reales actuales, más de un 20%.

De todos es conocido que la energía nuclear es la más económica mientras que las alternativas (eólica o solar) son mucho más caras (están fuertemente subvencionadas) y otras como por ejemplo el biodiesel está, en cierta medida, paralizada por el incremento de costes en los productos agrícolas generando un sobreprecio en el consumidor final y un incremento de la inflación.

El Gobierno quiere revisar antes de que concluya el año el sistema de incentivos a las energías renovables con el propósito de hacer compatible el cumplimiento de los objetivos de producción eléctrica renovable en 2020 con los principios de garantía de suministro, competitividad y respeto al medioambiente.

Veamos los incrementos en los precios medios de la energía en el mercado de las energías (excluyendo el factor de potencia y otros recargos) en los años 2005 y 2008, en los que se produjo asignación de los derechos de emisión:

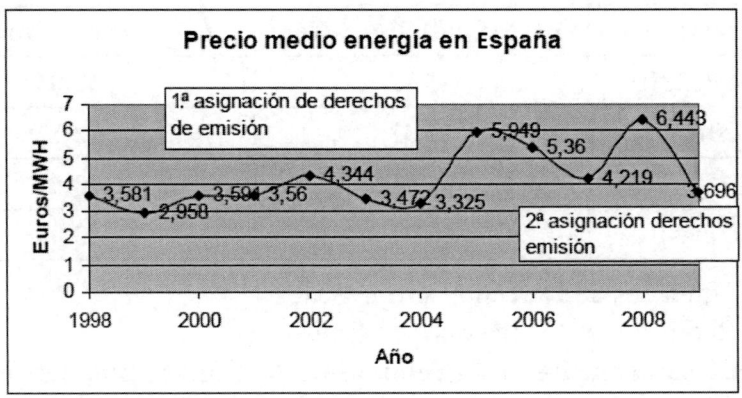

**Obviamente esto afecta a la competitividad de España como país.**

Por otro lado, tenemos el protocolo de Kioto, con los derechos de emisión de $CO_2$. Si estos afectan solo al primer mundo, estos países están siendo lastrados en su competitividad al tener que introducir en sus precios unos más rigurosos costes medioambientales. Este es el "quid de la cuestión" para la renovación del protocolo de Kioto. Los países desarrollados quieren introducir entre los países afectados, entre otros, a la India, China y Brasil, cosa a la que estos se oponen.

Y esto no es baladí, si se observa el gráfico del precio del KWh, se observa una brusca subida en los años 2005 (aprobado el 21 de enero de 2005) y 2008. Comentémoslas:

- En el año 2005 se produce la primera asignación de derechos de emisión (2005-2007), gratuitos a las empresas. Estas, temerosas, dado que es difícil estimar el precio final de la tonelada de $CO_2$, estiman un coste más alto del real. Prueba de ello es que los años posteriores la energía bajó.

- En el año 2008 se produce la primera asignación de derechos de emisión gratuitos a las empresas. El nuevo Plan, que abarca el período 2008-2012, supone una reducción anual del 16 por 100 respecto a la asignación del Plan 2005-2007 y el 20 por 100 respecto a las emisiones producidas por la industria en 2005. De nuevo se produce un incremento en el precio debido a la estimación del precio final de la tonelada de $CO_2$.

- La mismo se espera para el año 2012, año en que se generarán nuevos derechos de emisión.

Durante los últimos días de junio de 2010, los derechos de emisión han alcanzado máximos anuales a pesar de la entrega de más de 150 millones de permisos en Polonia, que podrían haber provocado un exceso de oferta en el mercado, y las subastas que continúan realizándose en Europa.

El precio del EUA rompió la resistencia de 15 € y se están manteniendo estables sobre esta cifra. Veamos sus precios:

| Precios | EUA (Spot), Euros/Ton | CER (Spot), Euros/Ton |
|---|---|---|
| Cierre 23.06.2010 | 15,15 | 13,04 |
| Máximo 2010 | 15,33 | 13,12 |
| Mínimo | 15,01 | 13,01 |
| Media (30 días) | 15,31 | 13,00 |

EUA: Unidades de Derecho Europeas

CER: Reducciones Certificadas de Emisiones

**.- A qué se aspiraba en la reunión de la Convención sobre Cambio Climático de Copenhague en diciembre del 2010**

En la COP-15 de Dinamarca se tendría que haber pactado:

- El % de reducción de las emisiones de efecto invernadero. Recordemos que las principales economías del planeta acordaron el pasado mes de julio en la cumbre de L'Aquila (Italia) a limitar el aumento de la temperatura media del planeta entre 1,5 y 2 °C respecto a los niveles preindustriales. Para conseguir este objetivo, el texto inicial estipulaba que:
  - o Habría que llevar a cabo una gran reducción de las emisiones mundiales (la base son las emisiones de 1990) de gases de efecto invernadero para el año 2025, dejando tres opciones abiertas: 50%, 85% o 95%.
  - o Para los países industrializados, marcaba una reducción específica, "de un 75% a un 85%", "al menos entre un 80% y un 95%" o de "más de un 95%".
- Un sistema de medición independiente de los países imprescindible para crear el necesario mercado global de emisiones de gases de efecto invernadero.
- Un medio de financiación que compense a los países más pobres por el retraso que la aplicación de este protocolo conllevará en su desarrollo.

Y este es un punto clave para los países emergentes, como China e India, para los cuales el dilema es evidente, si se fija un acuerdo global ambicioso pero el esfuerzo asignado a los países ricos es débil, les corresponderá a ellos asumir una parte importante del esfuerzo con un retraso en su desarrollo.

Y esta es la razón por la que China se ha negado hasta ahora a comprometerse a un objetivo global de reducción de emisiones para el año 2050.

**.- Necesidad de un mercado de emisiones a nivel global**

Es imprescindible crear un mercado de emisiones a nivel mundial que dé un valor económico al aire limpio. Es algo que ya se aplica desde hace casi dos décadas en EE. UU. para los gases sulfurosos ante el problema de la lluvia ácida con resultados espectaculares: las emisiones de óxido de azufre han caído un 50% desde 1980 alcanzando los objetivos de control de emisiones para 2010 en el año 2007.

Pero un mercado de emisiones de $CO_2$ a nivel mundial exige:

- Un organismo de control emisiones de $CO_2$ y otros gases que provocan el efecto invernadero a escala mundial.
- La creación de incentivos económicos.

Un mercado de emisiones puede servir para proteger ecosistemas y biodiversidad. En efecto, los bosques que no se destruyan pueden ser utilizados como fuentes de créditos de carbono que compren las empresas contaminantes, con lo que las comunidades o los países que preserven esos espacios pueden tener una fuente de ingresos adicional.

### .- Su financiación. La pieza clave

Uno de los principios en los que se basan los compromisos adoptados bajo la Convención de Naciones Unidas sobre Cambio Climático es el reconocimiento de la responsabilidad histórica de los países industrializados sobre el problema. Por esta razón, hasta el momento, los países industrializados han tenido la obligación de reducir conjuntamente las emisiones de gases de efecto invernadero.

Estados Unidos es el país con mayor responsabilidad sobre el cambio climático, tanto por las emisiones históricas como por las emisiones por habitante. Por el contrario, China tiene una responsabilidad secundaria sobre las emisiones históricas y se encuentra alrededor de cuatro veces por debajo de las emisiones por habitante.

Sin duda, la financiación es la pieza clave de las negociaciones. Adaptarse al cambio climático, según los expertos, costará en torno a un 6% del producto global bruto mundial. Si no hay dinero para la adaptación, los países en desarrollo, con China e India a la cabeza, no adoptarán, no ya reducir sus emisiones, sino ni siquiera frenar su aumento.

En la Cumbre de Poznan (COP-14) se aprobó el denominado fondo de adaptación, que se nutre de un 2% de las transacciones de reducciones certificadas de emisiones que generan las inversiones en Mecanismos de Desarrollo Limpio (cuando un país desarrollado invierte en otro en desarrollo con un proyecto limpio, y se descuenta la contaminación que evita de su cuenta de emisiones).

Pero los países en desarrollo reclaman que el fondo de adaptación se extienda también a las transacciones de reducción de emisiones procedentes del mercado de emisiones y de los proyectos de aplicación conjunta (proyectos limpios en países del Este).

### .- Conclusiones tras la cumbre de Copenhague

La contaminación es producto del desarrollo. Sin duda la demanda de energía va a seguir creciendo ya que los países emergentes quieren alcanzar nuestro nivel de vida.

Esa es la realidad y eso es lo que se ha impuesto en Copenhague. No ha habido cuotas de emisiones de $CO_2$, ni mecanismos de supervisión, ni castigo para los más contaminantes.

El problema del medioambiente no se resuelve frenando el desarrollo, como piden algunos ecologistas, sino con más desarrollo, con tecnología más limpia, más barata y más eficiente que la actual. Y esto sin duda precisa de fuertes inversiones y transferencias de tecnología.

El revés de la cumbre es especialmente doloroso para Europa. Primero, porque la UE era la que llegaba a Copenhague con un planteamiento más ambicioso y que ha hecho hasta ahora dos cosas que nadie ha hecho: dar dinero a los países pobres para su adaptación, 2.400 millones de euros cada año hasta 2012, y cumplir unos compromisos de reducción de emisiones.

Pero sin duda ha habido avances. El más importante es la concienciación social y política mundial del problema del clima, que se comprueba solo con comparar la repercusión que tuvo hace una década la cumbre de Kioto con ésta de Copenhague.

Lo que se puede decir en cuanto a la resonancia pública: el impacto mediático ha sido extraordinario. Desde Copenhague son ya 187 países comprometidos con el problema del calentamiento global.

Se ha dado así un salto cualitativo fundamental que permite augurar que lo que no se ha firmado en Copenhague quizás pueda rubricarse en la cumbre de México de noviembre de 2010. Por eso no anda tan desencaminado el secretario general de la ONU, Ban Ki-moon, cuando apunta que aunque el resultado "no es lo que esperábamos", se trata de un "buen comienzo".

## 11.4.- Futuro Almacén Temporal Centralizado (ATC) de España de residuos radioactivos

### .- Noticia

Se precisa una solución integral para la gestión del combustible nuclear irradiado. El Gobierno, atendiendo a consideraciones estratégicas, económicas y de seguridad, ha decidido la construcción en territorio nacional de una instalación que, bajo la denominación de Almacén Temporal Centralizado (ATC), concentrará durante unos 60 años todo el combustible gastado en las Centrales nucleares españolas, hospitales, centros de investigación, la industria así como los residuos generados en sus desmantelamientos.

### ¿Puede España permitirse no construir este ATC?

#### .- Ventajas para la sociedad

Los diez reactores con los que ha contado la industria nuclear española a lo largo de toda su trayectoria generarán, al término de su vida operativa estimada en 40 años (excepto en el caso de Vandellós 1 y José Cabrera, ya inoperativas), cerca de 20.000 elementos de combustible gastado, es decir, 6.700 toneladas de uranio, plutonio y otros productos generados a raíz de la fisión de átomos que tiene lugar en esos reactores y que transforma el combustible inicial en material irradiado de alta actividad.

No existe ningún almacén de residuos de alta actividad en España, por lo que durante la actividad normal de las centrales nucleares este tipo de residuos se almacenan temporalmente en piscinas situadas en sus propias instalaciones, debiendo ser trasladados a almacenes de otros países cuando las centrales son desmanteladas. Concretamente tiene alquilado almacenamiento de residuos en Reino Unido, que deberán volver a España a finales de 2010; y en Francia, que deberán volver en 2011.

Si España no puede asumir el retorno de estos residuos por no disponer de un lugar apropiado, deberá asumir sobrecostes y multas de hasta 60.000 € diarios.

De los residuos radiactivos producidos en España, el 95% son de baja y media actividad y el otro 5% (160 toneladas anuales) de alta.

En España existe un almacén de residuos radiactivos de baja y media actividad que se encuentra situado en El Cabril (Córdoba) y se estima que tenga capacidad para albergar los residuos producidos en el país hasta cerca de 2030.

#### .- Seguridad y medioambiente

ENRESA, creada en 1985, es la empresa pública encargada de gestionar todos los residuos radiactivos que se generan en España, lo cual, por lo menos para mí, es una tranquilidad. El Consejo de Seguridad Nuclear es el organismo regulador independiente encargado de controlar sus actividades.

Por ello parto de la base de que el proyecto es al menos neutro para el medioambiente.

#### .- Ventajas económicas para el entorno

El depósito de El Cabril, almacén de muy baja, baja y media actividad, actualmente emplea a unas trescientas personas.

Se prevé la creación de múltiples puestos de trabajo y de actividad en la zona ya que con el ATC se instalará un Centro Tecnológico de ENRESA y, como apoyo a estos, una Plataforma Logística contará con las infraestructuras necesarias para el asentamiento de las empresas colaboradoras, dotándolas de un vivero de empresas que, gestionado por el Ayuntamiento, sirva de soporte a las iniciativas empresariales locales.

### .- Resumen

- En enero de 2010, trece municipios presentaron en primera instancia sus candidaturas para albergar el futuro ATC, principalmente por motivación económica.
- Aunque técnica y medioambientalmente es viable, goza del hándicap de su rechazo social y político.
- También cuenta con el rechazo de organizaciones ecologistas como Greenpeace, quien ha llevado el ATC ante la Audiencia Nacional tratando de impedir su construcción basándose en un defecto de forma en su tramitación con base en los principios de cautela y acción preventiva.
- Este almacén se instalará donde este rechazo sea menor.

### 11.5.- Denegación del proyecto de autovía A 40 entre Cuenca y Teruel en mayo del 2010

#### .- Noticia

Cuenca y Teruel son dos de las provincias más pobres y despobladas de España. Tienen una mala red de carreteras y sin buenas comunicaciones su futuro económico es sombrío. Esta autovía que acercaría ambas capitales con Madrid, sin duda, articularía económicamente estas dos regiones.

Pero su proyecto de trazado no ha superado en una parte el estudio de impacto ambiental, con lo que hay que empezar de cero el proyecto y su tramitación.

#### .- Introducción

La A-40 es una autovía en construcción que está previsto que comience su recorrido en la Autovía A-6, a la altura de Adanero, y finalice en Teruel, comunicando así de forma directa el sur de Castilla y León, Castilla-La Mancha y Aragón sin tener que pasar por Madrid. Junto con las autovías de Ávila-Salamanca (Ávila-Salamanca) y la de Mudéjar (Sagunto-Jaca), formarán un importante eje que unirá el oeste de la Península con el Mediterráneo.

El tramo que no ha superado en una parte el estudio de impacto ambiental corresponde al tramo Teruel-Cuenca, dos de nuestras capitales menos desarrolladas, actualmente unidas mediante una carretera infame (N-420 y N-330).

#### .- Afección a la Red Natura 2000

De acuerdo con los informes de las comunidades autónomas de Castilla-La Mancha y Valencia, del proyecto se deducen impactos significativos de importante gravedad sobre algunos hábitats y especies que constituyen los objetivos de protección de lugares Natura 2000. Además, algunos hábitats afectados tienen el carácter de prioritarios.

La Directiva Hábitats y la Ley 42/2007 del Patrimonio Natural y de la Biodiversidad determinan los grados de protección de estas zonas, y establecen estrictas limitaciones para el desarrollo de las actuaciones que puedan afectar a las mismas, lo que hace que los impactos previsibles en la autovía Cuenca-Teruel hagan no viable ambientalmente la actuación.

Según el Ministerio de Medioambiente, el proyecto:

• Afectaría a algunos lugares de la Red Natura 2000 como el Lugar de Interés Comunitario y Zona de Especial Protección de Aves LIC/ZEPA 'Hoces de Gabriel, Guadazaón y Ojos de Moya', 'Arroyo Cerezo' y 'Ríos del Rincón de Ademuz'.

• Ocasionaría la destrucción de parte de la vegetación riparia, modificación del hábitat y molestias para la fauna y riesgo de contaminación. Asimismo, afectaría a la pequeña red hidrográfica que alimenta a determinados pastizales húmedos que constituyen el hábitat de especies objeto de conservación en el lugar, según la Declaración de Impacto Ambiental.

• Fracturaría de una forma severa, al tener que ir vallada la autovía, una de las zonas forestales con mayor extensión, continuidad y naturalidad existentes en el centro de la Península.

• Afectaría a aves y rapaces de la zona por impacto a los lugares de campeo y alimentación, así como la afección a la fauna dependiente de los ecosistemas acuáticos por los cambios en la red de drenaje originados por desmontes y terraplenes.

Se vería seriamente dañada la Hoz del río Turia, en la provincia de Teruel, que presenta enormes desniveles y materiales de gran dificultad para plantear alternativas viables desde un punto de vista ambiental y paisajístico.

• Debido a la abrupta orografía, el desarrollo de la autovía ocasionaría también importantes desmontes y taludes que se traducirían en un impacto significativo sobre el paisaje, el cual representa un importante activo para el desarrollo rural de la zona. La restauración ambiental se vería muy limitada por las características del terreno y la torrencialidad del clima, incrementándose asimismo la erosionabilidad del suelo, y la contaminación de los ríos.

• También se destruirían y degradarían importantes zonas forestales de gran naturalidad y continuidad que albergan hábitat de interés comunitario y protegidos por la legislación europea y autonómica. Destaca la destrucción estimada por el promotor de 291.884 metros cuadrados de pinares mediterráneos de pino negro endémicos y de 794.824 metros cuadrados de sabinares albares, ambos considerados hábitats prioritarios.

### .- Goza de un importante apoyo político y social

Para los habitantes de estas provincias, que conocen su absoluta necesidad para el desarrollo de esta zona de nuestro país, esta decisión les parece una barbaridad. Y más cuando a pocos kilómetros, en la zona del pantano de Contreras, se están horadando en torno a 20 kilómetros de túneles para el ave Madrid-Valencia, sin que haya recibido crítica alguna.

Incluso durante una Sesión de Control al Ejecutivo el Sr. Lanzuela, senador por el PP, señaló:

• Que el Ministerio de Medioambiente había dictado una resolución con argumentos "absolutamente arbitrarios, inconsistentes y deplorables", haciendo un "desafuero, pretendiendo enterrar esta autovía".

• Que a partir de esa resolución los ciudadanos conocen que las especies amenazadas no son los turolenses ni los conquenses, sino por ejemplo el topillo de cabrera, la alondra, el *limonium* aragonense, y que hay un probable lugar de nidificación de una pareja de alimoches. Incluso señaló que a él le parece que sería mucho mejor que "nidificaran algunas parejas de turolenses y conquenses".

### .- Denegación del proyecto

Pero este proyecto de autovía no ha superado el estudio de impacto ambiental, por lo que ha quedado denegado.

Recordemos que el desarrollo sostenible es uno de los objetivos de la Unión Europea (UE). En efecto, el Tratado de Lisboa, en su apartado "Objetivos de la Unión", recoge que la Unión Europea "obrará en pro del desarrollo sostenible de Europa basado en un crecimiento económico equilibrado, en una economía social de mercado altamente competitiva, tendente al pleno empleo y al progreso social y en un nivel elevado de protección y mejora de la calidad del medioambiente".

### .- Al ser una región "virgen" y pobre; ¿está siendo "penalizada" por la Unión Europea?

Además viene lastrada por otra condición de la acción ambiental de la Unión Europea que recoge **la necesidad de tener en cuenta las condiciones del medioambiente en las diversas regiones de la Unión**. Esta condición permite que las normas ambientales no sean uniformes, en función de las distintas condiciones ambientales de las diferentes áreas de los países miembros.

En otras palabras, este mismo proyecto en una zona "menos virgen" quizás hubiese sido admitido.

Aquí vemos una de las cuestiones derivadas de este nuevo modelo, su repercusión desigual en los territorios, lo que plantea un reto para el conjunto de la sociedad.

La pregunta es si es "justo" este dictamen que generará una espera de, seguramente, más de 10 años.

## 11.6.- La visión comercial. El gas natural. ¿Es tan verde como lo pintan?

El gas natural se considera como "una fuente de energía verde". Sin embargo, es tan combustible fósil como el carbón y el petróleo, con reservas tan limitadas como ellos, y, a diferencia de ellos, se emplea principalmente para su combustión en centrales térmicas o en motores de combustión, sin apenas utilidad como materia prima para la síntesis de productos.

### .- Definición de energía verde o renovable

Se denomina **energía renovable** a la energía que se obtiene de fuentes naturales virtualmente inagotables, unas por la inmensa cantidad de energía que contienen, y otras porque son capaces de regenerarse por medios naturales.

En otras palabras, para ser renovables tienen que ser virtualmente inagotables ya sea:
- por la inmensa cantidad de energía que contienen, o
- porque son capaces de regenerarse por medios naturales.

Esta definición hace que energías tan polémicas como la nuclear o la hidráulica, por la afección paisajística y social que generan los pantanos, estén dentro de esta categoría.

### .- Su origen

El Gas Natural se obtiene de la descomposición de la materia orgánica; se encuentra en yacimientos de petróleo o en yacimientos exclusivos del propio gas natural.

Este gas se extrae de forma natural, sin la intervención de ningún proceso humano. Está compuesto mayormente por metano y en menor medida propano y etano, su fórmula química es $CH_4$. Es un gas inflamable, incoloro, inodoro e insípido.

Por su composición química, el Gas Natural es, en comparación con el resto de combustibles fósiles, la energía más limpia. Su combustión casi no crea residuos y se quema limpiamente, lo que reduce grandemente la contaminación ambiental y las emisiones de carbono. Se considera que podría contribuir a disminuir el efecto invernadero siempre y cuando se la use para reemplazar al carbón y al petróleo de los transportes públicos.

Dado que no tiene apenas ningún uso industrial, se utiliza principalmente para ser quemado en calderas generadoras de vapor, en generación eléctrica y en vehículos de transporte.

### .- La relatividad de los conceptos

¿Puede considerarse el gas una energía verde?

Aspectos a favor:

• El Gas Natural, en comparación con el resto de combustibles fósiles, es la energía más limpia. Su combustión casi no crea residuos y se quema limpiamente, lo que reduce grandemente la contaminación ambiental y las emisiones de carbono.

• Se considera que podría contribuir a disminuir el efecto invernadero siempre y cuando se le use para reemplazar al carbón y al petróleo de los transportes públicos.

Aspectos en contra:

• Es tan combustible fósil como el carbón y el petróleo.

• Sus reservas son tan limitadas como las de los anteriores.

• Se emplea principalmente para su combustión en centrales térmicas o en motores de combustión, sin apenas utilidad como materia prima para la síntesis de productos.

### .- Cuestión

¿Tiene, por tanto, sentido la publicidad en los autobuses "este vehículo funciona con energía verde"? ¿Nos están engañando?

### 11.7.- ¿Convendría subir los objetivos mínimos obligatorios de producción de energías renovables para los Estados miembros de la UE del 20% al 30%?

Alemania, Francia y Gran Bretaña han sugerido en julio del 2010 reducir las emisiones de $CO_2$ un 30% para 2020.

De nuevo vemos una íntima relación entre medioambiente y economía, se teme que vayamos demasiado lentos en el desarrollo de la tecnología con bajas emisiones de carbono.

## .- Razones del cambio

Temen que si nos atenemos a una reducción del 20 por ciento, es probable que Europa pierda la carrera del dominio de la tecnología con bajas emisiones de carbono frente a países como China, Japón o EE. UU.

Por tanto, desean crear un entorno más atractivo para las inversiones en bajas emisiones de carbono, para dominar el desarrollo tecnológico y mantener una posición económica predominante.

En otras palabras, la pérdida de competitividad que va a suponer tener que pagar en la UE un precio de la energía superior a otras áreas económicas la entienden como una inversión social para nuestra sostenibilidad, para conseguir que nuestras generaciones tengan, al menos, nuestras mismas posibilidades gracias a nuestra posición de líderes mundiales en la generación de energía barata y limpia.

## .- Las líneas de investigación

Entre las líneas de investigación tenemos:

* lograr una mayor eficiencia energética,
* una adecuada transición hacia fuentes menos contaminantes en su generación,
* el necesario desarrollo de una pila o acumulador que dé capacidad de almacenamiento.

Recordemos que la UE había ofrecido una reducción del 30 por ciento si otras potencias industrializadas seguían su ejemplo, ofrecimiento que no ha sido correspondido en las conversaciones de diciembre sobre el clima mundial en Copenhague.

## .- Justificación económica

Aunque en mayo de 2010 las propuestas de la Comisión Europea para profundizar en el objetivo al 30 por ciento fueron resistidas por el *lobby* de negocios de Bruselas por motivos de coste, veamos el razonamiento para este cambio:

* Los negocios de carbono negociados en el mercado de emisiones europeo han caído en un 11 por ciento desde los niveles pre-crisis, un precio que se considera demasiado bajo para estimular el capital de empleos verdes y sus tecnologías.
* Debido a la reducción de emisiones en la recesión, los costes anuales para alcanzar el 20% en 2020 han disminuido un tercio, de 70.000 millones de euros a 48.000 millones de euros.
* Un movimiento hacia el 30% tiene ahora un costo estimado de solo 11.000 millones de euros más que el costo original de lograr una reducción del 20%.

- Además, estos costes se calcularon sobre la hipótesis conservadora de que el petróleo costará 88 dólares por barril en 2020. Dadas las actuales limitaciones en las inversiones, el crecimiento rápido del consumo en Asia, y el impacto del derrame de petróleo del Golfo de México, los precios del petróleo podrían subir aún más. En una hipótesis de la Agencia Internacional de Energía (IEA), el precio podría llegar a un nominal de 130 dólares por barril.

### .- La lucha por el dominio tecnológico nos acerca a limitar el calentamiento global

Por tanto, aparentemente, la lucha por el dominio tecnológico hace que, desde el punto de vista medioambiental, estemos en el buen camino de alcanzar la meta internacional de limitar el calentamiento global a 2 °C.

### 11.8.- El desastre de Aznalcóllar ocurrido en 1998

El **desastre de Aznalcóllar** es un desastre ecológico producido por un vertido de residuos tóxicos en el Parque nacional y natural de Doñana, en Andalucía, España, en 1998.

### .- ¿Qué ocurrió?

La madrugada del 25 de abril de 1998, una balsa de residuos de metales pesados muy contaminantes de 8 hm$^3$, procedentes de una mina situada en la localidad de **Aznalcóllar**, se rompió por dos de sus lados, liberando gran cantidad de líquido de muy bajo pH (alta acidez). La balsa pertenecía a la empresa de capital sueco Boliden-Apirsa.

El vertido fue de unos 4,5 hm$^3$ (3,6 de agua y 0,9 de lodos) y se desbordó sobre las riberas de los ríos Agrio y Guadiamar a lo largo de 40 km para los lodos y 10 km más para las aguas, con una anchura media de unos 400 metros. La superficie afectada ha sido de 4.402 hectáreas.

Los lodos no llegaron a alcanzar el Parque Nacional del Coto de Doñana, quedando retenidos en sus estribaciones, dentro del preparque, pero las aguas sí invadieron la región externa del Parque Nacional y desembocaron en el Guadalquivir en el área del Coto de Doñana, y alcanzaron finalmente, ya poco contaminadas, el océano Atlántico, en Sanlúcar de Barrameda.

La superficie de los suelos ha quedado recubierta por un espesor de lodos variable. Dependiendo de la topografía del terreno, se encuentran espesores que van desde 1,5 metros en las depresiones de la zona alta de la cuenca hasta espesores mínimos (apenas 1 mm) en las zonas limítrofes de la riada. El espesor de 8 cm puede considerarse como el más representativo.

Independientemente del daño ecológico y del dinero gastado por la Junta de Andalucía en la recuperación, estos vertidos han arrasado cosechas, fauna, flora y suelos.

Entre la zona dañada y el terreno, contaminado indefinidamente, se ha creado la figura de protección natural del Corredor Verde para la unión de Sierra Morena y Doñana. En dicho corredor, donde está prohibido pescar, cazar, pastorear y recolectar; siguen las actividades de reforestación y conservación, se han construido varios observatorios ornitológicos y unas cuantas zonas para el ocio y recreo.

### .- ¿Qué impacto medioambiental tuvo?

El vertido tóxico **arrasó completamente la fauna acuática** dejando las márgenes del río cubiertas de peces. El resultado final fue de 4.000 hectáreas cubiertas de lodo y otras 1.500 hectáreas cubiertas por el agua ácida, incluyendo las zonas afectadas del parque nacional: los 15 kilómetros del brazo de la Torre y algunas otras pequeñas zonas.

Las actuaciones de urgencia, realizadas por los gestores del espacio natural, fueron acertadas, aunque con un plan de emergencia elaborado la magnitud de lo ocurrido se hubiese reducido de forma considerable.

### .- Medidas de recuperación. ¿Cómo se controló el vertido?

El muro de contención que se levantó en las primeras horas en el límite del parque de Doñana evitó males mayores.

Un consejo que reunió a los mejores expertos se reunió en el Palacio de Doñana cuatro días después y puso sobre la mesa a los presidentes del Gobierno de España y de la Junta de Andalucía un primer informe.

Los políticos hicieron caso. Se repartieron las zonas de actuación y pusieron en marcha los trabajos inmediatos y dos grandes planes a largo plazo para recuperar lo perdido y mejorar la degradación de la comarca: Doñana 2005 y el Corredor Verde del Guadiamar.

Creo que, dadas las circunstancias, las medidas de gestión de la emergencia (basadas entre otras cosas en la dilución de la concentración de las aguas) y de recuperación son correctas.

### .- Las cifras de la intervención

La actuación inmediata sobre un vertido 100 veces mayor que el del petrolero 'Prestige' movilizó a cientos de personas. **Se gastaron 200 millones de euros.**

Mientras unos diseñaban dos plantas de depuración de las aguas vertidas, otros expropiaban las tierras afectadas, sellaban la balsa rota, retiraban las cosechas contaminadas y preparaban la retirada de los lodos.

Durante 208 días, 500 camiones y un centenar de máquinas recorrieron 17 millones de kilómetros entre la zona contaminada y una antigua mina a cielo abierto, donde se depositaron millones de metros cúbicos del vertido. Decenas de miles de toneladas de frutas y hortalizas fueron al vertedero, al igual que **27 toneladas de peces, cangrejos y aves.**

Simultáneamente, **se realizaron 15.000 análisis científicos en cientos de puntos de muestreo**, y decenas de informes y estudios para avanzar en la recuperación de la zona.

### .- Faltaron medidas preventivas adecuadas

Quizás aquí lo que faltaron fueron unas medidas preventivas adecuadas. Tendremos que reconocer que no se verificaron los principios de:

- **acción preventiva** que exige medidas de protección ambiental aún antes de que se haya producido un daño o lesión al mismo, por el mero riesgo de que este pueda tenga lugar y el de
- **cautela**, que excluye la necesidad de que exista la plena certeza científica sobre la efectividad de las medidas adoptadas para la reducción de los riesgos ambientales.

Sobre el papel es fácil hablar dado que no se tienen en cuenta las presiones sociales derivadas de posiciones como "si se exigen inversiones se generarán despidos por cierre de instalaciones, y precisamente en una zona con paro alto" o "las luchas y descoordinación" entre las administraciones públicas estatales (Confederaciones hidrográficas) y autonómicas (encargadas, por ejemplo, de la gestión de la emergencia o de los residuos).

### .- ¿Qué queda hoy del vertido?

Transcurridos doce años, a lo largo de más de sesenta kilómetros, el Guadiamar ha recuperado su función de cuenca de conexión ecológica entre los ecosistemas marismeños de Doñana y los de la sierra del Norte de Huelva.

Con todo, los ecologistas denuncian que la contaminación por metales pesados continúa en la zona.

### .- ¿Sería posible hoy en día una catástrofe similar con nuestras autorizaciones ambientales integradas?

Creo que en el sentido de coordinación se ha dado un importante paso al frente. Igualmente pienso que el liderazgo que asume la comunidad autónoma en su aprobación es clave. Lidera el proyecto la Autoridad más cercana.

### .- ¿Quién ha pagado la intervención?

Ante episodios como este la cuestión que inevitablemente se plantea es "quién paga la factura". Hasta la fecha, la responsabilidad de los desastres ecológicos en la Unión Europea ha recaído siempre sobre los Estados miembros, que se han hecho cargo de casi todos los gastos que supone reparar un entorno contaminado, incluso cuando el responsable era una entidad privada.

Así ha sido en este caso. La firma Boliden, doce años después:

* no ha pagado ni un solo euro de lo que ha costado la restauración de los daños ambientales de la zona,

* ni se ha hecho cargo de los costes sociales por la pérdida de puestos de trabajo en la propia empresa o los destruidos en otras actividades afectadas por el vertido como la agricultura y ganadería locales.

Vemos como es difícil aplicar la premisa de "Quien contamina paga". Pero esto está cambiando tras la aprobación en el año 2007 de la Ley de Responsabilidad Medioambiental.

### .- Cómo se sustancia en España el principio de "Quien contamina paga"

El principio de "quien contamina paga" constituye la base de la política de medioambiente de la Unión Europea tal y como recoge el apartado 2 del artículo 174 del Tratado CE y coincide con lo recogido en la "Declaración de Río sobre Medioambiente y Desarrollo" suscrita en la Conferencia de las Naciones Unidas sobre Medioambiente y Desarrollo llevada a cabo en Río de Janeiro en 1992.

Nuestra Constitución reconoce en su Artículo 45 el derecho de los ciudadanos a disfrutar de un medioambiente adecuado, a la vez que establece, para aquellos que incumplan la obligación de utilizar racionalmente los recursos naturales, el deber de reparar el daño medioambiental causado con independencia de las sanciones administrativas o penales que, en su caso, correspondan.

Con este fin se promulgó la Ley 26/2007, de 23 de octubre, de responsabilidad medioambiental, que transpone a nuestro ordenamiento la Directiva 2004/35/CE del Parlamento Europeo y del Consejo sobre responsabilidad medioambiental en relación con la prevención y reparación de daños medioambientales.

Esta ley tiene tres objetivos fundamentales:

* **Reforzar los mecanismos de prevención** para evitar los accidentes con consecuencias dañinas para el medioambiente. De acuerdo con lo dispuesto, ante una amenaza de daño inminente el operador estará obligado a adoptar sin demora todas las medidas preventivas que sean necesarias para evitar el daño o, en caso de que éste fuera inevitable, minimizar los efectos que pudiera ocasionar.

- **Si el daño ya se ha producido, el operador deberá asegurar la reparación total de los daño**s llevando a cabo, primero, medidas urgentes para el control inmediato de los daños a la salud pública y al medioambiente y, a continuación, medidas de reparación que deberán ser aprobadas por la autoridad competente.

- **Garantizar que la prevención y la reparación de los daños medioambientales son sufragadas por el sujeto responsable** y no por las administraciones públicas. En este sentido, las garantías financieras de obligada constitución para un conjunto de actividades que la ley considera de "alto riesgo" susceptibles de ocasionar daños medioambientales cuya reparación supere los 300.000 euros, ayudan a asegurar la solvencia del operador.

Finalmente hay que reseñar el **carácter ilimitado** de la responsabilidad medioambiental.

Esta ley no se aplicará para los daños causados por una emisión, un suceso o un incidente:

a. producido antes del 30 de abril de 2007,

b. producido después del 30 de abril de 2007, cuando se derive de una actividad específica realizada y concluida antes de dicha fecha.

Recordemos que para que pueda aplicarse el principio de responsabilidad, es preciso que:

- puedan identificarse a los autores de la contaminación,
- puedan cuantificarse los daños,
- se establezca una relación entre el contaminador y los daños.

Y esto es un punto de especial importancia ya que gracias a la aplicación del principio de responsabilidad, riesgos muy intensos e importantes, como el derivado del cambio climático, quedan fuera del ámbito de esta Ley.

### .- Otros vertidos químicos en Europa

**Noviembre 1985.-** Basilea (Suiza). Incendio en un almacén químico que produjo un envenenamiento en las aguas del Rhin y la desaparición de toda su fauna. Afectó a Francia, Alemania, Holanda y Luxemburgo.

**Abril 1998.-** Aznalcóllar (España). La rotura de una balsa de residuos de una mina de la empresa sueco-canadiense Boliden vierte 5 m$^3$ de aguas ácidas y lodos tóxicos en el cauce del río Guardiamar. La fauna acuática resultó prácticamente arrasada.

**Enero 2000.-** Baia Mare (Rumania). Se rompe una balsa con residuos mineros y se vierten 100.000 m$^3$ de agua con un alto contenido en cianuro. Resultan contaminados los ríos Somes, Tisza y Danubio a su paso por Rumania, Hungría, Yugoslavia y Bulgaria hasta desembocar en el mar negro.

**Marzo 2000.** Borsa (Rumania). Revienta la balsa de una mina con 20.000 toneladas de residuos de plomo, zinc y cobre que contaminaron los ríos Vasar y Tisza y causaron importantes daños en la flora y la fauna.

**Septiembre 2000.-** Kosovska Mitrovica (Kosovo). La rotura de un conducto entre una fábrica de pilas y acumuladores provocó el vertido de unos 40.000 litros de ácido sulfúrico, alcanzando el río Sitnica.

**Agosto 2005.-** Chauny (Francia). Una fuga en una planta química provocó el vertido de unos 80.000 litros del hidrocarburo ortoxileno, inflamable y venenoso, en el río Olse.

**Octubre 2010.-** Kolontar (Hungría). Revienta una balsa de contención de una planta de aluminio de aguas muy básicas (pH 14) y lodos tóxicos en el cauce del río Marcal donde ha muerto toda fauna del río Marcal, alcanzado al Danubio.

### 11.9.- ¿Por qué no instalar una petroquímica en Extremadura?

El industrial Alfonso Gallardo desea construir una refinería petroquímica en Tierra de Barros (Badajoz), comarca rica y fértil, eminentemente agrícola.

El proyecto cuenta con el apoyo del gigante portugués Galp y la financiación de Caja Madrid y Caja Extremadura. Es muy probable que participe también la Junta de Extremadura, que ve con buenos ojos el proyecto. La puesta en marcha de la fábrica supondrá una inversión de 1.200 millones de euros y la creación de 3.000 puestos de trabajo. Con una capacidad de generación de seis millones de toneladas, la planta pretende suministrar productos como fuelóleos, querosenos, aceites y plásticos al oeste peninsular.

#### .- Detalles del complejo

Hoy ya se conocen algunos detalles: el complejo supondrá una inversión cercana a los 1.200 millones de euros y la creación de 3.000 empleos (500 de carácter directo y 2.500 indirectos). La planta de refino facturará cuando esté en funcionamiento, dentro de dos años aproximadamente, cerca de 3.000 millones de euros anuales, según fuentes próximas al Gobierno regional.

La construcción de la planta atraerá a otras empresas de productos plásticos y resinas, que se ubicarán en las proximidades para aprovechar las sinergias y que generarán más empleos. Aún quedan por resolver algunos aspectos, según fuentes próximas a los promotores, entre los que destacan los asuntos relacionados con el medioambiente. A diferencia de otras refinerías que queman sin refinar el 20% del crudo, esta nueva planta petroquímica quemaría cerca del 100% y no vertería un litro de aire. Además, está previsto que una partida importante del presupuesto vaya destinada a medidas de protección medioambiental.

El proyecto contempla la construcción de un oleoducto desde un puerto donde recoger el crudo, que bien podría ser el de Huelva, a 225 kilómetros, o desde Sines (Portugal), caso más probable de prosperar la intervención de Galp. La salida de los productos refinados obligará al complejo a realizar otro oleoducto que le permita unirse a la red nacional en Mérida, que actualmente suministra los derivados que provienen de Puertollano.

### .- Sus opositores

Sin embargo, la **Plataforma Ciudadana Refinería No (PCRN)** considera este proyecto como caduco, irracional, económicamente inviable y ambientalmente injustificable. Considera poco ética la incompatibilidad del discurso de quienes aún defienden la refinería y sus polígonos petroquímicos en Extremadura, con el de quienes, desde su propio partido, apuestan por leyes de economía sostenible, defienden un cambio en el modelo energético y, en este preciso momento, están llevando ese mensaje a la Cumbre de Copenhague.

### .- Falta un debate público liderado por las Autoridades

Es imprescindible que se genere un debate público desde su anuncio, liderado, quizás, por la propia Presidencia de la Junta de Extremadura, que:

- Permita solventar las discordancias entre la información ofrecida por las diferentes administraciones.
- Permita conocer sus impactos ambientales tras el necesario Estudio de Impacto Ambiental para así tomar todas las medidas preventivas necesarias.
- Evalúen sus impactos sociales y económicos para la región.

### 11.10.- Discusión sobre la Responsabilidad Social Corporativa. Caso Inditex

#### (Extraído de la memoria de RS de Inditex, 2008)

Inditex lidera el *ranking* en reconocimiento de marca y de satisfacción de trabajadores propios. Además de las magníficas cualidades empresariales y comerciales de la empresa, Inditex cuida al detalle su responsabilidad social corporativa.

La cuestión es cómo Inditex, consciente de que su marca global puede verse afectada negativamente por cualquier "error" de sus suministradores (trabajo infantil, esclavitud...) se protege a través de la RSC.

Numerosos factores influyen en el buen funcionamiento de la imagen de Inditex, en su reconocimiento y en la buena marcha en el mercado, pero sin duda, la implantación, cuidado y renovación de su código de conducta son de gran ayuda para la consecución de los objetivos empresariales.

El código de conducta interno hace especial hincapié en procurar un buen ambiente de trabajo tanto a nivel contextual como de sueldo. Hace referencia especialmente a la NO-discriminación de ninguna persona por ninguna causa, ya sea racial, religiosa o de sexo, dato que es muy relevante dado el carácter multinacional de la empresa.

También posee un código de conducta para fabricantes y talleres externos que aseguran el cumplimiento de normas de la ONU en materias de trabajo, directrices de la Declaración de Derechos Humanos o el respeto medioambiental según normas locales, y en el caso de que no las hubiera, según normas internacionales.

Todos estos medios de control aseguran un examen ético continuo y un compromiso ambiental y social que refuerzan su RSC.

Una de las últimas iniciativas del grupo Inditex en materia de responsabilidad social es la creación del "Pull and bear world Project", que consiste en un concurso destinado a jóvenes de todo el mundo, y que apoyará proyectos artísticos en diversas materias para patrocinarlos, publicitarlos y difundirlos.

### .- Evolución de su relación con sus proveedores

El grupo multinacional del sector textil, Inditex, como ya ocurriera con otras firmas multinacionales, fue, en su día, muy criticado por algunos sectores de la sociedad, debido a la gestión abusiva e insostenible que hacía de sus proveedores.

La multinacional trabajaba con ellos bajo el esquema de maquila, por el cual pagaba por pieza cortada o cosida, sin comprometerse a largo plazo con sus pedidos, sus precios u otras condiciones comerciales. Como resultado, las cooperativas que realizaban estos servicios carecían de estabilidad alguna, viéndose obligadas a competir por los pedidos ofreciendo precios mínimos.

Inditex, en respuesta a estas críticas, puso en marcha un sistema de selección de proveedores por fases, que permita a éstos contar con ciertas seguridades tanto en relación con la cantidad de trabajo encargada, como con los precios entre otras condiciones.

Por otro lado, merced a la misma iniciativa, la empresa pudo plantear un sistema a partir del cual conseguir que sus proveedores integraran los valores éticos y de RSC defendidos por la compañía.

Al ser seleccionado como "proveedor en el ADN corporativo", el suministrador lograba mejores condiciones comerciales y ciertas garantías, pero, para ello, debía, así mismo, esforzarse por incorporar los compromisos sociales y medioambientales del grupo.

El nuevo modelo de RSC de Inditex se articula en torno a los siguientes tres principios:

- Todas sus operaciones se desarrollan bajo un prisma ético y responsable.
- Todas las personas que mantienen de forma directa o indirecta cualquier relación laboral, económica, social o industrial con Inditex reciben un trato justo y digno.
- Todas las actividades de Inditex se realizan de la manera más respetuosa con el medioambiente.

A nivel comercial, la multinacional establece un marco de actuación basado en la buena fe en el establecimiento de las relaciones comerciales, el diálogo constante con los grupos de interés y la transparencia tanto en las actividades empresariales como en su estrategia de sostenibilidad.

### .- Su Código de Conducta de Fabricantes y Talleres Externos

La relación de la matriz con sus fabricantes y proveedores de materia prima queda reflejada en el Código de Conducta de Fabricantes y Talleres Externos. Veamos sus once principios:

1. No al trabajo infantil.
2. No discriminación.
3. Libertad de asociación.
4. Acosos y abusos.
5. Salud y Seguridad.
6. Política de remuneración.
7. Medioambiente.
8. Política de contratación.
9. Otras leyes aplicables.
10. Supervisión y cumplimiento.
11. Publicación del Código.

### .- Sistema estandarizado de cualificación previa de potenciales proveedores

Para llevar a la práctica el Código de Conducta, el Grupo Inditex, sin abandonar los programas de auditoría de proveedores, aplicación de planes correctivos y proyectos de acción social, ha puesto en marcha un sistema estandarizado de cualificación previa de potenciales proveedores en cinco fases, y ha trabajado intensamente en la creación de *"clusters* de proveedores" que facilitan la implantación de sus estándares sociales y laborales y ayudan a la ejecución de las auditorías y los posible planes correctivos.

Veamos cada etapa con sus objetivos:

| Fase | Denominación | Objetivos |
|------|--------------|-----------|
| Fase I | Sensibilización de proveedores | Presentar a los potenciales proveedores el Código de Conducta de Fabricantes y Talleres Externos. |
| Fase II | Autoevaluación | Autodiagnóstico a realizar por el potencial proveedor de Inditex para evaluar el grado de cumplimiento del Código de Conducta, la capacidad de respuesta en términos de cantidad y calidad, y el grado de cumplimiento de los estándares de Salud y Seguridad de los productos de Inditex. |
| Fase III | Auditoría Social | Evaluación a realizar por los auditores sociales externos que comprende el grado de cumplimiento del Código de Conducta en todas las instalaciones, un informe de Auditoría Social y la valoración y *ranking* del proveedor. |
| Fase IV | Auditoría de Seguimiento | Verificar la ejecución de las acciones y plazos acordados para corregir los incumplimientos del Código de Conducta de Fabricantes y Talleres Externos. |
| Fase V | Valoración | Evaluar la correcta ejecución de los "Planes Correctivos" para decidir la continuidad o cancelación de las relaciones con el proveedor, y dar de alta, si procede, al proveedor potencial en el ADN Corporativo. |

Mediante este sistema, los proveedores tienen la oportunidad y el apoyo para adaptarse a los requerimientos de RSC de Inditex, por lo que esta última no solo garantiza que sus productos se realizan con unos estándares mínimos, sino que ayuda a extender el compromiso social y medioambiental en los lugares en que opera.

### .- La RSC y los consumidores

Cada vez más, los consumidores ponen el foco en las prácticas de Responsabilidad Social Corporativa y las utilizan como criterios de peso en sus decisiones de compra.

El Grupo Inditex recibió varios premios, entre ellos el Premio ISR 2007, concedido por el Instituto para la Sostenibilidad de los Recursos (ISR), en reconocimiento por su actuación sostenible en el ámbito privado, lo que se traduce principalmente en el Plan Estratégico Medioambiental 2007-2010 que pretende reducir las emisiones de gases de efecto invernadero en un 20% y apostar por las energías renovables hasta cubrir la mitad de las necesidades energéticas del Grupo, una iniciativa que pretende conciliar el crecimiento de la compañía con su respeto medioambiental.

Entre otras medidas, Inditex:

• Prevé que "todos los materiales de las tiendas serán respetuosos con el medioambiente". "Por ejemplo, las estanterías serán de madera con certificación FSC, reduciremos al mínimo las bolsas de plástico, y las que se usen serán de materia biodegradable, e incluiremos prendas de algodón orgánico a nuestra oferta", indicó.

- Está desarrollando un Plan de Movilidad para sus trabajadores con el acercamiento de los puestos de trabajo a los domicilios y se promoverá el uso de transportes públicos.
- Mejorar la eficiencia energética y las energías renovables.
- Exigir esta responsabilidad (integración, respeto al medioambiente, apoyo social o ayuda sanitaria) a las franquicias.
- No trata tanto de donar cantidades en metálico para demostrar compromiso con el entorno, sino que las nuevas propuestas deben tener una buena dosis de originalidad para mejorar también la posición de la marca.

## 11.11.- Naciones Unidas estima que el hombre provoca daños medioambientales que suponen el 11% del PIB mundial

Los daños medioambientales causados por la acción del hombre suponen el 11 por ciento del Producto Interior Bruto a nivel mundial en 2008, y representarían un valor cercano a los 6,6 billones de dólares.

Esta cifra sería un 20% superior a los 5,5 billones de dólares que perdieron los fondos de pensiones de los países desarrollados durante la crisis, según un informe elaborado por la iniciativa de Naciones Unidas sobre Principios de Inversión Responsable (Unrpri) y la Iniciativa Financiera del Programa de Naciones Unidas para el Medioambiente (Unep FI), en una reunión que se está llevando a cabo en San Francisco.

Para la elaboración del estudio se han analizado a las 3.000 mayores empresas por capitalización bursátil, que representan una gran parte del mercado, y que son responsables de un daño ambiental valorado en los 2,15 millones de dólares en 2008.

El objetivo del informe es cuantificar económicamente los daños medioambientales causados por las empresas y las consecuencias que estos tienen en las carteras de inversión. Se estima que estas 3.000 empresas son las causantes de un tercio de los daños medioambientales.

El estudio advierte que ante los daños ambientales y el agotamiento de recursos, los gobiernos comienzan a aplicar el principio de que el que contamina paga, por lo que el valor de las grandes carteras se verá afectado por primas de seguro cada vez más altas, a lo que hay que añadir más impuestos.

Por sectores, son las *utilities*, que engloban a eléctricas, agua principalmente, las que más contaminan, seguido de los productores de gas y petróleo; la industria del metal y la minería. Estos tres sectores serían los causantes de daños medioambientales valorados en 1 billón de dólares.

El informe estima que el valor económico de los daños causados por la escasez de agua, la contaminación del aire, las emisiones de gases de efecto invernadero y la falta de recursos podría alcanzar los 28,6 billones de dólares en 2050.

Esta estimación se vería reducida en un 23% con la incorporación de tecnología que promueva la eficiencia energética y de gestión de los recursos naturales.

Por último, recomienda a los inversores que ejerzan los derechos políticos como accionistas con el fin de que las empresas adopten estrategias que reduzcan sus riesgos medioambientales e informen adecuadamente sobre los mismos.

### 11.12.- Ejemplo de cómo una mala gestión de los derechos humanos dificulta el acceso a la financiación

"La multinacional americana Cisco pierde inversores por no gestionar los riesgos relacionados con los derechos humanos" (*Diario Responsable* www. diarioresponsable.com, 12 de enero de 2011).

El gestor de activos norteamericano Boston Common Asset Mansagement ha anunciado la decisión de desinvertir en la empresa Cisco Systems al considerar que no cuenta con una política de gestión de riesgos relacionados con los derechos humanos.

Desde 2005 la gestora americana lidera a un grupo de inversores qeu representan cerca de 20 millones de acciones de la multinacional tecnológica, con el fin de que la compañía asegure el respeto de los derechos humanos en la elaboración y desarrollo de sus productos y servicios.

Para Dawn Wolfe, director asociado de la gestora de libertad de expresión, la privacidad y la seguridad personal son elementos fundamentales para maximizar el tráfico en internet. Políticamente y socialmente, las políticas represivas relacionadas con la expresión y la vida privada tienen un efecto negativo en los usuarios y viola los derechos humanos universalmente reconocidos.

La gestora recuerda que el pasado 18 de noviembre la compañía no respondió a sus requerimientos de diálogo con los accionistas para debatir sobre estos asuntos, por lo que recomienda la venta de activos de la compañía.

**He aquí un ejemplo de cómo una infracción sobre los derechos humanos puede hacer tambalearse económicamente a una empresa.**

## Agradecimientos

Desde estas líneas quiero dar las gracias a varias personas sin cuyo impulso no hubiese sido posible este libro.

De un lado mi buen amigo David Vidorreta, redactor-jefe de la revista *Residuos,* quien con su empuje me inició en esta andadura al ponerme en contacto con Antonio Gomera.

A Antonio Gomera Martínez, quien con su constancia y buen hacer organizó en julio del 2010 el curso de verano de la Universidad de Córdoba titulado "Las tres dimensiones del desarrollo sostenible: ambiental, económica y social", teniendo además la amabilidad de invitarme a participar presentando la ponencia "La dimensión económica del desarrollo sostenible".

A todos los participantes, ponentes y alumnos de dicho curso por su amabilidad y por su participación. Sus preguntas, sus diferentes puntos de vista y sus inteligentes contribuciones sin duda mejoraron este texto. En especial a Clara Guijarro y Antonio Gomera por cederme algunas de sus figuras.

A mi editor José Antonio López Vizcaíno y todo el personal de la Editorial Club Universitario (Natalia Asensio, Teresa Argilés…), sin cuyo impulso y buen hacer este libro no sería posible.

# Bibliografía

- *Obligaciones de la empresa con la sociedad.* Dr. Ricardo Fernández García. Editorial Club Universitario. ISBN 13: 978-84-8454-604-7. 2008.
- *Responsabilidad Social Corporativa. Una nueva cultura empresarial.* Dr. Ricardo Fernández García. Editorial Club Universitario. ISBN 13: 978-84-8454-777-8.
- *La mejora de la productividad en la pequeña y mediana empresa.* Dr. Ricardo Fernández García. ISBN 13: 978-84-8454-778-9. Previsto cuarto trimestre del 2010.
- *La productividad y el riesgo psicosocial o derivado de la organización del trabajo.* Dr. Ricardo Fernández García. ISBN 13: 978-84-9948-146-3. Previsto cuarto trimestre del 2010.
- Líneas básicas del anteproyecto de ley de economía sostenible. Dr. Ricardo Fernández García. *Residuos* n.º 114, noviembre-diciembre 2009. 66-68.
- Responsabilidad social de la empresa. Su introducción Dr. Ricardo Fernández García. *Ecosostenible*, n.º 34, diciembre 2007, 30-50.
- Productividad y prevención, dos caras de la misma moneda. Dr. Ricardo Fernández García. *Revista PW Magazine*, n º 20, abril-junio 2008, 44-51.
- Introducción al Pacto Mundial de las Naciones Unidas. Dr. Ricardo Fernández García. *Residuos*, n.º 104, mayo-junio 2008.
- La responsabilidad social empresarial en España. Dr. Ricardo Fernández García. *Ingeniería Química,* n.º 466, enero 2009.
- "Nuestro futuro, nuestra elección". La estrategia ambiental de la unión europea (I). Dr. Ricardo Fernández García. *Residuos,* n.º 109, enero-febrero 2009; pág. 48-52.
- "Nuestro futuro, nuestra elección". La estrategia ambiental de la Unión Europea (II). Dr. Ricardo Fernández García. *Residuos,* n.º 110, marzo-abril 2009; pág. 54-60.
- La crisis económica y el riesgo psicosocial. Dr. Ricardo Fernández García. *Prevention world magazine,* n.º 25, mayo-junio 2009.
- La sostenibilidad no es sinónimo de calidad. Jose Illana Carracedo *Diario Responsable.* www.diarioresponsable.com. 01.08.2010

- Dimensiones de la responsabilidad social empresarial. Sus actores. Papel de las políticas públicas. *Diario Responsable*. 05.07.10 http://www.diarioresponsable.com

- RSC. Una nueva cultura de Empresa. *Diario Responsable*. http://www.diarioresponsable.com. 20.06.2010

- Responsabilidad Social de la Empresa o Corporativa. *Quimicosas,* n.º 5, marzo 2010.

- RSE y Pymes Una pareja perfecta. *Diario Responsable*. 23.07.2010. http://www.diarioresponsable.com

- Marketing de productos y servicios sostenibles. Donde la innovación crea valor Fundación Entorno-BCSD España. www.fundacionentorno.org. 2010

- Guía de compras sostenibles. Proyecto ENECO. Elaborado por Nexos: Compra responsable y RSE y ECODES (Ecología y desarrollo). www.eneco.com

- Cómo gestionar los cambios y ser más productivo en época de crisis. Segundo López Linares. www.gestiopolis.com

- La capacitación empresarial, desde la entropía hasta el autodesarrollo. Odalis Rojas. www.gestiopolis.com

- Innovación y flexibilidad. El nuevo paradigma empresarial. Alejandro Rivera. www.gestiopolis.com.

- Eclipse ecológico en China. Pablo M. Diez. *ABC,* 15.08.2010.

- Aproximación al concepto de sostenibilidad: ¿por qué sí/no actuamos de modo sostenible? Antonio Gomera Martínez. Módulo del curso de verano "Las tres dimensiones del desarrollo sostenible: ambiental, económica y social". Universidad de Córdoba. Julio 2010.

- Agua, energía y sostenibilidad. Clara Guijarro Jiménez. Ana de Toro Jordano y José Emilio Aguilar Moreno. Módulo del curso de verano "Las tres dimensiones del desarrollo sostenible: ambiental, económica y social". Universidad de Córdoba. Julio 2010.

- La dimensión ambiental del desarrollo sostenible. José Emilio Aguilar Moreno. Módulo del curso de verano "Las tres dimensiones del desarrollo sostenible: ambiental, económica y social". Universidad de Córdoba. Julio 2010.

- La dimensión social del desarrollo sostenible. Francisca Ruiz Escudero. Módulo del curso de verano "Las tres dimensiones del desarrollo sostenible: ambiental, económica y social". Universidad de Córdoba. Julio 2010.

- La dimensión económica del desarrollo sostenible. Dr. Ricardo Fernández García. Módulo del curso de verano "Las tres dimensiones del desarrollo sostenible: ambiental, económica y social". Universidad de Córdoba. Julio 2010.